# 巴菲特的
## 消费垄断式投资

▶ 跟股神逛门店，淘超级明星股 ◀

李春根◎著

案例
精解版

海天出版社（中国·深圳）

**图书在版编目（CIP）数据**

巴菲特的消费垄断式投资 （案例精解版） / 李春根著. —
深圳：海天出版社，2016.10
ISBN 978-7-5507-1663-6

Ⅰ．①巴… Ⅱ．①李… Ⅲ．①股票投资—基本知识
Ⅳ．①F830.91

中国版本图书馆CIP数据核字(2016)第121527号

巴菲特的消费垄断式投资（案例精解版）
BAFEITE DE XIAOFEI LONGDUANSHI TOUZI（ANLI JINGJIEBAN）

出 品 人　聂雄前
责任编辑　涂玉香　张绪华
责任技编　梁立新
封面设计　元明·设计

出版发行　海天出版社
地　　址　深圳市彩田南路海天综合大厦7-8层（518033）
网　　址　http://www.htph.com.cn
订购电话　0755-83460202(批发)　　83460239(邮购)
设计制作　深圳市知行格致文化传播有限公司
印　　刷　深圳市希望印务有限公司
开　　本　787mm×1092mm 1/16
印　　张　21
字　　数　210千字
版　　次　2016年10月第1版
印　　次　2016年10月第1次
定　　价　42.00元

我一生追求消费垄断型企业。

——沃伦·巴菲特

# 消费垄断理论
# 是巴菲特投资理论的精华

李 剑

新浪百万粉丝级财经博客"牵牛星李剑"博主
原深圳牵牛星资产管理有限公司总经理

巴菲特说:"我一生追求消费垄断型企业。"这句话的内容十分丰富,既包含了巴菲特在投资领域最重要的理论成就和继承创新,也包含了他老人家对世界投资者的最重要、最具体的方法指导。同时,它实际已经告诉了我们,什么是值得持有十年以上的企业,什么是投资大师巴菲特的选股标准。必须指出的是,他还说过:"寻找超级明星公司的投资之道,给我们提供了走向成功的唯一机会"。而他所说的"超级明星公司",就是指的消费垄断型企业。

所谓"消费垄断型企业",是一种明显区别于"普通商品型"企业的特殊企业。其产品和服务有广泛、重复、持久和强烈的需求,并且影响需求,体现出差异化的特点,凭借着多年来在消费者心目中建立起的名望也就是经济商誉,被消费者认为没有较为近似的替代品;同时,它的产品和服务不仅

1

不受价格管制，而且有很强的自主定价权，能够抵御通货膨胀和同类产品的低价竞争。这种企业有持续的竞争优势，能够获得高于市场的平均收益，能够容忍一时的不当管理或危机，不易被打败、模仿和复制，外观上很像一座拥有宽阔护城河的城堡。

这段话说起来太长了。我来试着说得简单些：这是一种为消费者提供强烈需求产品或服务的、不受价格管制的、拥有极高商誉并形成专卖权的特殊企业。

商誉是客观存在的，又是无形的。它是无形的，又是能够带来超额利润的。它是名声，又不能简单说它就是品牌。它是企业整体价值非常清晰的一部分，却又无法分离。有了它，企业就能俘获消费者，获得较高售价，并且拥有持续优势。组成商誉的内容同样十分丰富，有很多甚至是精彩、经典的故事传说，所以它很神奇。

商誉学说对价值投资派的代表人物之一的菲利普·费雪也产生了很大影响。费雪于1957年在他的著名著作《怎样选择成长股》中对商誉现象进行了表述，并明确使用了"消费独占"或"消费垄断"一词。他同时告诉投资者，这是寻找成长股的来源之一。

投资名人芒格也是商誉学说的拥戴者，否则他不会劝说巴菲特慢慢放弃格雷厄姆的"捡烟蒂型"选股方法，把重心从低价转移到优质，集中瞄准价格合理又异常优秀的企业。

而费雪和芒格又影响了更伟大的投资人巴菲特。到了巴菲特手中，"商誉"一词的含义得到了空前的丰富和发展。他在把经济商誉和会计商誉明确区分的基础上，把自己非凡的眼光定格在经济商誉部分，着重论述了经济商誉的神奇和对投资者的重大意义，明确提出要选择有经济特许权的企业进行投资。他不仅进一步概括了经济商誉的种种特点，还发明了证实消费垄断的方法（见下文提到的"3个检验方法"），把强大的经济商誉提升、加工到了经济堡垒和经济护城河的高度。

"消费垄断"的理论内容丰富，需要把内容分分类，看看其组成和结构。我认为，可以把它们分解为10大要素，即：1个基础和根本特征，6个主要特点，3个检验方法。

1个基础和根本特征显然是商誉和主要靠无形资产赚钱。这是消费垄断型企业与普通商品型企业的最本质区别。没有商誉，很多内容都无从谈起。巴菲特说："我最看重企业商誉的价值。商誉就像企业的护城河。"商誉是企业的好名声或者叫品牌、形象等，但又不限于此。商誉是一种特殊的无形资产，还应包括配方、独占地段、产品和行业特性等许多内容。

由于它"主要靠无形资产赚钱"，我们就会自然而然地、合乎逻辑地总结出它的4大优势：资本性支出少，自由现金流多；净资产收益率高，留存收益利润率高；受宏观经济周期波动影响小；负债少，抗拒通胀能力强等。

其中3个主要特点是：

▸ 产品为消费者乐于得到（这是经济领域内重大的需求问题）。

▸ 产品在消费者眼中没有近似的替代品，客户的品牌忠诚度高。

▸ 产品的价格不受管制，并且提价不影响销量。

这几个特点是巴菲特在1991年致股东的信中非常清晰地提出来的，被其他投资者广泛引用。但是，巴菲特在其他场合和论述中还谈到了其他3个更令人叫绝的特点：

▸ 对管理的要求弱，甚至一段时间内傻瓜都能经营。

▸ 外观像一座有宽阔护城河围绕的经济城堡，难以模仿和复制，难以
   攻破。

► 拥有优异的"长期经济特征"，具有"注定必然如此"的商业
模式。

3个检验方法是：

► 同样的产品，用一半的售价也卖不过它。比如，在麦当劳旁边
半价卖汉堡包卖不动，沃尔玛在自己门店最显著位置卖自己
的可乐还是不能减少可口可乐的市场份额。不光是半价竞争
不过，即使是不以赚钱为目的也打不败它。
► 用比这家公司的净值或市值要多得多的资金，打败不了它。这
种企业只能收购，却无法打败。
► 用更多的资金，再集中国内最优秀的企业经营人才，仍然无法
打败它。这让我想起中国的茅台酒厂，他们在遵义的实验证明，
即使自己存心打败自己，也无法打败。

因此，要理解巴菲特的投资理论，就必须理解"消费垄断"理论；要理
解"消费垄断"理论就必须了解商誉。我们完全可以说，"消费垄断型"企
业，就是拥有极大商誉的企业。

# 一路"笨"过来的投资者

在朋友面前，作者李春根从不讳言自己的"笨"。

客观地说，作为投资人，李春根只能算是半路出家。既从事过多种与投资无关的职业，也有过听风就是雨的没头苍蝇般的炒股经历，自然，其间少不了损失惨重、痛彻心扉的教训。

也许正是因为这些，才使得李春根的作品更接"地气"，更加不客气地剖析自己。他对自己的评价只一个字："笨"。所以，对于炒股，他只能"笨人用笨法"。

大概 10 年前，李春根就得到了投资高人的引领与点拨，开始在投资道路上下起了"笨"功夫。他从经济与投资最基本的知识学起，并不间断地与证券投资的实践结合，甚至在一把年纪时，还参加并通过了证券从业人员资格的考试。不为就业，只为入门。

作为投资路上已无法先飞的"笨鸟"，李春根认为他这种类型的投资者，很难从证券市场赚取快钱，只能老老实实地对具体的上市公司进行了解，伴随着企业的发展而增加财富。因此，价值投资就成为他必然的路径选择。

此前，李春根出版了他第一本有关投资的专著《钱是买来的》，全书围绕着"会买"二字做文章。而这本《巴菲特的消费垄断式投资（案例精解版）》，可以说是上一本书的深入细化实践篇。如果说上一本书"会买"的理念为投资指引，如炮舰出海，那么，本书则已进入实战海域，瞄准发射。即在消费领域中，以会买为纲，根据企业不同的特点，一个一个地进行研究与分析。

坦率地说，这是一项很吃力的苦差事，看上去也真的显得有些笨。然而对阅读者来说，这种"笨"，应该是有价值的！

# 柜台里的财富

**李 剑**

新浪百万粉丝级财经博客"牵牛星李剑"博主

原深圳牵牛星资产管理有限公司总经理

---

一个股票投资者如何在生活中，轻松愉快地发现投资机会？这是一个很有意思的问题。

这本书的作者李春根告诉你：商店柜台是个宝库；琳琅满目的优秀企业的产品，背后是动人的传奇故事和令人垂涎的投资机会！如果你捧起这本书，你就仿佛漫步在豪华的商业大厦和便利的大型超市中，伴随着霓虹色的灯光，一边紧握你的恋人、家人或朋友的手，一边用一双鹰一般锐利的眼睛不断发现能带来财富的猎物——香味奇绝的贵州茅台、清爽甘醇的百威啤酒、色如琥珀的东阿阿胶、状如银粉的云南白药、经久耐用的飞利浦剃须刀、无人不喜的可口可乐、名贵善变的斯沃琪手表、令女孩神往的爱马仕包……一个个都变成了通向伟大企业的金钥匙。哈哈，如果你好好读读这本书，甚至都不用掏出钱包，就能买到意外的惊喜！

这本书用讲故事告诉你，股票后面是企业，要寻找好股票就要研究好企业；而研究好企业首先是要研究企业的产品和服务。这是股票投资五大流派中最靠谱的价值投资派（其他四派分别是技术分析派、随机漫步派、内幕消息派、市场操纵派）的科学逻辑。

美好的生活、美好的眼光和美妙的投资一致。这本书正为你架起通向美好的便捷桥梁！


李剑

2016 年 4 月于上海

# 到柜台，选牛股

一

无论老中青，大多数人都需要进行投资。

人生有两条曲线，一条是需求欲望的曲线，一条是收入的曲线。需求欲望的曲线显示我们想要的，收入的曲线则决定我们最终能要到多少。这两条曲线的走向，将因年龄不同而各异。

年轻人需求欲望曲线高，要买房，要买车，要买心仪的名牌，还要"世界那么大，我想去看看"。追求这些并没有什么错，但实现这些却需要很多钱。令人遗憾的是，除了少数富二代富三代之外，多数年轻人赚钱的曲线跟不上趟，所以两条曲线之间就不可避免地形成落差。要弥补这种落差，合理合法的途径之一就是投资。

随着岁月的流逝，年轻人变成中年人。虽然收入随着年龄增长而有所增加，但两条曲线之间的落差常常并没有缩小。这主要是因为从"无牵无挂"变成了"上有老下有小"，因而个人欲望转型为责任担当。既希望能尽孝道，让家里的老人生活优裕，日后不会有"子欲养而亲不待之憾"；又想确保儿女们接受良好的教育，不受委屈，不输在起跑线上。要想使两条曲线平行，仅靠一份薪水颇为吃力。兼职当然也行，但毕竟精力、时间都有限，所以投资的意义也变得更为现实和沉重一些。

慢慢步入老年之后，人又开始会变得"自私"一些，两条曲线由此成了相反的走向。一方面，人生有很多想做而来不及做的事，要在这个时期抓紧着做，比如观个光旅个游、还个愿报个恩什么的，欲望曲线升高；另一方面，退休之后，职务消费灰色收入慢慢消失。单位返聘也不是人人有份的事，红色收入因而也大为减少，收入曲线只能一路向下。这个时候更是需要进行投资，获取不断的收益来填充两条曲线之间越来越大的空隙。所以证券公司里天天一大帮老头老太太在那耗着，实在是一件相当正常的事情。

## 二

　　只要能赚钱的投资，都是好投资。

　　所以，投资无禁区。如果有钱，甚至可以考虑在月亮上买块地留给子孙，说不定以后人类城镇化的脚步要走向太空，先布局先得地者先富。

　　然而月亮终归有些遥远，口袋里有那么多闲钱的人似乎也不多，因此更多的投资还只能是地球上的各行各业。

　　门槛最低也最为便捷的投资，首先应该是股票。若以开户为准，股市就几乎没有门槛，一顿请客吃饭的钱和一张身份证即可。不管从理论还是实践来看，人人都可成为股民。

　　然而，要从股市上赚钱，并且要持续地从股市上获取收益，就开始有了门槛，而且还不低，恐怕不是人人都能轻易跨过去的。

　　股票历史告诉我们，股市发财的路径与方法有很多种，不同的路径与方法，适合不同的人。这些不同的人，除去那些创业成功、VC（风险投资）、PE（私募）及投行等在一级市场之前和之中的玩家，至少可分为三种。

　　第一种是有能耐的人。这些能耐最主要的特征，就是比市场早知道。大到政府将要推出的各项对股市形成重大影响的财政税收政策、货币政策、产业政策等；小到具体上市公司尚未公布的盈亏、转型、兼并或重组等，春江水暖鸭先知。当然他们并不是鸭，而是"先知"二字使他们大富大贵。

第二种是很机灵的人。这种机灵主要表现在打提前量。他们虽然没有提前获知相关信息的能耐，但是他们乐意从各种蛛丝马迹中，推测宏观经济或微观企业将要发生什么。再不然就是从股票走势图的研究中，确定明天、后天或近一阶段，股票价格是升还是降，从而提前布局。至于命中率有多高，则需看个人造化。

第三种就是像我这种笨人。并非不想有能耐或机灵，而是经过血的教训，终于明白，一个笨人，要想与一群有能耐又机灵的人去拼能耐和机灵，实在是相当愚蠢，且注定会是一场接一场的灾难。于是，只能老老实实地对具体的上市公司，做一些力所能及的调研。虽美其名曰"价值投资"，追求"会买"，但实际上也是因为干不了别的，本质上属于无奈之举。

# 三

从个人角度出发，我最看好的是消费行业。

首先是因为消费与人类密不可分。各种消费品，为人类生存所需或所必需的材料。不管社会如何进步，科学如何发达，饭总还得吃，衣总还得穿，可能还得喝点小酒之类。几千年前便如此，几千后恐怕也不太可能会改变。所以消费行业本身，就是永远的常青与朝阳行业。

其次是各类消费行业，基本上天天都在与人们打交道，亲密接触，如朋友或同学，其功能作用，品质特点，都比较熟悉。所以相对容易了解一些。一般来说，不需要太高深的专业知识或技能，很多问题以常识便可解决，不会轻易被忽悠，比较适合我这类知识结构老化，市场感觉迟钝的人。

消费行业中有许多优秀企业。这些企业有国内的，也有国外的，有上市了的，也有还没上市的，都在等待着投资者或研究者去挖掘与追寻。我以为，要对这些企业进行研究，首先应该看的是柜台。

道理很简单，投资需要了解行业，行业由企业组成，企业的缩影是产品，产品大多都将进入门店，门店即柜台的组合。这个推断也应该对网站电商等有效。

因此，柜台里琳琅满目的商品，其实也是国内国外众多消费类企业的陈列与展现。

摆在柜台里的产品，能比较真实地显示生产企业在所处行业中的基本地位、持续竞争优势的主要特色、企业价值链的关键环节等，有利于形成对企业最直观的印象，从而有效地帮助我们了解和发现一些已经优秀和将会优秀的企业。无怪乎彼得·林奇曾说，只要留意便利门店里的名牌产品，常常就能找到好的投资机会。

在门店可随意浏览各种柜台，吃的穿的用的，尽收眼底。周一到周日，天天可去。比天天趴在电脑桌前查资料看报表更省心省力，甚至事半功倍。即使并无投资打算，也可能会有不少轻松有趣的新收获。

# 四

在股票发展史上，长期持续给投资者带来良好收益的优秀上市公司，有相当一部分来自消费行业。国内外许多很有名气的投资者，已经用实践很好地证明了这一点。

当然，消费行业内的竞争，也是相当激烈甚至是相当残酷的。只有那些凭借长期竞争优势，提供的产品能建立起消费者信任与忠诚度的企业，才能真正为投资者带来持续稳定的回报。

建立信任与忠诚度不是一件容易的事。一个企业火个几年或许不难做到，但要一直火下去，则异常艰难。如果某企业几十年如一日受欢迎，甚至连续 N 代受市场青睐，则一定是个了不起的企业，一个脱离了短期行为的企业，一个能产生源源不断利润的企业，一个有益于股民的企业。

这类企业之所以了不起，当然是各方面都做得相当不错。不过，就多数情况而言，这些企业往往会有一个方面是特别强的，甚至具有别的同行无法企及的优势。有的是因为地域优势，有的是因为祖传宝典，有的是因为技艺超群，有的是因为善于整合。总之是各显神通，不一而足。然后在这个主要优势的推动下，形成企业长期核心竞争力和持续的高于行业平均水平的利润。

消费行业有个很有趣的现象，那就是在消费者心中建立起信任与忠诚，殊为不易。因为消费者对一件产品，无论是快消品还是耐消品形成认可、信任、喜欢、深爱，都需要一个很长的过程，要做到这一点相当困难。

不过好处也在这里，因为这种信任与忠诚一旦建立，要改变也同样是很艰难的。还记得玛丽莲·梦露那句著名的"我只穿香奈儿 5 号睡觉"的话吗？多么具有感召力的信任与忠诚！而且消费者的这种信任与忠诚，还会传染给身边其他的人，使企业产品的潜在消费者数量不断扩大，并不断显化。

所以，一旦选准了有长期竞争优势的消费品企业，并以合理的价格购买其股票，也就算是把"会买"两个字落到了实处。也许无法一夜暴富，却等于给自己多买了一份保险，基本上能夜夜安睡，无需为股市每天的涨涨跌跌而终日惶惶。对于像我这类且笨且懒的人，相当合适。

好，不说闲话了。按着产品不同的竞争法宝，去柜台边转转吧！


李春根

# CONTENTS　目录

# CONTENTS

# CONTENTS

359,464   0.3%
8,632,724   7.7%
59,087   0.1%
13,963,095   12.4%
5,266,055   4.7%
10,323,178   9.2%
5,283,470   4.7%
4,330,582   3.8%

第 1 章

# 占地为王

◎ 倘若一家企业或一个产品，将整个原产地的名称与标识，统统收归自己的手中，也就是说，原产地标识不再是一个地域生产制造加工者的共同财产，而是一家独享的无形资产，那么这个企业和这个产品，就有可能高居同类企业或产品的金字塔尖。

如果说商誉是一种经济特权，那么地域特权就是其中的一种。在消费者心目中，有一些特殊的地域，由于特殊的地理位置、气候、环境，能够产出某种特殊的产品。久而久之，这些土特产品就有了极佳的名声，成了名地名产，也就构成了生产它们的企业的巨大商誉。

名地名产本来就是垄断资源，再加上名产如果得到政府授予的"原产地域保护"称号，则更是一种稀缺的无形资产。

地域特权发展到一定高度，就是产地即品牌、品牌即产地。比如香槟、茅台、青岛等。拥有它们的企业不仅享受到极大的商誉，能大大吸引消费者购买它们的产品，而且节省了大量的广告费。地域特权发挥到极致，产品竟成了国家的代名词。比如老外常说："哦，茅台酒，中国。"比如我们可能会说："哦，香水，法国。"

投资者一定要清楚：独家拥有名地名产的企业，比别的企业多一重不可复制的优势，因为它们享有地域特权！

**CHAPTER 1** ●

记得多年前，当第一次听说，香槟首先是法国的一个地名时，我吃了一惊。在那之前，我一直以为香槟就是一种酒，现在才知道原来居然是个地方。想来那儿的天空经常会有气泡冒出来吧！

关于香槟，更牛的是，除了这个地区之外，全世界任何地方的同类酒，都不准使用"香槟"这个词。

如果普及一下相关知识的话，这个"不准"，就是"原产地保护政策"。

"原产地保护"的概念，最早出现在1883年通过的《保护工业产权的巴黎公约》。这是历史上首次把原产地作为工业产权的保护对象。75年之后，《保护原产地名称及其国际注册里斯本协定》对原产地进行了清晰的定义："原产地名称是用于标示一个国家地区或地方的地理名称，该商品来源于这些地方，其质量特征取决于该地区的地理环境。"

最后这句话至关重要。它告诉我们，任何一件工业产品，只要其质量特征是由生产企业的地理环境所决定，那么就可纳入原产地保护政策的范畴。

当然，需要说明的是，这个"质量特征"，一定是要比同类产品好得多，或至少是有与众不同的鲜明的特色，能给消费者带来不同凡响的体验。而且离开这个地方，在别处就生产不出来，具有独一无二的性质。

我国也有原产地保护政策。特别是加入WTO之后，这种保护的力度在不断加大。因为根据WTO的有关规定，如果一个国家没有对自己国家相关产品进行原产地保护，那么别的国家也就没有义务进行相关保护。

生活中有很多好东西，比如五常的大米，波尔多的葡萄酒等，都是原产地的产品。它们之所以好，就是因为产地的地理环境相对独特。换句话说，标在产品名称上的原产地，实际上就是代表着产品质量与信誉的象征，也是消费者选择和识别产品的关键标志。

由此可以知道，原产地名称实际上是一个地域的生产、制造、加工者的共同财产。当地的生产者，只要是利用当地的原材料，采用符合规定的工艺标准生产、加工的产品达到规定的品质标准，并且在依法履行相关手续后，就都可以打上原产地的标识。

在市场上我们不难发现，有资格打上原产地标识的商品，价格一般都比同类产品要贵两成甚至更多，可见原产地其实是取之不尽的滚滚财源。

具有原产地概念的产品，通常是由两个词语组成。前一个词是产地，后一个词是产品。比如金华火腿，镇江香醋等，名称上便透着自信。

倘若一家企业或一个产品，将整个原产地的名称与标识，统统收归自己的手中，也就是说，原产地标识不再是一个地域生产制造加工者的共同财产，而是一家独享的无形资产，那么这个企业和这个产品，就有可能高居同类企业或产品的金字塔尖。

如果这家企业或这种产品所属企业都是上市公司的话，那么，在大多数情况下，它就会给投资者一颗定心丸。其所拥有的那一块地域，除了地震或有人在上面放个原子弹之外，是绝不可能轻易改变或消失的，其长期不断的利润也就具有相当大的稳定性。

"土地是财富之母"这句话，放在这里也能说得通！

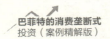
# 东阿阿胶：千年美容佳品

之前，在一大型卖场内，我信步走进药品专柜。见一柜架显眼处，摆着"桃花姬阿胶糕"，盒面白底红花，甚是好看。

"桃花姬阿胶糕"是东阿阿胶新推出的产品，因此，在此我要先说说东阿阿胶。

生产东阿阿胶的厂家是有名的上市公司，股票名称就叫"东阿阿胶"，估计股民们没有几个不知道的。

不过，我最初知道阿胶，并非股市，而是传说。

中国史上四大美女之一的杨玉环杨贵妃，杜牧只写了她吃荔枝，但坊间却传说她更是常年服用阿胶，所以一直美丽着。唐玄宗为她"从此君王不早朝"，当然不仅是因为有共同的语言、人生理想或价值观等，更因为杨玉环长得好看而且容颜常驻。尽管后来在马嵬坡的生死关头，不得不任杨玉环香消玉殒，其后却还做到了"此恨绵绵无绝期"。一个皇上能兼为情种，也属难得！

杨贵妃虽然死了，但她的美丽却是阿胶的一个重要卖点。阿胶不仅美容功效明显，且一直是中医用来治疗血虚证和妇科病的首选，因此销路长盛不衰。特别是改革开放以来，人民群众的口袋充实了一些，能时不时地进补点阿胶，享受一下贵妃级待遇，让生意更好了。

这一点从股市上可轻易得到印证。东阿阿胶于 1996 年在深圳交易所上市。上市当年净利润为 0.23 亿元。2015 年净利润为 16.25 亿元，增加了70倍多。上市时发行价为5.28元，总市值为3.29亿元。到2016年4月1日，收盘价为48.24元，总市值为315.50亿元。截至2015年年底，其总市值增加了96倍。投资者当初如能按发行价买入1万元股票，此时已是96万元在握。

## 四大要素

要了解东阿阿胶，需从四大要素入手。这四大要素依次为水、工艺、文化、命名模式。

**水**：山东省东阿县的水很有名。县内有阿井。据考证，泰山、太行两座大山的地下水交流融汇之后，七弯八拐地就到了东阿的阿井。井水的相对密度为1.0038，富含矿物质和微量元素，含量要高于一般水质几倍甚至几十倍，绝对是优质岩溶地下水，即使是卖水也能卖个好价钱。

千万不要以为这是专家的忽悠，北魏郦道元《水经注》、北宋沈括《梦溪笔谈》等多部古代典籍中均对东阿地下水有详细记载，说东阿地下水"清而重，性趋下"，能"下膈疏痰止吐"。

简言之，用东阿井水来熬胶，能使胶中的小分子胶原蛋白与水中的微量元素相聚而往下沉，那些对人体无用的大分子角质成分及其他杂质，会浮出水面可全部去除，使得制成的阿胶分子量小，胶的纯度高，更易被人体吸收。最终结论是，东阿的水，最适合熬制阿胶。

**工艺**：传统阿胶制作要经过洗皮、泡皮、凉皮、刮毛、化皮、熬汁、炼胶等99道工艺，历经百余天方可出胶。这一系列流程中，以熬胶、晾胶最为复杂，其中的挂珠、砸油、吊猴等技术，更是难以掌握。脑子慢点的，干五六年都还只能打下手。

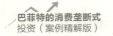

阿胶令人信服的功效，离不开其历经千年传承积淀的独有生产工艺。因此，东阿阿胶的工艺规程，被列入国家医药局首批科技保密项目，也就是顺理成章的事了。更了不起的是，东阿阿胶的生产工艺，已被列为国家级非物质文化遗产，东阿阿胶公司也是国家认定唯一炼胶技艺传承人企业。能够与"唯一"二字匹配的技术，当然是独家的看门功夫。

**文化：**东阿阿胶的生产历史超过 2 500 年，有着悠久深厚的历史文化底蕴。

阿胶与众多历史名人都有着亲密关系。比如大家熟悉的有唐玄宗、杨贵妃、白朴等，不是最高领导、准国母，就是大才子，从而使得东阿阿胶的历史也多彩多姿，活色生香。

如果说文学作品中阿胶与帝王将相、才子佳人们的渊源属于传奇的话，那么李时珍在《本草纲目》中就将阿胶与人参、鹿茸并称为"中药三宝"，并在书中写道："阿胶，本经上品，弘景曰：'出东阿，故名阿胶'"等语，就是阿胶品质功效最有力的说明书了。

**命名模式：**"东阿阿胶"四个字，是企业名称、产品名牌和品牌名称的三位一体。历时数千年的品质锻造，使之成为最正宗、最传统、功效最好、质量最让人放心的象征。

东阿阿胶将"东阿"这个特殊地名占为己有，有着极为重要的意义。"东阿"两字已是中国的驰名商标，通过了国家原产地标记注册，受世界知识产权保护。也就是说，任何竞争对手，产品前冠以"西阿""南阿""北阿"之类，悉听尊便，但"东阿"两字是碰都不能碰的，否则就是侵权违法。所以，只能看着消费者最为认可的、无可争议的第一滋补品牌干着急。

这种如可口可乐、贵州茅台一样最具效益的命名模式，使"东阿阿胶"这四个字成为无价之宝。

## 优势的综合

凭着这四大要素，凭着与时俱进不断强化与扩大的品牌优势，凭着千年畅销的金字招牌，东阿阿胶得以在市场上形成四大竞争优势：

**消费者乐意得到。**但凡世上女性，为美丽从来敢于奋不顾身。古往今来，概莫能外。因而补血补气又美容的保健品，自然格外受女士欢迎。而且现在不但女人吃阿胶，男人也开始吃起来，市场形势大好。国内保健品市场中补气补血这一细分市场，近年来以每年超过 20% 的速度扩张，其中对东阿阿胶的需求更是直线上升，而且未来的市场仍将不断扩大。

**被消费者认定无法替代。**世界上只有中国产阿胶，别的国家似乎只有橡胶，在国际上还没看到有替代品。中国国内虽然还有一些厂家在生产，甚至于著名的中药头号品牌企业同仁堂也在生产，但东阿只有一个，所以东阿阿胶还是被认为是最好也最正宗的阿胶。客户的品牌忠诚度非常高。

**提价不影响销量。**东阿阿胶是一种特殊的兼具药品和保健品的产品。当药品的价格受到限制的时候，它走的是保健品的路线，巧妙地突破了药价的管制；当它作为保健品在销售的时候，它在消费者心目中却有着药品的疗效。30 年前，一斤东阿阿胶 7.6 元，到 2011 年年底，已涨到近1 000 元，涨幅超过 130 倍。同期，根据 GDP 和 M2 的比例，中国总体物价平均涨幅是 8 倍，阿胶的涨幅远远超过物价的平均涨幅。而且，这个趋势还将持续下去。

**管理相对简单。**由于年复一年生产同样简单的产品，由于占有盛产阿胶的独特地理环境，由于建立起强大的品牌优势，所以东阿阿胶公司对管理的要求远比复杂性企业、高科技企业特别是靠规模、成本拼杀的企业要低。在一定程度上，是平庸之才也能正常经营的企业，而东阿阿胶一直有着强有力

的管理团队，更是如虎添翼。

这四大竞争优势，使得东阿阿胶不怕同行低价竞争，不怕对手聚集精英人才与资金参与竞争。它只能被收购而不会被打败，因而构成了又宽又深的经济护城河，在市场上大赚其钱，财务数据颇为动人：

东阿阿胶自上市至 2011 年年底，上市 15 年资本性支出 9.24 亿元，只占总利润 31.3 亿元的 29.5%，处在较低水平，表明公司不需要很多的资本性支出就能获得企业的高速增长。

公司利润在上市 15 年中历年平均递增 29%，是典型的高成长老企业。

截至 2015 年年底，东阿阿胶加权平均净资产收益率为 15%，并呈逐步增长之势。特别是从 2008 年开始直到 2015 年，每一年东阿阿胶的净资产收益率都在 20% 以上：2008 年为 20.43%，2009 年为 20.99%，2010 年为 21.22%，2011 年为 25%，2012 年为 26.82%，2013 年为 25.8%，2014 年为 24.8%，2015 年为 24.78%。

特别值得一提的是，截至 2015 年年底，东阿阿胶经营性现金流量净额总计为 34.84 亿元，超过总利润 31.3 亿元，从而使利润扎实可靠。


## 面临的挑战

东阿阿胶面临最大的挑战，应该是原料的瓶颈。

阿胶的原料很简单，就是驴皮。买过阿胶的朋友都知道，阿胶有黑皮和黄皮两种。黑皮阿胶的价格要比黄皮阿胶明显高很多。

黑皮驴是精品，黄皮驴是退而求其次。也只能到黄皮为止，目前还没有发现驴皮的替代品，无论马皮牛皮羊皮，都似乎不具备驴皮养血美容的功效。

按理说，市场好就应生产更多的产品，更多的产品意味着需要更多的原料。比如，东阿阿胶每年需要的驴皮超过百万，但这就是问题之所在：恐怕没有这么多驴子！

根据 1996 年的统计数据，全国毛驴存栏量超过 1 000 万头。到 2008 年，存栏量只有 673 万头，每年出栏量不超过 150 万头。随着各种农用机械对驴子役使功能的逐步替代，毛驴的存栏量还有可能下降。有专家预测到 2030 年，全国驴子存栏量将会降到 200 万头左右。按四分之一的出栏量计，也就是 50 万头左右。虽然东阿阿胶是市场老大，但还有其他的阿胶生产厂商。因此，真的到了只有 50 万头出栏驴子的那一天，也不可能全部供给东阿阿胶。

不管专家的预测准不准，驴子问题变得越来越严峻却是不争的事实。养驴买驴已成为东阿阿胶的重大战略部署。

据介绍，东阿阿胶公司已经着手实施原料不足的长远规划，在内蒙古、甘肃、新疆、云南、辽宁等地，按 GAP（良好农业规范）标准建立建设了近 20 个乌头驴种群繁衍基地，掌控了全国近九成的驴皮资源。

除了国内饲养之外，东阿阿胶已着手布置海外驴养殖基地，同时还获得目前国内唯一进口驴皮的资格。

多管齐下，东阿阿胶公司从原料的上游和源头上发力。不妨乐观地预测，东阿阿胶在原料问题上重获主动权是可能的。驴皮在握，心中不慌！

## 桃花笑春风

作为在补气补血市场中占有三分之一份额的东阿阿胶，近年来，采取聚集主业、做大品类、由主业导向的单焦点向多品牌发展的战略，进一步扩大

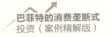
了公司的优势，拉开了与竞争对手之间的距离。

实施这条战略的载体，就是本文一开头提到的桃花姬阿胶糕。

桃花姬阿胶糕有着阿胶滋补的功效，却无阿胶费时熬制的麻烦。可以用"阴阳五行""气血贯通"的传统中医术语来阐述，也可以用现代医学保健标准的科学语言进行说明。同时由于桃花姬阿胶糕是和核桃、芝麻等混制而成，因而大大提高了每一克阿胶的出品率和附加值。

桃花姬阿胶糕最大的特点是携带方便、开袋即食，可供不分人群的消费者随时、反复、高频率长期食用，而且口感甚佳。不但是熬好了的阿胶，同时也是好吃的阿胶。既能自用，也可馈赠。

东阿阿胶要在未来的日子里，进一步与现代生活节奏合拍，满足新新人类的新需求，在国内外进一步取得压倒性竞争优势，就必须使产品具有方便服用的零食属性，具有高档礼品属性，而非仅仅为治病的药。桃花姬阿胶糕完全承载着这些功能与优势。讲究养生与滋补的中国，好像还没有一张此领域国际通行的"名片"。放眼看去，目前好像还只有东阿阿胶才具备这种资质。

2015年，桃花姬阿胶糕的销售额近3亿元，虽然这个数字不高，但蕴含的期待却很高。一盒桃花姬阿胶糕的价格160元左右，2亿元意味着共卖出125万盒。充分说明知道和食用桃花姬的人还不多。160元的桃花姬应该不属奢侈品。至少对公务员、白领们来说，每年消费几盒不会有什么问题。

中国有多少公务员？先来看看全国县以上行政区的数量，据权威统计，省级34个，地级333个，县级2 862个。这超过3 000个的行政区，总共有多少公务员呢？

中国公务员有两种统计口径。狭义的公务员是指各级行政机关工作人员，数量为500万人。广义的公务员是指行政机关、党政机关和社会团体的工作人员，数量超过1 100万人。如果加上临时性编外人员和财政拨款的事业单位工作人员，其总数接近 4 000 万人。

设想这 4 000 万人中的一半人，一年只吃一盒桃花姬阿胶糕，那销售额就是 32 亿元。这还没加上全国超过 6 000 万的白领呢。如果白领中也有一半人一年只吃一盒桃花姬，那总销售额就得增加 48 亿元，高达 80 亿元了。

顺着这个思路畅想下去，80 亿元还有点打不住。人们对食品有时会产生某种依赖。一种是生理依赖，比如烟、酒、毒品等；另一种是心理依赖，比如桃花姬。消费者吃了一段之后，发现居然面如桃花，出效果了，就一定会继续吃。即使有时忘记了，但一照镜子，感觉皮肤有点不好，很可能马上跑到楼下药店去买桃花姬。有时工作很忙，加班很多，也会想着补充点桃花姬。总之，消费者容易对产品产生一种心理上的依赖。

这种心理上的依赖最终结果会有点惊人，如果上述的那些公务员与白领每人每年消费 3 盒的话，桃花姬一年的总销售额就是 240 亿元。而且凭什么就只公务员和白领吃，蓝领和农民兄弟或引车卖浆者就不能滋补美容？就不能吃桃花姬？如果这一大批数量更大的人群中的部分人加入进来，里外一算，那销售额得是多少个亿？贵州茅台 2015 年的主营业务收入才 326 亿元呢！如果说未来中国的 A 股市场，有哪个上市公司能与贵州茅台比肩的话，估计非东阿阿胶莫属。

当然，上述畅想可能过于丰满，现实可能会比较骨感。无论是东阿阿胶集团，还是桃花姬阿胶糕，必定会在前路上遇到许多意想得到和意想不到的困难阻碍。

好消息是，东阿阿胶的产品通过了韩国等亚洲国家的食品卫生检验，未来将会在中国文化影响甚深的东亚、东南亚等国家和地区占有更大的市场份额，相信随着时间的推移，逐步为全世界所认同和接受。不难想象，桃花姬阿胶糕将会在这个过程中，发挥重要的甚至是决定性的作用。

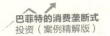
## 贵州茅台：酱香之香

现在来说贵州茅台，似乎不是时候，又似乎正是时候。因为自几年前贵州茅台走下神坛后，虽几经波折渐有起色，但还未完全重新走上光辉之路。

说起来，贵州茅台是与英国的苏格兰威士忌和法国的柯涅克白兰地并称为"世界三大名酒"的。在中国，应该算是最"牛"的烈性酒。"牛"的表现之一，是一般门店、超市的柜台里基本见不着茅台酒。要想喝茅台，比较方便的是去专卖店里买。

2011年，茅台酒的价格还非常"茅台"，53度的飞天，价格是1 980元，这个价格已超过当时全国绝大部分城市的最低工资标准。

不过，限制公款大吃大喝以来，茅台酒的价格大幅下挫，每瓶降到1000元左右，几近腰斩。股价也曾在2014年初跌到118元左右。其实这个下挫还不是最厉害的或者还没到最厉害的时候。记得2008年金融海啸的时候，贵州茅台酒虽然没有降价，但股价却曾跌到80元左右，后来才慢慢回升的。

不知道是不是天将降大起大伏于斯股也，故时而金融海啸摧之，时而塑化剂扰之，时而反"三公"享乐奢靡限之。茅台酒好喝，限"三公"也必须。对茅台来说，矫枉或难免过正，也正好就坡下驴，走下神坛，挤掉泡沫，回归寻常。所以，有时酒价股价的双双下挫，长远看来，又未必全是坏事。因为酒本身并没有变差，企业也没有出错。酒价下，销量升或过一段酒价、销量又齐头并进，促使股价重拾升势，说不定也只是时间问题或说得专业一些，只是周期而已。

一直以来，贵州茅台已经被投资人士说得够多，实在有点儿让人产生

"审美疲劳"，甚至在某些特殊时段，有点儿让人"谈茅色变"。其实，茅台本身并没有变，变的只是人心。

归根结底，贵州茅台是好酒，也是好企业。要谈投资价值，要谈具有消费垄断性的优秀上市公司，还是没有办法不提它。有关数据可以支持这一说法。当初，也就是2001年贵州茅台在上海证交所上市时，发行价每股为31.39元，总市值为78亿元。到2015年的12月31日，也就是当年最后一个交易日，收盘价是218.19元，总市值为2 740亿元，11年增长了28倍。2016年4月1日，其收盘价为245.19元，总市值高达3 080亿元左右。

## 微生物造就"酱香"

相信不少朋友听过红军与茅台酒的故事，也听过一些著名将领对茅台酒超乎寻常的喜爱。事实上，共和国诸多领导人，也都曾与茅台酒有过近乎传奇的故事。这些领导人包括毛泽东、周恩来、朱德、邓小平、王震等。甚至连尼克松、基辛格、撒切尔夫人等一批外国政要，也在他们的中国之行中，打上了茅台酒的烙印。这些传奇，只需百度一下，就能轻易看到。

种种传奇，都离不开茅台酒的"香"。白酒好喝与否的焦点，主要集中在一个"香"字，讲究的重点也是这个"香"字，所以才有"酒香不怕巷子深"之说。据有关资料介绍，当年在万国博览会上，茅台酒就是因为好罐子破摔，酒香四溢之后，才捧得金牌归来的。

因此可以认为，白酒的竞争，很大程度上就是在"香"上下工夫。"香"有多种，清香型、浓香型、米香型、兼香型等。但茅台酒则香得不同凡响，酱香！

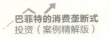

酱香妙在哪？有秀才文章说："敞杯不饮，香气扑鼻，开怀畅饮，满口生香，饮后空杯，留香更大，持久不散。口味幽雅细腻，酒体丰满醇厚，回味悠长，茅香不绝。"究竟是怎么个香法，最终只能是谁喝了谁知道，谁知道了谁还想再喝！

酱香型的白酒，在中国白酒市场上的份额只有 1% 左右。根据经济学中的稀缺理论，物以稀为贵。酱香当属稀缺香型，所以自然也就卖得贵，公司和股东们也就赚得多。

本来，"酱"最初的意思，指的是用盐醋等调料腌制而成的肉酱。后来，其家族不断扩大，增加了甜面酱、豆瓣酱、辣椒酱、果酱、芝麻酱、酱菜、酱瓜等。阵容不小，却都基本上是中低档的草根级调味食品。独独到了茅台酒这里，"酱"字便眼都不眨地由平民变身为贵族，一飞冲天，堂而皇之飘浮在大宴、豪宴、国宴席上，茅台酒也终于凭着这四溢的酱香，不遑多让地成为"国酒"。

酱香型的酒虽然大受欢迎，但对于绝大多数酿酒企业来说，他们的酒香"酱"不起来的根本原因，是不具备贵州茅台镇那种独特的地理地貌、气候条件，不具备茅台酒那种因特殊的土壤和气候而栖息繁衍的、能让酒香变"酱"的微生物。这也应该是只有茅台酒的酱香，才能真正借助时光的洗礼，越陈越香的主要原因。

茅台镇处于赤水河低处，两岸是山，冬暖夏热，不怎么通风，像个巨型的锅子，湿热加闷热，让人觉得不舒服。然而，这种气候却让一种微生物觉得舒服，早在数百年前就已在此落户，繁衍生息。正是这种眼看不见，也叫不出名字，然而在茅台镇又无处不在的微生物，才令茅台酒如此醇香。而且这种微生物与茅台酒之间，似乎有一种类似蜜蜂与花朵一样的良性互动。酒是越来越醇香，那些看不见的微生物也越来越兴旺。

据说，日本人一直很想破解茅台酒的香味成分，为此，曾不惜资金人力，对此进行专题研究，甚至还用气象色谱仪，对茅台酒的香味进行全面分析。最后，他们惊奇地发现，所谓"酱香"，居然是由多达 230 种以上的香气组成。但令他们遗憾的是，其中有近 200 种香气，无法搞明白究竟是何种物质以及如何形成的，以致最后不得不放弃这项吃力不讨好的研究。

不要说外国人，就是中国人自己，也无法在哪怕离茅台镇很近的地方生产出真正的茅台酒。半个世纪前，有人在离茅台镇 100 公里外的地方，搞了个"茅台酒异地实验生产基地"。这次实验非常认真，不但把茅台所用的原料、生产工艺、酿酒的水原封不动地搬过去，而且连酒窖中的窖泥也一并运了过去，基本上是克隆了茅台酒的完整生产线。但最后还是未能酿造出真正的优质茅台酒。相关人员挠着头想了许久，终于不得不承认，异地生产茅台酒，是个不可能完成的任务。

茅台镇特殊的地理条件以及只在这种地理气候条件下存活的微生物，是任何人都无法模仿或照搬的。

所以，面对贵州茅台酒这些先天的特色与优势，同行们除了羡慕嫉妒恨之外，找不到办法复制与克隆，因为挡住去路的是一条既宽又深的"护城河"。而且护城河外，还有几道坚固的"工事"：独特的酿造技术，专门培育的酿酒原料，色彩缤纷的传奇故事，"国酒"的称谓。总之，长期来看，其盈利的趋势不会改变，最多在某几年赚得少一些而已。


## "国酒"的"牛"气

"国酒"不是品牌，却依品牌升华而生成，因而胜似品牌。普天下白酒品牌千千万万，"国酒"只此一家。喝"国酒"，味道好极了，酱香也香极

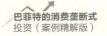

了，有面子，有身份，有档次。

不难看出，茅台酒不但香，不但好喝，更具有一种傲视群雄的传统，一种独特的企业精神，一种白酒文化中的领袖气质。这种传统、精神与气质，能令茅台酒在市场上经受得起各种风浪。

记得 2012 年 10 月份左右，市面上突然有传闻：茅台酒里含有"塑化剂"，一时搞得沸沸扬扬。贵州茅台的股票价格一下掉了一大截。

所谓"塑化剂"，大约是与塑料有关或至少应该是在塑料发明之后，才出现的吧。200 多年前酿造工艺就已成型，到 100 多年前参加万国博览会时，茅台酒已经为众多好酒者所喜爱。那个时候，塑化剂肯定还没研究出来，可能连塑料本身，都还在等着科学家来发明呢！茅台酒想掺塑化剂都没地方买。

这就是说，茅台酒的色香味，根本无需塑化剂来帮忙。更何况专家说塑化剂在一定含量内，不会对人体产生负面影响。茅台酒是否真的含了或含了多少，似乎还没见着确定的权威说法。

退一步说，茅台酒内真含有塑化剂的话，那倒是极可能在包装或管道输送时"感染"的，企业完全可以通过技术与设备的整改将其清理掉。那个时候贵州茅台股价的下跌，应该是优秀公司遇到的暂时的坏消息。以茅台酒的实力，绝不可能被一个语焉不详的塑化剂所击倒。

贵州茅台股票的优秀，除了前面提到的基本无法逾越的护城河，还有能轻易预测到的可持续的长期盈利。

说起来，人的需求具有无限的多样性，会随着时代或科技的进步而不断变化。然而也有例外，比如人们对茅台酒"酱香"传统的喜爱，无论是电动汽车的普及还是 3G、4G 的出现，都不会因此而有丝毫减弱，而且很可能一两百年甚至更长时间都不会改变。道理其实很简单，因为茅台酒是能使消费者身心得到极大满足感的饮料。如果一种商品给消费者带来的效用最大化，那么它带来的企业生产利润就会最大化。

另外，低廉的成本是贵州茅台的又一利器。无论外面的世界如何喧嚣，酿造茅台酒的粮还是那些粮，水还是那些水，窖也还是那些窖，特别是那些能使茅台散发酱香的微生物，别的地方花再多钱也买不到，在这里却一分钱不要。

创新本来是企业保持生命力与竞争力必不可少的一环，然而创新意味着投入，意味着要留住一批高精尖科研人才，意味着成本的增加，当然也意味着风险。茅台酒不用加大这种投入，也就不用过多地担这种风险，保持传统才是其永葆青春的不二法门。

实在要说创新，那么茅台酒最大的创新，就是得想办法让新酒变成老酒。只要看一下茅台的年份酒卖什么价，就能马上明白这一点。所以，对别的企业可能很头疼的库存产品，对贵州茅台来说，却是源源不断的财富。越库存，越赚钱。即使瓶装之后放在家里，到一定年头后也同样成稀缺之物。

正因为如此，才有贵州茅台的股东建议，股票不用分红，直接发酒就行了。此言一出，随即得到广大贵州茅台股票持有者的支持。也就是说，大部分投资贵州茅台股票的朋友，都认为公司的产品比钱还值钱，比钱还好，所以才要酒不要钱。

一家企业的产品能牛到这个地步，夫复何言！

30年前茅台酒8元一瓶，伴随着改革开放的步伐和经济发展的轨迹，即使遇到低谷，飞天茅台也仍高达千元一瓶。特别需要强调的是，1 000元上下的价格，已经将许多经销商的存货消化掉了一大块，有些大卖场甚至出现脱销的情况。

不敢断言这是不是茅台酒市场价格的底点，但传达的信息却明白无误：茅台酒依旧受欢迎。试想一下，再过5年、10年、20年，茅台酒会多少钱一瓶？反弹、提价加物价正常上涨，说5 000元有没有人信？回答之前，先

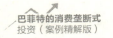

想想 30 年前说茅台酒会超过 1 000 元一瓶时，我们的嘴巴会张多大！

如果说茅台酒未来的价格，将会重攀新的高位，那么，顺着这个逻辑，茅台股票的价格，继续昂头向上，却又是可以期许的。

## 风险还是机会？

投资就有风险。买贵州茅台的股票，当然也同样有风险。现在我所能想到的最大风险，是限制公款大吃大喝和全面禁酒这两项。

转变作风是绝对必要的，但也不意味着就要以茅台为敌。中国是传统的礼仪之邦，传唱了半个多世纪的歌曲《我的祖国》就有这么一句："朋友来了有好酒"，也不能就此改为"朋友来了不喝好酒"吧！相信不会把孩子与洗澡水一起倒掉。

或许，适当的场合进行适当的消费，通过一定的制度与程序，也还是能喝一点儿好酒的。比如说来了个外国的领导，能不请人家吃点儿好的，喝点儿好的？外国友人能喝，中国友人自然也能喝。好酒虽不仅止于茅台，却也不可能把茅台排除在好酒之外！

再说茅台酒为中国酒中瑰宝，确实为很多爱喝酒的朋友所深爱。即使公款不方便喝，婚宴上喝、喜宴上喝、给老爷子做大寿时喝、自掏腰包喝，都是不会有问题的，相信有这个消费能力又有这个需求的人不会少。

茅台遇到的风浪并不少，但不会一蹶不振。风浪之后，茅台酒又会书写新的传奇，令"酱香"更"牛"。或许，现在趁着便宜，买一些茅台酒放在家里，留下一些过几年再喝，可能更为醇香。

接下来的问题是，中国有无可能在未来的某天，宣布全面禁酒呢？这得看酒对社会生活的影响程度。目前实在看不出有这个可能和必要。

以我手头掌握的有限资料来看，历来禁酒的效果似乎都不怎么好。世界上禁过酒的国家不少，而且有的还是立法全面禁酒。比如美国在20世纪20年代，就认真禁过一阵子酒，结果除了禁出一批靠贩卖私酒发财的黑帮大佬，酒从来就没有真正断供过。

只要茅台酒生产地的地理气候环境不变，只要人们继续喝酒，只要市场上继续卖酒，贵州茅台持续的独家竞争优势就不会改变，持续的赚钱本事也不会改变。

所以，在市场的一片噪音中，多一些放眼未来的理性与平和，少一些人云亦云的轻信与轻率，都能帮助我们认识和判断。面对现在的茅台酒或茅台股票，是应该考虑大胆买入，抑或惊慌失措落荒而逃呢？

## 人头马君度：白兰地的"头马"

说起洋酒，在中国知名度最高的，当属人头马。人头马是烈性酒，但与一般烈性酒是用粮食酿造不同，人头马是用葡萄酿造的白兰地，特点是纯正平和，香味浓郁，色泽鲜亮，很受市场的欢迎。

人头马源自希腊神话。如果没记错的话，射手座好像也是匹人头马，据说象征着冷静、坚强。

然而在中国，印有这种半人半马图案的洋酒，打出的广告却是"人头马一开，好事自然来"，似乎与冷静坚强之类不搭界，强调的是吉祥与好运，却也就此具有了中国民间虚构的神兽麒麟的味道。

因为接了地气，所以这句著名广告语得以广泛流传，人头马酒颇受欢

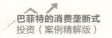

迎，也就是情理中的事。基本上所有较大型商店的卖酒柜台中，都摆着各类人头马商标的白兰地，那个半人半马的标识，也多半能迅速映入消费者的眼帘。

人头马是法国企业人头马君度公司的产品，这家 1724 年就开张了的酿酒厂，到现在已是全球最具号召力的酒企之一，是法国第二大的酒业集团，也是巴黎证券交易所的老资格上市公司。

人头马虽是纯正的法国血统，但却又具有先天的"跨国基因"。生产出来的产品，超过 80% 都是出口，占有全世界高档白兰地一半的市场，让全世界人民能够喝上优质白兰地，也顺便赚全世界人民的钱。

凭着超群的品质，人头马卖得很好。比如在中国，人头马多年来一直稳坐高档白兰地市场的头把交椅。总之生意一向不错，近年来更是呈稳步上升的势头。2009 年人头马的营业收入是 7 亿多欧元，2010 年的营业收入超过 8 亿欧元，到 2015 年，营业收入达到 10 亿欧元。

因了酒好，人头马在股市上的表现也颇为强劲。2006 年年底，人头马股票的收盘价为每股 47.35 欧元，创下自 1990 年以来的新高。然而，人头马的脚步依然在不断地向前，2015 年年中，人头马在巴黎证券交易所的股票价格每股近 100 欧元。可简单计算一下，即使有人在 2006 年人头马股票的高位上买入并一直持有，在经历了其后的金融海啸，欧债危机等一系列动荡之后，仍然会有一倍以上的收益。

人头马的市场优势与核心竞争力，离不开"土、木"二字。

## 核心竞争力一：土

常看到人头马宣传中强调"干邑"二字，与葡萄酒瓶上的"干红干白"

似有同门兄弟遥相呼应之态。然而事实却远非如此，虽然都是"干"字打头，但内容却完全不同。葡萄酒的"干红干白"，指的是酒中含糖量小于或等于4.0g/L，而白兰地的"干邑"，则指的是产地。

干邑是一个地区，位于法国西部的夏朗德省，濒临大西洋，与著名葡萄酒产地波尔多是"邻居"。干邑与它的"邻居"一样，在约10万公顷的范围内，无论是气候还是土壤，都最适合良种葡萄的生长，可谓一块风水宝地。

白兰地的出现，不但与葡萄有关，也与法国数百年前的交通运输条件密切相关。当时用于出口的葡萄酒，虽然好喝，但是由于长途运输费时太久，每桶酒在船上占的空间又太大，加上运输工具的密封、消毒、保温等技术不到位或根本就没有，所以常常酒运到目的地后，已经变质，变得不好喝甚至不能喝了。

为此大伤一番脑筋之后，法国人的创造力被激发了，发明了两次蒸馏的方法。要点就是葡萄酒酿好之后，再经过两次蒸馏，每9升葡萄酒就变成了1升酒，大大提高了酒精的含量，从而使产品经得起运输过程中长时间的颠簸，也使得每船的装载量扩大了8倍。

法国人发明两次蒸馏方法的本意，是打算把经过蒸馏后的酒运到目的地后，再进行稀释复原，重新装瓶再卖。却不料这种蒸馏出来的酒，却大受市场欢迎。酒商们也就乐得顺水推舟，把蒸馏酒加些价直接出售，免去稀释复原等诸多麻烦，货款回笼的速度也快了不少。

从此，这种经过两次蒸馏的酒在市场上大行其道，并且也不知是哪位天才最先将其命名为"白兰地"，逐渐响遍全球，流传至今。而且也于无意之间，与波尔多地区的葡萄酒形成差异化竞争，各占一方天地。

人头马在制作过程中，工艺不断臻于完善。首先，原料必须是干邑地区的优质葡萄。等葡萄成熟后，要尽可能晚地采摘，以便使其尽量饱满，香味

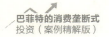

更浓郁。然后经过去籽、压榨、发酵，酿成葡萄酒，再进行蒸馏。即使是蒸馏器皿，也相当讲究，一色的红铜，以确保酒的原味不受影响。且每次蒸馏时间长达 12 个小时，历时数百年坚持不变，酒味日益香醇，成为干邑白兰地品质的象征，造就了人头马品牌的不凡地位，也是法国文化中一个相当抢眼的亮点。

任何产品，一旦市场热捧，必有众多模仿或"山寨"者出现，良莠不齐在所难免。为了确保优质白兰地的市场地位，法国政府于 1909 年、1936 年、1939 年 3 次颁布《原产地命名》的法令。3 个法令形式与内容，在对白兰地酒的规定方面，都有着明显的延续关系，一次比一次深化，一次比一次明确。

法令先将干邑划分为 6 大主要的生产区域，即大香槟区、小香槟区、边缘区、植林区、优等植林区、一般植林区。

分了区之后，法令又做了两层规定。第一层是明确规定只有在这 6 个区生产的白兰地，才能冠以"干邑"二字。除此之外，任何地区的酒如果也冠以"干邑"二字的话，即为侵权违法。第二层规定的专业技术含量更高。在干邑的这 6 个区中，经过多年来消费者的认可与专业品酒师的鉴定，确定大小香槟区的产品更为上乘。所以法令规定，选用大小香槟区的酒液生产出来的白兰地，将称为"特优香槟干邑"。其余 4 个区的，不得使用这个称号，否则即为违规。

白兰地是法国酒文化的一个重要载体，所以但凡法国出产的白兰地，必写上"法国"字样。再往上一层，则是干邑地区的产品，那酒瓶上"干邑"二字是断断不能少的，以彰显品质的优良。最高一层，就是干邑的大小香槟区的产品，在"干邑"二字之前，还加上"特优香槟"的前缀，就立于白兰地高地了。

世界 4 大白兰地品牌人头马、马爹利、轩尼诗、雅涅克，都在法国干邑地区，但只有人头马是唯一一个由干邑省本地人所创建的品牌。而且，人头马的产品基本上都是占整个干邑地区约 9% 面积的大小香槟区生产，因而人头马的大部分产品，都享有冠以"特优香槟干邑"称号的殊荣。

人头马独一无二的竞争优势，有相当一部分就是源自法国政府的这种原产地的保护政策与法律。

## 核心竞争力二：木

有个"木桶理论"很有名，可能很多朋友都知道。人头马也有自己的"木桶理论"。不过，人头马的"木桶理论"强调的不是短板长板，而是质地。

如果说白兰地的问世属于无意，那么人头马的"木桶理论"则源自惊喜。

18 世纪初，法国与西班牙开战。战争期间，赚钱的是军火商。受到打击的行业中包括白兰地所在的酿酒业。酒既然不大好卖，又不可能自己全部喝下去，于是酒商们就把酒储存起来。

好不容易，战争终于结束了，人们在欢庆和平的时候，也没忘记藏在地窖里的酒。酒商们很快就有了一个惊奇的发现，凡是储存在橡木桶里的白兰地，几年下来，全都带有晶莹的琥珀色，辛辣味少了，酒更为香醇。

简单说，橡木桶给酒商们带来了巨大的惊喜：白兰地在橡木桶内贮藏的时间越长，酒就越好喝。

人头马的创立者雷米·马丁先生很快意识到，白兰地将插上橡木桶的翅

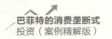
膀。酒不一定能飞起来，但酒的价格一定能飞起来。于是，他就在酒厂边上，盖了一个工场，专门做橡木桶。橡木的材料，来自附近林茂山中的森林。这不仅是就地取材，更是因为林茂山的橡木质地优良，极为适合用来做贮藏酒的桶。请来的工匠，也并不是在马路上随手招来的民工，而都是有丰富经验的木桶制作高手。

于是，山上的橡木，经过工匠之手，变成了精制的木桶；地里的葡萄，经过几番酿制蒸馏，成为白兰地。然后，二者在木桶里会师，形成一种陈酿好酒的醇化环境。酒与木桶，相辅相成，相得益彰，孕育出的是日益浓郁芳香的美酒。

请注意"日益"这两个字，因为人头马创立者当年投资做木桶工场，着眼的就是这个"日益"。换句话说，优质的白兰地放在精心制作出的橡木桶中，时间越长，酒就越醇厚香浓。当然，价钱也就卖得越高。所以，就有了一个简单的结论：白兰地的等级和价格，与在木桶里存放的时间成正比。

人头马的等级有许多，要想都搞清楚，还真不是件简单的事。不过，以时间为向导，大致的轮廓还是能看出来的，可粗粗分为 4 档：

第一档也就是最低一档的酒，以星表示。一个星的人头马，是在桶里贮藏了 3 年的酒。两个星的是 4 年。三个星的是 5 年。

第二档的酒，则以字母"V"引领。标有 VS 字样的，表明酒在桶里放了 5 年以上。VO 则表示 10 年以上。VSO 表示 12 年以上。VSOP 则是 17 年以上。

第三档的酒以"X"打头，表明酒在木桶里放的时间超过 25 年。这个级别只有一种，就是大家熟知的 XO。

第四档，也就是最高档的酒，属于极品，表明至少得在橡木桶里放上 40 年，事实上一般都超过了 50 年。常常是某位酿酒师把酒放进木桶，要等到他的孙子接班时，才可能把酒拿出来。这个档次的酒更是只有一种，"Louis XIII"，也就是大名鼎鼎的"路易十三"！

知道路易十三的人多，喝过路易十三的人却可能不会多。这主要是因为以下两点：

一是因为这种酒供应量非常稀少，世界上可能没有哪一个企业，能把大部分产品放上 50 年之后再拿出来卖。据称路易十三的酒色金黄，浓郁芬芳，口感轻柔，醇香经久不散。说它是难得的人间佳酿，并不为过。

就算是装酒的瓶子也极为讲究，都是手工完成的水晶制品，因而也就有了"世上没有两个完全相同的路易十三酒瓶"之说。即使是回收路易十三的酒瓶，也是一项利润丰厚的业务。

二是价格奇高，以人民币计，至少得 5 位数以上。

因此，路易十三对人头马品牌的支撑与提升，发挥的作用和象征意义，并不亚于其实际效益。世界上公认最高贵的美酒中，肯定少不了路易十三。因此，它也是用来宴请贵宾的最佳选择之一。比如 20 世纪 40 年代英国女王到法国做客，在凡尔赛宫的国宴上，摆在女王桌上的，就是路易十三。

## 值得期待的优势

要撼动人头马的品牌，那就先得在世界上找到另一个干邑，然后就近物色一座生产优质橡木的山林，末了，还需要政府帮着颁发一个原产地保护法令。如果这 3 点无人能全部做到的话，那么，人头马的竞争优势就具有独一无二的性质。

当然这并不是说，人头马从此可以高枕无忧。事实上，人头马的成功，

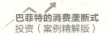

人头马品牌的强大，人头马的竞争优势，恰恰是在于其创立者眼光的长远。人头马创立者建立木桶工场就是最有说服力的证明。人头马在市场的不凡业绩，很大程度上要归功于其创立者的高瞻远瞩，未雨绸缪。

人头马在中国市场的作为，也能充分证明这一点。

中国改革开放初期，人头马已看出其中的黄金机会。早在1980年，人头马集团便与当时天津一家并不怎么起眼的王朝葡萄酒厂合资成立新公司，人头马是该公司的第二大股东。

一家国际知名酒业集团，愿意在合资中屈尊让一家地方酒企控股，主要还是着眼于未来。人头马卖了几百年的酒，深深了解处于市场经济初级阶段的中国市场，未来必有巨大的发展空间。因此重要的不在于谁控股，而在于要抢先进入滩头阵地。

事实上，以当时中国的现实，让中方控股，企业就能更好地适应政治经济环境，能更顺畅地与政府和相关部门沟通，以获得更多的支持，从而有利于更好地开拓市场。

而要在这个不断扩展的市场中不断赚钱，"双赢"是必须的。"双赢"的第一要点就是要让合作方先赢。人头马带给王朝酒厂的，除了资金，还有先进的葡萄酒酿造技术，很快就使王朝酒厂由葡萄酒勾兑厂，转身为中国第一家全汁型葡萄酒生产企业。王朝葡萄酒的销量也由当年的2万瓶左右，以每年15%的销量递增，上升到6 000万瓶之多。

王朝酒厂做大做强了，其所拥有的渠道与资源，才真正有可能得到最高效的利用。优势互补，合作成功才能成为现实，在中国市场才能持续不断地赚取利润。

人头马带来的启发是：虽说酒好也怕巷子深，但也不能把全部的酒都拿出来堆在巷子口，打算一天卖完。急于求成不如从长计议。好酒需慢慢酿，也需慢慢卖。只有这样，未来才更值得期待。

## 承德露露：露者，滋补清润也

据野史记载，明代翰林辛士逊有一次到成都出差，在青城山遇一道士，两人交谈甚欢。临别时，道士向辛士逊传授一个长寿方法：每天吃 7 粒杏仁。辛士逊从此每天 7 粒杏仁下肚，无论刮风下雨，春夏秋冬，从不间断。后来，他一直耳聪目明，身体轻捷，并且健康长寿。

看来杏仁是个好东西。现在杏仁的吃法有很多，其中之一，就是用杏仁制成饮料，味道不错，价格也不贵，纸包装的 2.90 元，听装的 3.50 元，很多卖场的饮料柜台里都能找到。

杏仁饮料最有名的生产厂家，是河北承德露露股份有限公司，他们的产品很多人都知道：露露牌杏仁露。

说来有点奇怪，从厂名到品牌再到产品，都离不开一个"露"字。

许慎在《说文解字》中说：露，润泽也。《辞海》中则提到：露，用花、果、药材蒸馏而成或在蒸馏水中加入药料、果汁等制成的饮料。我们不妨将前者看成本义，后者看为引申义。将公司及品牌称之为"露露"，可能就是把这两重意义合二为一吧，再加上产品单叫一个"露"字，就三位一体了。

至于每瓶杏仁露里面的杏仁含量，是不是刚好 7 粒，不得而知。但吃了杏仁对身体有好处，现已有科学证明。很多研究报告称杏仁内含多种氨基酸、微量元素等，言之凿凿，比青城山的道士说得明白多了。另外，生产杏仁露的龙头老大，就是承德露露股份有限公司。有统计数据表明，它一家的产品就占了市场同类产品 90% 的份额！

承德露露公司成立于 1950 年，已有 60 多年的历史了。若是科技公司，当属寿星。然而作为食品饮料企业，恐怕还在后生之列。何况成立之初，还

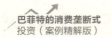
只是罐头厂，与杏仁无关。直到 20 世纪 80 年代，罐头厂生意不好，负债累累，实在难撑下去，才开始改行做饮料。

有人说，换个方向，就是第一。这句话对承德露露来说，还是比较贴切的。当选定以杏仁露作为企业主攻方向之后，罐头厂那捉襟见肘的窘迫，便一去不复还了。

企业开始进入快速发展期，很快成为国内饮料行业的巨头、中国最大 10 家饮料企业之一，并于 1997 年在深交所上市，是首批上市的饮料公司之一。"露露"商标开始广为人知，被认定为中国驰名商标，"露露"牌杏仁露也获得"中国名牌产品"的荣誉称号。

1997 年上市时，承德露露发行价为 5.52 元，总市值为 6.38 亿元。2016 年 4 月 1 日的收盘价为 12.85 元（除权后），总市值为 96.7 亿元，是 19 年前上市时的 15.2 倍。

说近一点儿吧。从 2008 年到 2015 年的 8 年间，承德露露的净利润依次为 1.10、1.39、1.78、1.93、2.22、3.34、4.43、4.63 亿元，每年都有进步。这 8 年的净资产收益率依次为 19.68%、22.64%、23.91%、25.74%、27.90%、36.5%、38.1%、31.2%，平均超过 22%。

还有一点值得提到的是，2008 年到 2015 年这 8 年来的应收款与预收款的表现，都是相当不错的。应收款依次为 13.6、16.6、21.7、20.9、121.9、94.3、83.6、187.8 万元，最高的一年不到 200 万元，最少的一年不到 15 万元。

相对而言，预收款就算得上巨大了，依次为 15 526、22 095、42 255、46 445、38 961、52 590、20 552、40 470 万元。这一组数字或能证明，杏仁露是受市场欢迎，有着较高市场地位的。

支撑这些靓丽数字的，当然就是企业的核心竞争力。承德露露的优势，主要得益于两个坚实的底座。

## 原料为王

当年罐头厂转产杏仁露的一个重要的原因，应该就是因地制宜。因为承德盛产山杏。

杏仁有益于人体健康，早已为人所知，算起来差不多有 2 000 年的历史。最早有记载的是《神农本草经》："治咳逆上气雷鸣，喉痹，下气，产乳金疮，寒心奔豚。"《本草纲目》也说杏仁有"润肺也，消积食也，散滞气也"等功效。

不过，知道杏树还是极能"吃苦耐劳"的人，可能就不多了。杏树生物特性最重要的一点，就是适应性强。不怕热不怕冷，无论 43℃，还是 –40℃，其间从赤道到北极的 83℃的大温差，杏树都能抗得住，都能活下去。同时，杏树对土地性能要求也低，绝不娇生惯养，在贫瘠的土地上，甚至盐碱地里，也照样茁壮成长。

当然，适应性强不等于没有偏好。事实上，杏树最喜欢生长的土地，就是干燥一点儿的山坡，所以杏仁产地主要在北方。

承德就在北方，而且山多！

我看过一段介绍承德地理的文字，说"承德地处燕山腹地，北部是茫茫林海，广袤草原；中部为低山丘陵，林木茂盛；南部峰峦重叠，峡谷幽深。海拔 200～1 600 米，最高峰雾灵山 2 118 米，春夏秋冬四季分明，植物资源非常丰富"。它算是群山环抱了。

占承德总面积的 54% 左右、高达 3 147 万亩都是山地。故历来有"八山一水一分田"的说法。其中长满杏树的面积，超过了 400 万庙。

在承德众多的大小山坡上，到处都能看到野生的杏树，而且很多农民家中场院或地头沟坎，也爱种杏树，且都长势喜人。每到春天，杏花就漫山遍野地开着，非常美丽。说不定以后看杏花能成为承德又一个招牌旅游项目。

　　凭着几百万亩的山杏，承德的杏产量位居全国第一，占全国总产量的四分之一左右。

　　杏花开得好看，结出来的果实也同样是个大肉厚。承德杏仁的质量，在全国也是首屈一指的。于是，对杏仁进行深加工，精加工，开发杏仁产品，就有了极为靠得住的原料基地。这或许就是罐头变杏仁露的根据。因为到现在为止，杏仁露全线产品，都还是全部采用当地的杏仁资源。

　　为了确保原料优势的可持续性，承德露露以脱贫致富为杠杆，带动了当地农户种植山杏的热情，并通过传授科学管理的知识与技能，将过去山杏的自生自长，逐步向人工种植与管理过渡，在当地形成了具有相当规模的种植业。这不但拉动了当地的经济，充实了村民的口袋，而且进一步确保了当地杏仁产量全国第一，质量也同样名列前茅。

　　当然最大的得益者是承德露露。他们快速增长的产量，有了源源不断的优质原料的供应保证。这在进入门槛并不高的饮料行业，就形成了独一无二的竞争优势。无论谁要在杏仁露市场与承德露露争锋，没有用之不尽的优质原料，那就必败无疑。这个市场本质上就是原料为本，原料为王！然而，要在别的地方突然长出几百万亩的优质杏，还真有点难以想象。所以大规模的原料优势，就成为承德露露核心竞争力的坚实基础。

## 技术支撑

　　其实，最早生产出杏仁露的，并不是承德露露股份有限公司，而是避暑山庄中的御膳房。当年皇上带着一大家人和陪同人员在承德避暑时，富有创新精神的厨师们，就为这一干人用山庄中的矿泉水与杏仁，配制出了杏仁露。没错，当时就称"杏仁露"。只不过产量很低，加工技术也相对原始，而且不外卖，是皇帝一家以及王公大臣们的特供品。

御膳房的杏仁露，与现在承德露露生产的杏仁露，是不是一个品种或一个味道，可能已无法考究。可以肯定的是，现在杏仁露的产量极为巨大，而且已飞入寻常百姓饮品之列。更值得强调的是，两代杏仁露的加工技术早已不可同日而语。

技术与口感，对杏仁露来说，二者缺一不可。

作为饮料来说，首先得好喝。人们对饮料的喜爱，常常就是因为口感好。承德露露作为国内率先研制植物蛋白饮料并获成功的企业，在技术研发方面走在行业的前列。这些技术的核心，就是确保产品的口感好，保质期长。

比如有一项名为"植物蛋白酶钝化"的专利技术，就是承德露露在多年开发杏仁的基础上研发出来的。利用这种技术加工后做出来的杏仁露，不但品质更稳定，而且口感更为滑润醇厚，更具杏仁特有的风味。另一项令承德露露自豪的发明专利，名为"针对罐装饮料采用高温高压杀菌"，从技术上解决了在不加防腐剂的前提下，蛋白饮料长期贮存的难题。

饮料行业与多数行业一样，必须不断开石创新，才可能持续发展。为此，承德露露与中国食品发酵工业研究院建立了长期的技术交流和合作关系，并大胆借鉴和引进国内外最新科研成果，探索出一条采用国外先进饮料生产设备、生产民族饮料杏仁露的道路。在赢得市场的同时，也建立和巩固了行业技术领先的优势。

凭着这些优势，承德露露成为我国《植物蛋白饮料杏仁露》行业标准的起草单位，并参与起草《饮料制造取水定额》《饮料制造综合能耗限额》等多个行业标准，成为具有举足轻重地位的行业龙头。承德地区几百万亩的山杏，也因为这些技术而被制作成好喝又养人的饮品，进入人们的生活。

在原料优势与技术优势的双重护卫下，承德露露原先看上去似乎无足轻

重的先发优势，现在也就具有了难以撼动的地位。以原料优势、技术优势和先发优势为依托，形成的就是品牌优势。承德露露已成为我国植物蛋白饮料的第一品牌。

作为国内最早研制生产植物蛋白饮料的企业，承德露露一开始确实赢在起跑线上。据统计，全国生产杏仁露的企业有 300 家之多。承德露露一家的产品便占有市场同类产品 90% 的份额，余下的企业争那剩下的 10% 市场。承德露露以先发优势，凭借原料与技术的两翼，不断扩大与同行的差距，由领跑者上升为垄断企业。

不过，饮料市场一方面还有着广阔的发展空间，另一方面竞争也异常激烈。作为植物蛋白饮料产业，虽然新兴的时间并不长，但已吸引越来越多的产业资本不断进入。在杏仁这一块别人可能竞争不过承德，但完全可以选择别的果仁。《辞海》已经说了，"露"就是加入了药料或果汁的饮料。

谁也无法阻挡别的替代品进入这个市场。如果要与替代品生产者共同做大这个市场，共同分享越来越大的蛋糕，那就还得在目前初步具有独一无二优势的垄断基础上，把技术创新、产品创新、销售创新等几篇文章做好，把杏仁露做成植物蛋白饮品中的茅台！

## 獐子岛：以山珍命名的海味

在山姆会员店，随意踱到卖海味的柜台，各种海参、鲍鱼之类，应有尽有，都是国内一些比较有名的公司的产品。然而，我却没有看到名气最大的獐子岛公司的产品。打听之后，才知道在楼上设有专柜。

专柜就是不一样，价格比同类产品高出一截，难怪要放在楼上卖。

大连獐子岛渔业集团股份有限公司历史不算短，1958 年成立。半个多世纪以来，前小半段是以渔民吃苦耐劳的实干精神为主导，一度被誉为"海上大寨"。后来在这个基础上加上了很多时代元素，变成了苦干实干加会干巧干。用他们自己贴在墙上的标语来说，就是"敢立潮头，勇为人先，创新奋进，求实发展"。

也许是因为带有这种能吃苦又愿动脑子的基因，獐子岛从一个镇办小企业，发展到现在，已成为集海珍品育苗、水产养殖、远洋捕捞、食品加工、销售、海上运输等于一体的综合性海洋食品公司。

獐子岛的主要产品是虾夷扇贝、海参、皱纹盘鲍、海胆、海螺等，都是能成为餐桌亮点的海味。由于它们质量口感均佳，卖得比其他商品贵，给企业带来颇为可观的利润。公司也由此被人们看好。2006 年在深圳中小板上市之后，很受市场追捧，一度成为中国农业第一个百元股，表扬他们的话也从"海上大寨"变成了"海底银行"。

确切地说，獐子岛首先真的是一个岛，然后才是一个公司，再然后才成为一个品牌。

岛之所以用"獐子"命名，盖因岛上曾经有过很多獐子。现在岛上当然看不到獐子了，獐子的名字就用在了公司以及公司的产品身上，山珍从此成为海味，而且在市场大行其道，变得几乎家喻户晓，成为同行中第一个"中国驰名商标"。

## 北纬 39 度

要说獐子岛，首先就得说北纬 39 度。这应该是獐子岛最值钱的地方。

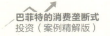
没错，说的就是"地方"，是其拥有的那片海域，包括地理环境与气候条件。

据说，这条纬度很了不起，包括北京、罗马、纽约等一批国际化城市以及爱琴海、地中海、青海湖等令人向往的旅游胜地都位于这条纬线上。有充分的依据显示，北纬39度獐子岛所处的这一段海域，是世界公认的最适宜海洋生物生长的纬度和海珍品原产地。

这里位于亚欧大陆与太平洋之间的中纬地带，是辽宁南部沿海与近海交汇处，海域水深平均达35米，属于深水岛类型，远离海岸，也远离主航道，距离黄海冷水圈较近，海流湍急，海水交换能力和自净能力很强，非一般海域所能比。

同时，獐子岛属北温带亚湿润季风气候区，四季分明，日照充足。受海洋气候影响，空气温和，昼夜温差较小，无霜期达220天左右。

自然条件是生物生存极为重要的条件。在这一点上，作为獐子岛的3个主打产品的扇贝、鲍鱼、海参们似乎并不比人类笨，也都追求富贵命，对生活品质要求高，所以在这么一个好地方活得特别滋润。


## 资源独占

就目前所掌握的资料显示，国内养殖扇贝、鲍鱼、海参最佳的地点，大连獐子岛排名第一。排名第一还不算，而且整个这一大块海域，都是獐子岛一家的。

茅台镇是酿酒的好地方，但两平方公里左右的地盘上，就有大小酒厂百余家。而獐子岛所在的北纬39度这片海，面积超过2 000平方公里，却由他们一家"独占"。准确地说，是他们确权的海域。根据有关规定和协议，这块海域还有可以扩大的确权空间。

于是，獐子岛的手中，就有了打造最高端品牌的独家原产地资源。"獐子岛"就此一家，全国最好，别无分店。所以，獐子岛既是品牌，也是王牌。他们打出的环境牌、绿色牌、天然牌等，都是以原产地这张王牌为依托的。

以往，全国闻名的海产品品牌的数量几近于零，因此，可以认为獐子岛是这种状况的终结者。随着"中国驰名商标"的继续驰名，"獐子岛"会越来越被消费者们认知与认可，品牌优势会不断扩大与提升。而且这个品牌，同时又是产品的口感品质外观等直接的决定因素，是独一无二的优势，别人无法模仿，也无法复制。同类产品生产者们除了"羡嫉恨"之外，一下子还真想不出能与之并驾齐驱的好办法。


## 不是金矿，胜似金矿

近海渔业资源日渐枯竭，催生了海洋养殖业的兴起与发展。

海域再好，贝鲍参再好，也会有打捞殆尽的一天。所以，除了捕捞之外，獐子岛有个更为重要的任务：养殖。

海水产品的养殖，是有讲究的。简单说一种是人工养，一种是类野生。人工养殖大家都懂。类野生则说明还不是纯野生，有人工的痕迹，类似野生而已。可能很多朋友都吃过"走地鸡"或"土鸡"，价格比养鸡场出来的鸡要贵多了。海产品也是同样的道理。

獐子岛以底播养殖为主要方式。这种养殖方式相对于浮筏、围堰、虾池等人工设施养殖方式，最大的不同也是最大的优势，就是让生物们在海洋自然环境中自然生长，不用再投放饲料喂养，使之品质类似野生。无论体积规

格还是外在的光洁美观度，都明显优于人工养殖的品种。

这种节省掉饲料成本，还能养出一流产品的养殖方式，归根到底是要有好地方，好海域，好水质。好水质由谁说了算？这得听中国国家海洋局的。海洋局根据海水的水质，分为清洁、较清洁、轻度污染、中度污染与严重污染5个海域等级。清洁海域也就是一级海域，可以用来作为海上自然保护区、珍稀濒危海洋生物保护区。在这种区域进行海产珍品的自然放养，当然是最佳选择。

遗憾的是，我国近海与近岸的清洁海域非常稀缺。在北方只有大连与烟台等少数几个地方才有。换言之，除了纬度气候等优势外，獐子岛的水质也同样是在国内数一数二的。于是，獐子岛就有本钱喊出"原种原生，天养天择"的口号。这既是獐子岛值得自豪的优势，也应该就是獐子岛的产品卖得贵的原因。

有人曾说獐子岛是个金矿。事实上，金矿早晚会有采尽的一天。而獐子岛的养殖条件，只要尊重基本的自然规律，不去做太出格太过分甚至竭泽而渔、恶性透支的事情，就能永续地提供高质量的产品。从这个角度来看，它比金矿还让人放心，与银行有得一比，无怪乎人称"海底银行"。


## 吃海

常言道，靠海吃海。当然，不同的人有不同的吃法。把海鲜幼苗放进海里养的，是养殖户；把海产品打捞上来之后，一上岸就卖掉的，是渔民；在岸边把海产品收购过来，再运到市场去卖的，是鱼贩子；从养殖到捕捞，并将产品进行加工后，再通过自己建立的渠道进行销售的，是企业。獐子岛是"四位一体"，整条产业链一网打尽。

然而无论几位一体，獐子岛的根本，还是"原产地标志产品"，这才是吃海的根本。有句老话叫"坐吃山空"，但却没听人说过"坐吃海空"。至少，獐子岛人是不会等到把海吃空的。

如何使靠海吃海的优势发挥得淋漓尽致？在这方面，獐子岛人不但自己动脑子，而且还借别人的脑子来用。近些年来，獐子岛与众多海洋专业院校和科研机构建立了合作关系。帮他们进行研究开发的，都是专家教授级的人物，很能解决问题。

比如，说到原产地产品，当然是越与众不同就越好。研究人员很给力，培育了不少优质新品种，比如"獐子岛红""獐子岛紫""海大金贝"等。这些品种不但进一步显现产品的原产地属性，建立起品类独有的识别标志，拉开与同类产品的距离，而且同时也在制定行业与产品的标准。

食品的加工，是提高企业利润的重要途径。十几块钱一斤的猪肉，经加工后做成的红烧肉，要卖几十块钱。海产品不是红烧肉，但道理是一样的。獐子岛在海产品加工方面，借助科研力量，走在了国内同行前列。他们研发的"软包装即食鲍鱼""汤汁鲍鱼""即食海参"等，就很受市场的欢迎。

獐子岛与专业院校、科研机构合作的范围，并不仅限于培育与加工，而是覆盖采苗、中间育成、养殖、捕捞、储存等整个产业链。到目前为止，獐子岛已拥有数十项专利技术，所以，开起科研方面的总结会来，就有领导给他们颁奖。

这些专利技术，确实提高了獐子岛企业的现代化与工业化的程度，提升了产品的科技含量与附加值。但说到底，还都只是企业发展的助推器，都只能附于核心竞争优势——原产地。因为再厉害的专利，别人也有可能发明出来，但别人肯定发明不出獐子岛，也肯定发明不出北纬 39 度！

需要说明一下的是，拥有"原产地"优势，并不等于高枕无忧。獐子岛面临的问题或挑战，其实还蛮多的。

第一是发展的空间不够大。北纬 39 度虽然了不起，但幅员有限。獐子岛目前的 2 000 公里海域，跳起脚来恐怕也只能再增加一两倍吧。若还要外扩至 20 000 海里或更多，就可能是北纬 38 度或 40 度的地盘，那投资收益比就得好好算计一番了。

第二是单位面积产量的提高，也似乎没有多少空间。这和种稻米一个道理，密植可以，但得合理。獐子岛的自然环境再好，也无法把海参什么的，在海底堆起来养。

第三是自然环境的影响。海产品的确很珍贵，不过依然属于广义上的农产品。尽管科学很发达，但农业至少在目前还未完全摆脱靠天吃饭。天气灾害、病虫害、疫病等，都对绝大部分农产品会产生不同程度的影响，獐子岛当然也不可能例外。另外，很多农产品的生长都有"大小年"周期，海产品也不例外。

第四就是同类产品的冲击。獐子岛的底播养殖近似野生，当然很好。不过，除了包装上的标识之外，相信不会有很多人在餐桌上吃海味时，能吃出是獐子岛的还是别的岛的；是野生的还是人工放养的。礼品讲究产地，但饭店却并非如此。餐桌上的普遍心态是，吃什么是关键，吃哪里产的并不那么重要。吃鲍鱼吃海参是高级享受，至于鲍鱼海参是哪儿出来的，似乎还不到过分计较的阶段，由店家说了算。由于这种普遍存在的对品牌不"过分计较"的消费心理，市场上大品牌被中小品牌侵蚀，中小品牌被假冒品牌驱逐，底播养殖因价格高昂而卖不过人工养殖的现象，还是屡见不鲜。

獐子岛自 2006 年上市后历年的利润，如同波浪一样有起有伏。最大的"起"是 2011 年，净利润为 5.6 亿元，比 2006 年的 1.69 亿元要高出 3 倍多。最大的"伏"是 2014 年，因为广受诟病的"冷水团"原因导致亏损 1.19 亿元。不过到了 2015 年，亏损的数字减少到 940 万元，只是上一年度的零头。事实上，公司业绩重回正数，肯定是大概率事件。

公平地说，獐子岛不是一个高成长性的公司，但若作为一个防御性的品种，让其在投资组合中占有一席之地，也不失为一种策略。獐子岛面临的那些问题，都具有短期或局部性质。长远、全面地看，獐子岛的赢利是稳定的，态势在总体上也是上升的。因为他们拥有那片海！

359,464　　　0.3%

8,632,724　　　7.7%

59,087　　　0.1%

13,963,095　　12.4%

5,266,055　　4.7%

10,323,178　　9.2%

5,283,470　　4.7%

第 2 章

# 祖传秘方

◎　要评价一个秘方产品的价值，至少可以先从"四有"入手，即有效果、
有年头、有传奇、有声誉。

　　在商誉大厦的建造材料中，至关重要的当然是产品的良好质量和企业的贴心服务。而产品良好的质量有很多来源，比如在食品、饮料和药品等行业，神秘的配方往往最为人津津乐道。它们足以让消费者好奇、追逐、信任和动心！这就是商誉的力量，企业的命根！这就是一种典型的消费者心理垄断。拥有这一优势的企业，业绩一般都大大超出市场平均利润水平。

●

秘方，从来都有很大的吸引力，因为那意味着奇秘而又神妙的配方或技术。如果秘方是祖先遗传下来的，那就更值得高看一眼了。

然而不幸的是，大部分秘方，不论是不是打着祖传的旗号，都沦落于墙角里的小广告或微信朋友圈之中，难登大雅之堂。

真能修成正果的秘方数量不多，且基本见于消费行业。或吃的或喝的或能 OTC（非处方药）治病的等。这些秘方是真正的高大上，能给所有者带来良好的市场信誉、令人满意的市场份额、源源不断的利润。

秘方与专利相比，更具优势。秘方古时又称"禁方"，意思很明白，只秘传而禁止公开。一家的秘方，如果不出意外的话，可千秋万代传下去。

"专利"的本意，就是公开配方或技术内容，以换取法律保护。在申请法律保护的同时，配方或技术的品类、用量、工艺等，都必须说得一清二楚，否则就没办法保护。我们知道专利保护是有期限的。年限一过，这专利估计也人人知道，人人可用，变成"福利"了。

所以，秘方可以是常用常新，一招鲜，吃遍天。专利则需要不断地要求进步，不断地改革创新，财力人力都得花去不少。

具有强大市场生命力的秘方，最好要具备以下 4 点：

首先，这个秘方必须是有效的。即使无法独树一帜，也至少要比同类产品的效果明显，更符合用户或消费者的期望，能更好地满足他们的需求。根据相关统计，很多所谓"秘方"，其实配方早已不是秘密，而且效果或质量已被很多同类产品超过。还有一些所谓"秘方"，先不说效果行不行，其制作过程更是怪诞荒唐，更无法批量供应。比如当年鲁迅笔下"3 年原配的蟋蟀"之类。

所以，比同类产品更好更有效，这是秘方生存发展的根本条件。否则，一切都无从谈起。

其次，这个秘方最好是祖传下来的。因为这意味着产品已经经过了多年的市场检验，经过了几代甚至十几代消费者的使用，其质量是过硬的。历史越长久，说服力就越强，客户或消费者对其就越信任越忠诚。

再次，就是这个秘方最好要带有一定的传奇色彩。这一点很关键。秘方本来就多少带有一些神秘的意味，如果再加上一些与宫廷、出家、阴谋、间谍之类有关的佐料，使民间传播更具魅力，就等于免费做了长期而深入人心的广告，其好处不言而喻。

最后，就是通过秘方制造的产品必须已经在市场上、甚至在社会上建立了强大的声誉，有着广泛的影响。一般来说，刚刚出道的祖传秘方，要修成正果需要漫长的岁月。现在手中握着某种或某几种祖传秘方的人，并不见得都是江湖混混。但要把秘方操作成著名品牌，则任重而道远，而且相当远。相比那些在一个地区，一个国家，甚至在国际社会上都已得到承认和欢迎的秘方产品，仿佛就不在一个时空中。

　　秘方的获得，可以认为是"祖上积德"，甚至是"祖坟埋得好"。但秘方产品成为畅销品，则需要长期的、一丝不苟的顽强打拼。因此，要评价一个秘方产品的价值，至少可以先从"四有"入手，即有效果、有年头、有传奇、有声誉。这样，事情或许会简单明了一些。

## 片仔癀：百"癀"一片除

不知道去药店的朋友们注意到没有，很多贵重的药品，都是锁在一个柜子里的。当有人要买时，药店工作人员才会打开这个柜子把药拿出来。

在那些贵重药品中，有一种就是片仔癀。它真的很贵，竟达 460 元人民币一粒！记得第一次看到这个药名时，我就情不自禁地将其与钵仔饭、艇仔粥、碗仔面之类联系起来，以为也属于街头摊档上的民间制作。事实不是这样。片仔癀出身高贵得很，是明朝的宫廷秘方。后来之所以流落到民间，是因为一位闽南籍太医，于万历年间一场宫廷内乱中，携带药方逃回家乡福建漳州，做了和尚，并本着慈悲心肠，根据宫廷秘方研制出一种特效退烧消肿的良药。

所谓"特效"，指的是片仔癀对急慢性肝炎、喉痛、烧伤、无名肿毒、创口及一切炎症引起的疼痛、发热，都具有消炎止痛、清凉解毒作用。其适用范围广，疗效明显，基本没有副作用，堪称药中珍品。凭着这些特效，它为四方百姓解除了许多病痛，而且通常是一片就搞定。

太医和尚研制出药，却忘了给药取名字，于是佛门外众生就代劳了。漳州方言把一切炎症统称为"癀"，吃一片该药即可除病，所以就称之为"片仔癀"。这实在是老百姓们对药效信赖的淳朴表达。

我国中药有两大独家生产品种，其中之一就是片仔癀。2003 年片仔癀股票上市时，头上顶着的光环有好几个：1 555 年宫廷配方、著名中成药老字号、中国驰名商标、制作工艺为"国家非物质文化遗产"、国家一级中药保护品种、国家绝密级配方等。

顺便说明一下，一级中药保护品种与绝密配方之间，既不冲突，也不矛盾。中药保护品种由卫生行政部门认定，绝密配方则由国家保密局所司，政出两门，殊途同归而已。

一味中成药，卫生部门的关注还在情理之中，但惊动了保密局，就显得非同一般了，因此片仔癀上市后的表现也是非同一般。2003 年 6 月企业股票发行时，总市值达 11.97 亿元人民币。到 2016 年 4 月 5 日，其收盘价报 55.04 元，总市值合 221.40 亿元，13 年共增长近 19 倍。

## 优势的解读

片仔癀在市场上长盛不衰，不大搭理经济周期忽上忽下的原因，来自几个独一无二。

独一无二的疗效。片仔癀的疗效，主要体现在 3 个方面：

第一种是片仔癀最初始最基本的疗效，即主治消除脓肿、无名肿毒及一切炎症引起的疼痛与高热。500 多年来，不知医治了多少疑难杂症。据说，以前东南亚很多华侨老人，在重病或即将离世的时候，家人通常会给他服用片仔癀。他们认为，如果连片仔癀都不行的话，恐怕就没治了。

第二种疗效属于派生出来的。由于片仔癀能显著促进刀口、枪口、骨折和烧、烫等多种创伤的愈合，过去有人皮肤创伤或炎症时，就直接将片仔癀调水后涂于患处，不久皮肤即恢复如初。于是，后来就有富贵人家将片仔癀专用于保养皮肤，自然而然派生出美容之效。

第三种疗效是后来发现的，因为古代人还不知道有肝炎癌症之类的病，现在科学发达了，认识了这些病，同时也发现片仔癀不但对治疗急性、慢性

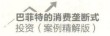
肝炎有显著疗效，而且对消化系统癌细胞也有明显的抑制作用。

也许，未来还会发现片仔癀有更了不起的疗效。但就目前其所具有的独特强大的治疗和调理保健双重功效，就似乎已经没有什么药能与之相比了。因此，它在市场上受到广泛欢迎，也在情理之中了。

独一无二的配方。独特的疗效当然来自独特的配方。话说当年明朝太医携方跑回福建漳州后，此秘方在明朝动乱中流失，从此再不见经传。但不见经传并不等于没有，唯一的秘方就在片仔癀的生产厂家手里，只是受到国家绝密保护，不可能向外公布。但是，通过片仔癀的产品说明书，多少能撩开其神秘面纱的一角，窥其大概。

片仔癀最主要的 4 大成分是麝香 3%，牛黄 5%，三七 85%，蛇胆 7%，这些都非等闲之物。更为难得的是，片仔癀生产企业一直坚持采用最好的药材入药，即使是极为稀缺的天然麝香和天然牛黄，也都选用最上等的，以确保其独特而近乎神奇的药效。这种独有的配方，无法仿制替代，因此片仔癀得以傲然屹立数百年而不衰。

独一无二的品牌。片仔癀集悠久的历史底蕴和传奇、厚重的中医药文化、普世的人文关怀等多重因素于一身，被称为"国宝秘药"享誉海内外。并获得"中药百年品牌文化传承企业"荣誉，入选第三批国家级非物质文化遗产名录等多项荣誉，表明片仔癀既是一味高端的中成药，又是中医学的一张名片，甚至还是中国文化的一个代表性符号，由此形成了片仔癀强大的品牌效应和品牌忠诚度。

独一无二的简单。片仔癀的配方，片仔癀的制作工艺，都已传承数百年，历经数百年的检验，得到了上至国家、下至百姓的认可与肯定。也就是说，其配方和工艺，无需改变或创新，唯其保持优良品质，便是法宝。

所以，片仔癀的经营就相对简单，具有很强的自主定价权，赚钱也相对简单，不需要新产品研发的惊人费用，利润也就更实在，更让投资者放心。同时，对片仔癀股票的投资研究也相对简单，只要企业保持原状就很好。

公司的净资产收益率充分说明这一点。2004 年的净资产收益率是 7.90%，2005 年是 15.14%，2006 年是 13.01%，2007 年是 15.37%，2008 年是 18.93%，2009 年是 17.23%，2010 年是 19.39%，2011 年是 22.60%，2012 年是 23.23%，2013 年是 23.70%，2014 年是 16.80%，2015 年是 22%。上市以来的 PE（市盈率）平均超过 15%，相当不错。

综上所述，片仔癀的药丸与股票，都是好东西。片仔癀的疗效会长期有效，片仔癀的商誉也同样能带来持续的赢利。

它既是患者希望得到的好药，几年间，每粒片仔癀的价格已经从 100 多元涨到 400 多元；它又是投资者希望拥有的股票，2004 年到 2015 年的净利润依次为 0.42、0.86、0.82、0.95、1.40、1.30、1.70、2.30、3.50、4.39、4.39、4.65 亿元。各项数据基本都呈稳步上行状态，因而对未来业绩的预期，具有很高的确定性。

## 遗憾的短板

片仔癀虽然优秀，却也有遗憾。而原料就是制约其发展的短板。

其配方中起着至关重要作用的是麝香，得从雄麝身上提取。麝的数量本来就不多，已是国家濒危保护动物。仅保持目前的产能，需要的雄麝就以万头计。上山打猎，已难觅麝影，反可能被班房伺候，因为 2005 年以后，国家禁止猎取野生麝。从国外进口就更不用谈了。

至于人工养殖这一块，也无法乐观。根据资料，我国现有人工养殖麝的数量约为 8 400 头，年产香量约 40 公斤。全国共有 7 个厂家的 8 个产品有资格使用天然麝香，根本不够用。目前企业生产所用的麝香，大部分都是国家历史库存储量，仅靠这一块，早晚会有用完的一天。

比较靠得住的办法，是自己养殖。目前片仔癀公司在四川阿坝搞了个麝的人工养殖场，公的母的一块算，也只有几百头，离需要的万头以上还差得很远。

据行家介绍，麝其实是一种很难养殖的动物。当然，如果每头都有和大熊猫一样的待遇，或许就不那么难了，但其成本将会非常吓人。

麝香已然令人头疼，接下来还有一直使用的天然牛黄呢！

牛黄就是牛的胆结石，又称"丑宝"。也不知是现在的牛注意了饮食保健还是其他什么原因，总之得胆结石的似乎少了，而需求却日益扩大，于是便和所有的好东西一样，日益稀缺起来。故民间有"千金易得，牛黄难求"之说。

总之，天然牛黄是越来越难以满足制药的需要。所以，国家药品监督管理部门自 20 世纪 80 年代起，开始陆续批准 3 个牛黄代用品，即人工牛黄、培植牛黄和体外培育牛黄。

目前国内约 650 种含有牛黄的中成药品种，主要使用的是人工牛黄。人工牛黄的合成办法有几种，但最多的是从猪胆汁中提取出相关物质配制。据统计，目前人工牛黄占据了 98% 的市场份额，而人工牛黄中，猪胆汁合成的又占 95% 以上，也就是说，牛黄变成了猪的天下，似乎改名叫"猪黄"才对。

尽管人工牛黄能满足普通药物的基本要求，但在药效上与天然牛黄的差距就不止一点点了，除了副作用大，在抗氧化、提高免疫机制方面，都还无法与天然牛黄相比。这种不可比性充分体现在二者的价格上。人工牛黄 1 000 克的价格为 300 元左右，而天然牛黄 1 克已超过 100 元。

片仔癀已经在养麝，总不能再去养牛吧！那岂不是要从制药业转行为养殖业！而且养出来的牛还都得长胆结石，也实在太难为人和牛了。

## 多余的担心

最希望的是，片仔癀的决策班子是保守的而非激进的。

在我们的语境中，"保守"一词还似乎有点贬义。其实至少应该是中性词。保守似乎更偏于中庸，中庸是稳健的智慧，而非平庸低能。比如英国几个主要政党中，就有一个名为保守党，以"保守"而自豪。片仔癀已历时数百载而不衰，再持续数百载或更久，也应该是没有问题的，但前提是保守，无需赶"做大做强"之类的时髦潮流。

做大本身并不错，但得分企业。片仔癀就不是一个必须要做大，其实也无法真的做大的企业。这是因为，片仔癀的品牌号召力毋庸置疑，市场领先者地位毋庸置疑，但支撑品牌的是药效不变。保证药效不变的是配方不变、绝密级不变、制作工艺不变。这3个"不变"的关键环节，当然是配方。配方中的麝香与天然牛黄，在今后相当长的一个时期内，都是相当稀缺的，无法支撑其企业做大。若要强行做大的话，势必要在麝香与天然牛黄上打折扣。这个玩笑可是开不得！美国药企百特公司的前车之鉴，值得所有同行警醒！

保守而稳健的决策班子或管理团队，会面对关键原料稀缺的现实，有效抑制"做大"的冲动。在关键原料问题上找米下锅，在企业大战略上看菜吃饭，稳扎稳打。保守一点，稳健一点，行得千年万年船。

另外，企业多元化发展也常常是个陷阱。我实在看不出片仔癀有曲线做大的必要。能做好片仔癀，未必就一定能做好别的。可口可乐养虾的往事已成为笑谈，似乎无需在漳州重新彩排。

其实，现在的片仔癀，已经给长期投资者带来相当不错的稳定而持续的回报。以现在立足于做强，适度发展的基本发展模式，无论是经营还是投资，都是成功的，企业会健健康康地一直走下去。而且这种成功还将随着时

间的推移而越来越弥足珍贵。世界上那些500年以上甚至千年以上的长寿企业，有几个是靠做大做出来的？有几个是多元化化出来的？

由此观之，对片仔癀来说，守成比扩张更为重要。当然，片仔癀的管理层或许早已想明白了这点，何需一个外行来唠叨。比如上市以来，其1.4亿股的总股票数就不曾发生过变化，显示的就是一种成熟与稳健。

"癀"字正确读音为"黄"（huáng），我第一次看到这个字时，想当然地读成了"广"。但愿我对片仔癀公司未来发展的这点小担心，又是一次误读。

## 云南白药：疗伤圣药的传奇

要说在中国影响力最大、销售渠道最广的药，在名列前茅的几个品种中，肯定有云南白药，几乎家家药店的柜台里都放着。云南白药绝对算得上是一个传奇与现实结合的佳品。此药的问世，终于使许多武侠小说中疗伤的灵药变为现实，而其问世本身，也可写入武侠小说中。

发明云南白药的曲焕章先生，1880年生人，并非穿着白大褂坐在实验室里摆弄试管的高级知识分子，而是一位游方医生。药是他1902年研究出来的。这一点可以确定，但怎么研究出来的，却有几种不大确定的说法，比较典型的有两种：

第一种是得异人点拨启发，尔后而成。

第二种是山中遇两蛇相斗，奄奄一息的败者，在草上躺了一会儿，居然又鲜活起来。曲先生觉得这几种小草有些不同凡响，给予关注，进而由此研制出云南白药。

云南白药的广为人知，不是因为做了哪儿的广告标王，也不是请了当红名人代言，而是因为打仗。1938 年 3 月的台儿庄战役，中国军队重创日军，取得重大胜利。获胜的中国军队里，有一支云南部队，每人身上带有一小瓶白色的粉末，一旦受了伤，不管伤势如何，都会先将这种粉末在伤口上敷一些，然后再口服一些，立马又能继续战斗。

由此而一举成名的白色粉末，就是曲焕章先生发明的疗伤圣药。不过当时的名称是"百宝丹"。改名为"云南白药"，则是 18 年后，1956 年的事情了。

所以，云南白药是枪林弹雨中杀出来的民族品牌，并非夸张，是真有其事。后来的抗美援朝与抗美援越战争中，也有数以百万盒计的云南白药参与其间，不断续写其战场传奇。

在止血镇痛、消炎散肿、活血化瘀、愈伤调经、排脓去毒、防腐生肌等方面，云南白药确实具有非常明显的疗效，而且几乎没有任何副作用。更令人惊奇的是，所有云南白药的药盒中，都有一粒红色的药丸，名为"保险子"。据说其功效是普通白药数倍。

凭着如此神奇的药效，云南白药问世之后，不但迅速在国内受到广泛认同与欢迎，而且很快在日本、新加坡、印尼、泰国等国家走红，经久不衰，延续至今。

## 神秘的配方

纵观市场，不难发现云南白药公司的"云丰"品牌，具有同类企业无法比拟的竞争优势。这种优势，主要是源于其神秘的配方。

配方如此给力，所以围绕云南白药配方的明争暗抢，也有许多传奇，编一部电视连续剧肯定绰绰有余。

最为迷雾重重的一个传奇是，1938 年，也就是台儿庄大捷、云南白药出了大名之后，国民党要员焦易堂以共商如何为抗日救国做更大贡献为由，邀请曲焕章到重庆。如何做更大贡献的具体内容没有多少人了解，但焦易堂转弯抹角诱使曲焕章交出云南白药配方的用心，却是在诸多史料中言之凿凿。曲焕章自然是不肯就范。双方不软不硬地僵持了没多久，曲焕章就突然逝世了。逝世的具体原因，众说纷纭，给历史留下的只是一堆谜团。

紧接着的传奇似乎有点不大像传奇。曲焕章逝世后，其第二任妻子缪兰英与其结发妻子所生儿子曲万增，都同时宣称握有云南白药正宗配方，双方展开了一场正宗之争。直到 1955 年，政府出面，派出工作小组进行考察与调研。忙乎了几个月之后，最后是缪兰英作为正宗云南白药传人的身份得到认同，曲万增所持药方生产的白药也被认为是有效的。

也许是为了感谢和回报政府，不久之后，缪兰英向政府献出了配方。这在正进行对资本主义工商业改造的当时，是一件在全国范围内具有榜样意义的大事，因而一时间成为多家报纸的头条新闻。1956 年，昆明制药厂接收了缪兰英贡献的配方，并正式改名为"云南白药"，开始批量生产。

变身成云南白药后，其配方和工艺，也于当年被列为国家级的绝密资料。1995 年，云南白药被列为国家一级保护品种，保护期 20 年，而且到期后还可继续申请。它是国内享受此种保护的极少数中药产品之一，这是绝大多数对手难以逾越的护城河。

有了这条护城河之后，云南白药的配方就更具吸引力了。一些具有科研精神的人，花了很多时间把云南白药研究来研究去，终于发现云南白药是以云南特产三七为主的一批中药制成，但具体的品种与含量，却始终无法弄明白。

另外，还有一些具有经济头脑的人，做法就不这么呆板了。于是，一个具有八卦性质的传奇，在云南白药上市后广泛流传。据说，云南白药某重要部门的一位中年单身女性管理人员，在一个似乎不经意的场合，"偶遇"一位海外男子。

在这位比自己小十多岁的风度翩翩的绅士的追求下，这位女士迅速陷入爱河，两人经常一起缠绵到深夜，共同憧憬在海外建立小家庭后浪漫美好的幸福生活。所幸，在办理结婚登记手续之前，她终于发现这位海外情种真正钟情的，只是她有可能帮他获取云南白药的配方。也就是说，他只是一名经济间谍而已。于是，这位女士和云南白药，便都躲过了一劫。

所有的传奇故事，针对的都是神秘的配方。神秘配方不但有神奇的疗效，而且带来的经济效益，也同样颇为"传奇"。

云南白药公司于 1993 年在深圳上市，当时发行价为 3.38 元，总市值为 2.71 亿元。到 2016 年 4 月 5 日，其收盘价为 61.72 元，总市值为 642.80 亿元，比上市时增长了 237 倍多。

投资者比较关注的净资产收益率，也非常了不起。除 1995 年的 8.75% 和 1999 年的 9.80% 外，上市 20 年的 18 年中，其净资产收益率均为两位数，特别是 2002 年到 2015 年的 14 年中，除 2008 年和 2009 年两年净资产收益率分别为 14.84% 和 16.86% 外，其余年均都在 20% 以上。

1993 年云南白药的净利润为 0.1606 亿元，到 2015 年底净利润为 27.71 亿元，增长超过 172 倍。上市 20 年净利润平均增长率超过 33%。

如有哪位朋友在云南白药上市时买了其股票，并且能一直持有到今天，那就有资本傲视全世界股民。即使碰到巴菲特，也有自信平视之。

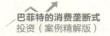
# "百搭"神功

麻将游戏中，有一种牌叫"百搭"，有点类似扑克牌中的王牌。百搭可以随意和任何牌组合，而且组合之后，这组牌的牌力随即倍增。

云南白药也有点"百搭"的意思。如果说，其配方的神秘、独一无二、国宝级的待遇是其护城河，那么，在护城河基础上形成的百搭功能，就更具不断与时俱进的核心竞争优势。

当年，强生公司的邦迪创可贴进入中国之后，很快便在小创伤护理市场上大行其道，占有60%的市场份额，可谓一枝独秀。正当邦迪踌躇满志之时，冷眼旁观的云南白药却看出了破绽，那就是邦迪创可贴有一个很要命的短板。从效用上看，邦迪创可贴并没有真正医治创口的功能，属于应急而非治疗。于是，云南白药凭着伤科圣药的自有知识产权，凭着强大的品牌号召力，凭着深入人心的药效，开始介入创可贴市场，正面叫板邦迪。

创可贴本来是一个已经相对成熟的产品，但当云南白药类似百搭王牌般的强势结合之后，立即将原来并无交集的应急与治疗结合到一起。简单说，原本创可贴该有的功能都有，却额外增加了止血镇痛、防腐生肌等明显的新疗效。

尽管表面上看，邦迪创可贴归类于器械，云南白药创可贴归类于药品，分属两个细分市场。但实际上争的却都是同一块蛋糕。双方在中国市场交手没几年，胜负渐显。云南白药创可贴的销售额直线上升，不断挤压邦迪的空间。进入新千年之后，云南白药创可贴已占有60%左右的市场，邦迪只得无奈低头做老二了。

云南白药的"百搭"神功，在牙膏市场发力，也同样获得巨大成功。

云南白药"百搭"牙膏，据说具有一定的偶然性。起因是在一次会议上，有业务员反映，一位常年牙龈出血的患者，每天刷牙时，把云南白药掺和到牙膏上，一段时期下来，牙龈出血的毛病居然好了。

于是，一个新产品开发的构想由此萌生。2005 年，具有帮助减轻疼痛、修复黏膜损伤、营养牙龈和改善牙周健康作用的云南白药牙膏，正式推向市场。尽管宣传中强调，云南白药牙膏借鉴了国际先进口腔护理和保健技术，但实际上，还是云南白药与牙膏的二合一，与云南白药创可贴的道理差不多：凭着神奇疗效、品牌效应，与一个成熟的产品结合，最后形成 1+1>2 的效果。

定位于高端产品的云南白药牙膏问世之后，给日化市场带来的是前所未有的冲击。云南白药借助牙膏，使本来是有伤才用的药，变为可以天天用、长期用的日用品，并由此创造出几个第一：

第一个由医药企业打造的民族牙膏品牌。

第一个成功卖出 20 多元高价的高端牙膏，打破了牙膏低价的困局。

第一个在推出的第一年就有赢利的口腔护理保健产品。 2005 年，其销售收入就高达 3 000 万。尔后经过 11 年的高速发展，到 2015 年，云南白药牙膏的销售收入已近 40 亿。 云南白药的"百搭"神功，说白了，就是凭着完整的自主知识产权、不可复制的品牌优势、资源优势和产品优势，将传统中药更深入地融入现代生活之中。

事实上，云南白药除了疗伤之外，还有整肠健胃、通便解毒、强壮腰膝等功效，也就是说，有病服用可治病，没病服用可健体。这也是它能与一些成熟产品相结合并能获得成功的基础。说不定哪天云南白药又和某些成熟产品"百搭"，再在市场上谱写新的传奇。

当然，云南白药本身，也在良性上升通道中。现在，云南白药已广泛应用于临床治疗中，甚至覆盖了内科、外科、妇科、儿科、五官科、皮肤科等多个领域，并已被制成散剂、胶囊、气雾剂、膏剂、酊水剂、创可贴等多种剂型，携带更方便，使用更简单，适应证也更广泛。

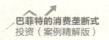

顺便提一下，云南白药集团股份有限公司位于中国的植物王国云南省。公司已在云南购买了数万亩适合中药材生长的土地，不仅有效解决了药源问题，还形成相对完整的产业链，大大增强公司抵御风险的能力。而且，在此基础上，通过标准种植程序，以实现对原生药材成分和质量的控制，从而制定了原生品牌药材的标准，并进一步产业化。

总之，云南白药的优势，大致可归纳为4项。

第一是深为消费者信赖的疗效。

第二是超过百年的传奇品牌。

第三是产品线强大的延伸能力。

第四是行业标准的制定者。

这几项优势，说起来简单，却无法撼动，不可动摇。也正是凭着这些优势，云南白药方成为中药里当之无愧的领导品牌。

## 可口可乐：这就是可口可乐

估计大部分地球人都知道并且品尝过可口可乐。可口可乐不但在几乎所有的商店柜台里放着，在无数餐厅或快餐店里出售，而且也在商店餐厅之外矗立着，成为街区或城市的一道风景。世界上最大的一只可口可乐瓶子，位于美国纽约的时代广场，20米高，13.70米宽，真正的庞然大物！德国的纽博格林赛场，有一条极考验车手车技的弯道，名字是"可口可乐弯道"。在洪都拉斯的科尔特斯，有个带沙滩的海湾干脆就叫"可口可乐湾"。

还有许多类似的例子。这些事例的指向基本一致，即可口可乐是一个有着广泛影响力，并在全世界受欢迎的产品。产品虽然面向全世界，但生产厂家还是美国的。这家碳酸饮料跨国公司，于 1886 年 5 月在美国佐治亚州的亚特兰大市成立，距今已超过 $1\frac{1}{4}$ 世纪。

经过 127 年的苦心经营，可口可乐已发展成为全世界最大的饮料公司，拥有全球最大的分销系统，每天要为 20 亿消费者提供产品。这些消费者分布在全球 200 多个国家和地区，覆盖率估计要超过 GPS 的覆盖率。世界软饮料市场的 48% 是它的，每秒钟都有超过 10 400 名消费者喝可口可乐。

作为一个家喻户晓的大厂商，可口可乐的品牌价值超过 700 亿美元，成为响当当的世界第一品牌。其总市值在创办时，仅区区数百万美元。到 2015 年，这个数字已变成有点吓人的 1 800 亿美元！

中国人与可口可乐的关系，可以追溯到 1927 年，可口可乐在这一年开始进入中国。当时上海的街头，突然出现了一种前所未见的饮料，颜色棕褐，味道甜中有苦，打开瓶盖会冒泡，而且还有一个非常古怪的名字"蝌蝌啃蜡"。

这么一个怪胎饮料，生意自然很烂，然而它就是可口可乐。面对惨淡的市场，可口可乐觉得最大的原因，就是找坏了翻译，把一个大众饮料的译名，弄得如此佶屈聱牙，难写难念难认，还似乎有些味同嚼蜡的意思。

于是，他们决定登报悬赏，重新征求译名，奖金是 350 英镑。这在 20 世纪 20 年代，放在哪里都是一笔巨款。于是无数千奇百怪的译名被创造出来，最后是一位身在英国的上海教授蒋彝把奖金拿走了。他提供的译名，直到今天仍被认为是翻译得最好的译名——"可口可乐"。新的译名好念好认好记，不但与原文读音保持高度一致，而且含意也与饮料合拍，吉祥又喜庆。

取了新名字，同时也是做了一次富有创意的广告推广，生意随即有了新气象。此后，可口可乐开始在中国越卖越好了。

1949 年，新中国成立。政治家挥挥手说"别了，司徒雷登"，可口可乐

也不得不说"别了，中国消费者"！直到 1979 年中美建交之后，阔别了 30 年的可口可乐，才重返中国市场，逐步融入中国人的生活，并被中国消费者喝出许多新花样。比如有人感冒，将姜片与可口可乐一道煮了吃，据说效果还不错，多出了些药物的疗效，免去了若干上医院的麻烦。再比如在炸鸡蒸鸡烤鸡之外，还有可乐烧鸡翅出现在餐桌上，增加了食者的幸福感，丰富了人们的生活和嘴巴。不知海内外还有没有可口可乐吃法的新发明。但有一点可以肯定，它确实受欢迎。

可口可乐的竞争优势，可大致分为两个密切相关的方面。


## 秘密配方

与可口可乐的竞争优势密切相关的第一个方面可称为"秘密配方"。

可口可乐从问世之初，就以其特有的口感和香味风靡起来。可口可乐公司也并不讳言，这种独特的口感，来自他们的秘密配方。无数竞争对手始终无法破解这个配方，所以在市场竞争中总是被可口可乐甩在后面，以至于可口可乐发明者约翰·潘伯顿将写有秘密配方的纸藏在银行保险库中的过程，也曾被电视作为传奇播放。无数消费者更加坚定地认为可口可乐独一无二的口感，就是来自其独一无二的配方。法国一家报纸曾打趣道，世界上有 3 个秘密是为世人所不知的，那就是英国女王的财富、巴西球星罗纳尔多的体重和可口可乐的秘方。

好口感加上神秘的"配方悬念"，使可口可乐在日益为消费者所青睐。任何年龄、性别、民族的消费者，都能在任何时间痛饮可口可乐，而且可以天天喝，时时喝。无数人好的就是这可乐的一口！而且这个爱好，必须得到尊重。

1985 年，也就是其成立百年之际，可口可乐公司决定来个创新以做庆祝。这个创新的核心内容，就是推出一种新的配方，废除消费者们已经习惯并认可的老配方，然后照例驾轻就熟地利用各种媒体，对新配方进行大肆宣传。

公司显然对消费者的爱好认识不足，这个"新"创得有点过了。人们的反应不是冷淡，而是愤怒，几乎是一种怒不可遏。面对消费者这种隐含着威胁意味的怒火，可口可乐公司唯一能做的，就是缴械投降。老配方重新登场，新配方则只能束之高阁。由此，美国《纽约时报》称可口可乐修改配方之举，是美国商界近百年来最重大的失误之一。

消费者有着如此之高的忠诚度，可口可乐公司借此优势，开创了其独有的商业模式：提供半成品——可口可乐的原浆，也就是浓缩液——给合作伙伴，由合作伙伴自筹资金兴建装瓶厂和流水线，由其在经营合同规定期限和指定区域内，生产销售可口可乐系列产品，协同进行渠道拓展与品牌维护。可口可乐的供应量由此大增，不但成为美国人生活中不可或缺的饮品，而且畅销全世界几乎每一个国家和地区。

有几次，我在国内一些极为偏远之地，居然能看到可口可乐的广告。在许多穷乡僻壤的山村小店柜台里，赫然摆着可口可乐！在对其营销人员产生由衷敬意的同时，也切实感受到了可口可乐强大的渠道能量。这或许就是时至今日，可口可乐公司仍保持着旺盛的盈利能力的原因。

从 2002 年～2015 年的 14 年中，可口可乐公司的平均净利润增长率达到 15%。

从 2002 年～2015 年的 14 年中，可口可乐公司平均净资产收益率超过 20%。

可口可乐公司强大的竞争力与生命力，从他们最近 10 年的不凡业绩中再次得到印证。

## 文化象征

与可口可乐的竞争优势密切相关的第二个方面指的是"文化象征"。

这可以从第二次世界大战说起。日本袭击珍珠港后，美国正式参战，美国军队开始源源不断出兵"二战"战场。当时可口可乐的掌门人罗伯特·伍德拉夫承诺，不管美国军队在什么地方，可口可乐公司将不惜一切代价，保证每个美国军人能喝上每瓶5美分的可口可乐。

他做到了！数十万美国军人，在远离本土的战场上，喝上了可口可乐，缓释了征人的思乡之苦。美军陆军部也很快发现，可口可乐在士兵中极受欢迎，甚至有着鼓舞士气的作用。于是，艾森豪威尔为此特意写信给可口可乐总部，要求每月为前线提供600万瓶可乐。数十万在"二战"前线浴血奋战的美国士兵，无形中成为可口可乐最具影响力的活体广告。

更令人难忘的是，有一名战士在接受采访时说，我们是为了美国的民主、自由和可口可乐而战！世界上还有什么企业的产品，能与国家的民主和自由相提并论！而且是从愿为之献出生命的士兵口中喊出！

至此，可以认为可口可乐的核心竞争优势，由"秘密配方"完全升华为"文化象征"这个更高的阶段，一步步走向全世界。可口可乐以其充沛的活力与动感，成为美国文化那种巨大的包容性、强烈的扩张欲和旺盛的生命力的载体。任何人谈美国，无法不谈可口可乐。可口可乐公司的核心竞争力由最初的优质产品的神秘配方，已成功升华为一个国家无可争议的文化象征。

1988年，被誉为"股神"的巴菲特开始买进可口可乐股票。事实上，可口可乐是1950年1月26日在纽约证交所挂牌上市的。巴菲特的买入是在其上市38年之后。然而，这并不算晚。股票代码为KO的可口可乐股票，给巴菲特带来巨大的收益。

一开始，巴菲特投入的是 5.93 亿美元。第二年，也就是 1989 年，投资的总额达到 10.24 亿美元。到了 1994 年，投资的数字变成了 13 亿美元。1997 年年底，巴菲特持有可口可乐股票的市值，上涨到 133 亿美元，10 年赚了 10 倍！仅仅在可口可乐股票上，巴菲特就赚了 100 亿美元，从而成为巴菲特投资生涯中，最为成功的一段传奇。

于是，可口可乐又成为投资文化中的一个重要组成部分，一个里程碑式的象征。要谈股票投资，就不可能不谈巴菲特。要谈巴菲特，就不可能不谈可口可乐。

这样，可口可乐不但是美国文化，同时也是投资文化的象征之一。作为企业品牌的护城河，文化象征的力量要远远大于秘密配方的力量。

2006 年 5 月，有几名可口可乐的员工，将可口可乐最机密的资料——可乐配方偷出了公司，并立即与可口可乐的死对头百事可乐表明了出售的意愿。百事可乐随即在第一时间将这一信息通报了可口可乐。除了道德层面的因素外，还因为百事可乐深刻地了解到，可口可乐的竞争力早已超越配方竞争的层面，任何企业即使拥有可口可乐的配方，并由此生产出与可口可乐一样的产品，也注定无法像可口可乐一样，与美国精神和文化紧密相连，在全世界热卖。现在如此，将来也如此！

这就是可口可乐！

## 李锦记：美味传家

不少深圳师奶每隔几天就去一趟香港，主要任务是"打酱油"。其实，如果目标只限定酱油一项的话，就不必那样跑了，内地同样能轻松买到香港的酱油。在大部分商店调味品柜台上能看到的"李锦记"，就是香港企业的产品。

李锦记是一家公司，也是一个品牌。公司是国内外知名的调味品公司，品牌也是一流的中式酱料品牌，而且有着超过百年的历史，可谓名副其实的"百年老店"。

说到历史，略略回顾一下，就可以发现李锦记是因一项发明而创办，地点一开始不是香港而是广东珠海的南水镇。

创办人李锦裳先生也是穷人出身，当时以加工蚝豉出售为生。有一天煮蚝时，有急事出门，在外面被耽搁了不少工夫。回来时炉火已熄，锅内蚝汤基本熬干，锅底只剩一层厚厚的褐色浓汁，不但稠而且香。李锦裳尝了尝，不曾有过的美味，一下将李锦裳心底的商业天赋唤醒。他意识到，这种美味将可能会受到千家万户的欢迎。于是，他不再加工蚝豉，而是专门生产这种随即被称为"蚝油"的东西——无意中带点传奇性质发明出来的美味浓汁。

1888年，李锦记公司正式开张，李锦记牌蚝油正式上市。当时所谓的"市"，也就是南水镇的集市而已。很快，李锦裳的蚝油就受到越来越多的消费者的欢迎，连广州、江门等地的客商也开始光顾。生意做到这一步，就需要寻找一个更大的商业码头。1902年，李锦记迁往澳门。而把总部定在香港，则是30年后，也就是1932年的事了。

从南水镇开始的100多年走来，李锦记已由小铺面成为大集团。其产品也从蚝油，发展到包括酱油、辣椒酱、方便酱、XO酱等超过200种不同的调味品，在世界上100多个国家和地区的许多商店柜台上摆着，受到各地华人的广泛欢迎，当然很多外国人也同样喜欢，不但在消费者口中，也在消费者心中占有一席之地。

## 竞争利器

无论是蚝油还是酱油，都没有很深奥的科学或技术含量，进入门槛也不太高。但是，要把产品做得比同行好吃，就不是一件简单的任务了。早年李锦裳还在南水镇的小作坊里熬蚝油的时候，就已经面临这个问题。因为看到蚝油赚钱，很快镇上就出现了生产同类产品的竞争者。

李锦裳没有着急，而是采取以下对策：

一是用料更为讲究，对火候的掌握更为严格，做出来的蚝油在色香味 3 个方面都明显好过同类产品。在一个本来并不讲究技术的行当里，形成了技术上的优势。

二是在此基础上讲究诚信，和气生财。即使是在一个小镇里，也极为注重众人的口碑，形成品牌优势。

可以说，李锦记在李锦裳手里，就已初步形成了企业核心竞争力的雏形，形成了品牌的优势。在此后的 100 多年中，成为李锦记不断发展壮大的利器。

在李锦记企业内部，有一个常被提起的词叫"垂直供应链"。讲的就是调味品的原料，是指从源头开始的每一个环节，都有严格的监控和品质管理。现在的食品，口感与卫生安全并重，所谓"品质"，主要就应该是这两方面组成。与"垂直供应链"相连的，还有一个算术题，$100 - 1 = 0$，强调的就是在品质控制问题上，一件事错了，全盘被动。

凭着这种对选用最优质原料，采用最严格卫生标准的坚持，李锦记的产品经受和通过了各类极为严格的检验。不但所有厂房均通过 HACCP（危害分析和关键点的控制）安全认证以及 ISO9001 ：2000 质量管理体系认证，更为难得的是，通过了美国 FDA（美国食品和药物管理局）的审核，而且是零缺陷通过。据说，到目前为止，它是中国食品企业中唯一的一家。不

妨想象一下美国 FDA 的官员们，板着脸将一瓶酱油翻来覆去在仪器上折腾半天，最后居然 OK 的场景。这应该是很令李锦记人自豪的一幕。这种自豪体现在产品上，就是具备价格上的优势。准确地说，李锦记的产品一般都比别人家卖得贵。他们走的是一条优质高价的路，不愿意甚至不屑打价格战。

不过，20 世纪 30 年代李锦记到香港开疆拓土时，一开始并不顺利，他们的优质高价并没有得到消费者的认同。李锦记没有妥协，而是采取一种非常灵活且相当有创意的策略：先从有华人聚集的海外市场做起！在获得了良好的国际声誉之后，再杀回香港。其后又恰逢香港经济发展的黄金时期，消费能力不断提高的香港民众，对生活用品包括对调味品的要求也在不断提高。从海外载誉回归的李锦记产品，以味美、安全的优良品质，一下子声名鹊起，走进了无数香港人的厨房与餐桌，使其"先出口再内销"的策略大获成功！

更为锦上添花的是，李锦记不仅成为亚运会、奥运会、世博会的酱料供应商，参与行业标准的制定，而且还入选"神九"航天食谱，挺进了太空！因此李锦记独家获得调味品行业标杆企业奖，也就实至名归了。

## 家族烙印

虽然在香港证交所上市并不太难，但李锦记却不是上市公司。他们只卖蚝油，卖得越多越高兴，但却无意与别人分享公司的股权。换句话说，李锦记就是一家完全彻底的家族企业。

根据一项统计资料的数据，世界上取得成功的家族企业中，能传到第三代手中的，不足千分之五。所以才有"富不过三代"之说。但是眼下李锦记的江山，正由第四代稳稳地坐着。这里说的第四代，并不是在家族企业账房和长袍马褂的氛围中长大，而都是在海外喝了多年洋墨水、接受了现代企业经营管理的学习与培训、拿到了合格证之后，接着又在企业经营实践中滚打多年，才逐步上位的。

话说回来，既然是家族，就免不了会遇到天下几乎所有家族都会遇到的问题。而在所有问题中，首当其冲的，恐怕就是分家。李锦记当然也会与分家不期而遇。事实上，在李锦记的发展过程中，确实有过两次大的分家危机。幸好他们意识到，分家不仅严重阻碍企业的进步与发展，而且也极可能将几代人辛勤打造的祖业断送掉。另外，家族企业普遍存在的另一些问题，包括教育、情感等方面，也都可能会成为影响企业未来走向的因素。

如何有效防止家族企业先天的不足，如何打破由这种先天不足带来的种种对企业发展的限制？李锦记在经过长时间的反思与探索之后，拿出了他们自己的答卷。这份答卷的名字是《李锦记家族宪法》。

除了李锦记家族成员，外人基本是无法接触到《家族宪法》的。据说，这部《家族宪法》主要内容涵盖了公司治理、内部规范、接班人培养、利益分配机制等多个方面，确保企业能够依"法"经营，遇事有"法"可依。

坊间有一些《家族宪法》的片断流传着。比如成立了《家族宪法》作为最高权力机构。当3/4成员的意见达成一致时，可以对《家族宪法》进行必要的更改。比如所有家族成员，要想进入李锦记管理层，必须要在其他公司工作3年以上。

李锦记的《家族宪法》条例中，有一个对外也不避讳的"三不准"规则有点儿意思：不准晚结婚、不准离婚、不准有婚外情。除了早婚外，离婚与婚外情几乎是所有家庭或家族都反对的。想来全世界都应该没有哪个正常的家庭或家族，会鼓励家人离婚或搞婚外情吧。在李锦记，对此就不仅只是口头反对和道德层面的谴责，而是有着刚性的惩罚条例。如果违反了，出现离

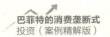
婚或婚外情，那对不起，当事人必须退出董事会。因为这类事情影响的不仅是家庭，而且还将连累企业。

通过对《李锦记家族宪法》一鳞半爪的了解，可以看出他们是在小心翼翼地避开家族企业经营道路上，必定或可能会遇到的种种陷阱，并由此建立相应的规章制度，作为企业持续发展的保障。

李锦记与旧式的家族企业不同，并不是简单地由一位生杀予夺的老太爷，坐在太师椅上不近人情地发号施令，而是建立起了现代企业的治理框架。他们的《家族宪法》，本质上就是对李锦记进行现代化企业管理和对企业文化的改革创新，以在世界经济新的发展趋势下，探索一条具有自身特色的发展道路。

记得李锦记决策者在回答为何不上市时，采用的是一个反问句式："我们企业又不缺钱，为何要上市呢？"确实，不上市的企业，有着明显的决策成本低、效率高的优势，也没有必须公开披露企业信息的义务和要求。因此从某种意义上来说，对企业的长线规划与适时的调整，都有着积极的作用。

所以，"家族企业"与"不上市"这两个词组，表达的并不是一种封闭。至少对李锦记来说是如此。他们的目标本身就是一个开放和包容的目标："有华人的地方就有李锦记。"所以，无论在经营管理还是人才培养方面，李锦记现代化、国际化、智能化的探索步伐，从来就不曾停止过。

展望一下，李锦记的未来也存在一些不确定性。这些不确定性主要在两个方面：

第一个方面可以往近一点说。李锦记目前已涉足中草药养生领域。虽然都是从口而入，但调味品与保健品还是两个不同的行当。能把蚝油做好卖好，并不能保证滋补品也同样能做好卖好。酱油品牌与滋补品品牌能否互为补充，相得益彰，还是未知之数。

第二个方面可以往远一点说。李锦记最显著的家族企业特色，是否会在第五代或第六代身上发生变化。毕竟股权在不断分散，而所有的后代又未必都愿将调味品作为毕生的事业。到时会不会从外面请职业经理人进行经营管理，或干脆通过证券交易所上市。

当然，聘请职业经理人或上市，并不见得就不好。但是，对传承了100多年的李锦记家族企业的运行模式、企业文化等多个方面，必将带来强烈的冲击。这种碰撞带来的是正能量还是负能量，目前还无法预知。

也许，这些都是些不必要的担心。

积极或乐观一点地看，现在人们总体上生活是在提高，饭吃得少了，菜却吃得越来越多。菜越多，调味品也自然用得越多，而且是不会间断的快速消费，一个永续的市场，一个日不落的行业。作为这个行业中的翘楚李锦记，如果真有一天公开发行股票的话，可能也会如他们的蚝油一般，受到市场的青睐与欢迎！

359,464     0.3%

8,632,724     7.7%

59,087     0.1%

13,963,095     12.4%

5,266,055     4.7%

10,323,178     9.2%

5,283,470     4.7%

第 3 章

# 专利至上

◎ 一个优秀的企业，不但要让已有的专利产品在市场上纵横驰骋，而且还应该会有一批专利的储备，特别是应该具有持续不断进行研发与创新的能力。

很多消费品生产企业之所以多年来生意兴隆，一个关键因素，就是拥有专利权。

专利属于知识产权。现在是知识经济时代，培根曾说的"知识就是力量"已越来越多地被"知识就是财富"所替代。知识并不完全等同于财富，必须形成产权才能带来收益。所以"知识产权就是财富"可能更为合理。中国港台地区比较喜欢将知识产权称为"智慧财产权"、"智力成果权"或"智力财产权"。叫法不一，意思都一样。

知识产权已经越来越受到各界的重视。不少国家和地区，包括我们中国，都设有国家知识产权局。更值得一提的是，也有越来越多的律师们，在知识产权的诉讼案中大显身手。

一般而言，知识产权主要由两大部分组成，即工业产权和版权。

专利属于工业产权范畴，通常有发明专利、实用新型专利、外观设计专利等几种。

专利给企业带来的直接效益，主要有两个方面。

专利者，顾名思义，就是专有的权利。当然，同时也是专有的利益。即只能我有，别人不能有；只能我赚，别人不能赚。

要做到这一点，有专利的产品，首先要比别人同类产品好，或者在技术性能上领先，或者在使用方面更便捷高效。总之，能为用户和消费者带来实实在在的好处与体验，大家用了都说好，于是市场的信任度与号召力便大大提升，不但市场占有率能不断扩大，而且还具有定价权。若做不到这些，那这个专利就没有什么价值，和垃圾差不多。

当然，专利的"专"字若要落在实处，离不开法律保护。这方面的法律已经比较健全，关键在于专利发明出来之后，还需要进行专利申请并获批准之后，才能受到法律的保护。遇到侵权或假冒伪劣，自有法律去打招呼。

其次，专利具有不容置疑的排他性、垄断性和专有性。除了权利人，任何企业或个人不得仿制和销售。平时在一些产品包装上看到的"专利产品，仿冒必究"的警示字样，都是有法律作为后盾，不能开玩笑的。所以同行只能看着他们比自己赚得多而干着急。

于是就可能会有同行找上门来，购买专利的使用权。这就使得专利能带来另一项直接收益。只要企业或个人愿意支付双方议定的专利使用费，专利所有人就可以让渡出一部分专利权。

除了上述两项直接收益外，专利产品还能有效地提升企业的形象，为企业进一步发展打下基础。而且专利也是企业一块重要的无形资产，能有效地提升企业的价值。

不过，谁也无法靠几项专利从此高枕无忧，因为专利是有时间性的。不同国家和地区，对不同专利的时间限制有所不同，但有一点是相同的，那就是专利保护期一过，专利就将为所有人共有，不再成其为专利。

所以，一个优秀的企业，不但要让已有的专利产品在市场上纵横驰骋，而且还应该会有一批专利的储备，特别是应该具有持续不断进行研发与创新的能力。

因此，在通过产品对企业进行考量时，着眼的就不仅是已有的专利产品及其保护期，已经形成的市场地位，同时还要关注其专利的相关储备状况以及后续研发的能力。

## 辉瑞制药：雄风长起

有一段不算短的时期，许多大大小小的药店，都会在入口处竖一块牌子，表明有同一种药供应，但似乎很少有人会认真在牌子前驻足。

牌子上写的是全世界卖得最好的药之一。只是需要者一般都会假装不看这块牌子或多少有点不好意思注视超过 5 秒钟，就是进了药店之后，还常常迂回一番才踱到这种药的柜台前。

估计大家已经猜到了是什么。这种药有几种叫法，正称是"万艾可"或"威尔刚"，学名是"枸酸西地那非"或简化为"西地那非"，最流行的是一说就让人明白的民间叫法——"伟哥"，全世界最有人缘、市场最大、最正宗正统、效果最明显因而也最受欢迎的壮阳药。

这种药的问世，为世上无数男女送去了非凡的幸福甚至美好的人生。曾几何时，有多少程度不同的 ED（阳痿）患者苦恼莫名却又羞于启齿，然后猛吃各类民间偏方，如牛鞭、羊肾、韭菜等，除了张开嘴便一股鞭肾韭菜味之外，却无甚起色。

幸好，万艾可横空出世。难言之隐，一吃了之。从此解欲海中万千恨男怨女于倒悬，真乃人间伟哥哥也！当然，万艾可并非从天而降，也是有正经生产单位的。其生产及销售者就是美国的辉瑞制药公司。

成立于 1849 年的辉瑞制药，是当今世界最大的处方药公司，也是一家历史超过 160 年并在纽约证交所上市的企业。千万别小看这 160 年，美国历史短，放在中国就差不多相当于 1 600 年了！

## 三个依靠

历史地看辉瑞，其竞争优势的积累与形成过程，离不开"三个依靠"。

**一靠专利。**辉瑞最早的出名，不是因为万艾可，而是青霉素，即 20 世纪四五十年代风行一时的"盘尼西林"。

1928 年弗莱明爵士发现青霉素后，具有高度商业敏感的辉瑞公司，开始介入抗生素领域。1941 年，太平洋战争爆发，辉瑞公司采用其独家拥有的深罐发酵技术，由此成为世界上第一个大规模生产青霉素的公司，并将产品源源不断运到前线，挽救了无数美国大兵的生命。青霉素因而成为当时几乎包治百病的"神药"。

搞新闻的人，大概都读过《她只能活七小时》这篇文章，即 1944 年普利策新闻奖的获奖作品。在二战激战之时，《纽约美国人日报》居然在报纸头版显要位置上，刊发了记者保罗·舍恩斯坦写的这样一条消息：纽约一位两岁的可爱小女孩，因患一种罕见的血液病而生命垂危，急需当时极为稀缺的青霉素，而且必须在见报之后的 7 小时送到。于是纽约全城乃至美国全国立即自发进行了一场爱心接力大营救。最后是两名精干的警察，开着警车以接近疯狂的速度，把青霉素准时送到小女孩所在的医院。

即使现在读这条新闻，依然感人至深。由此也能看出青霉素在当时是如何地被看重。尽管青霉素并非血液病的特效药，但小女孩的生命却的确由 7 小时向后延续了两个月。

不过，青霉素好是好，却并没有专利保护，任何有资质的制药企业都能生产。所以。辉瑞公司的青霉素经过 1945 年占全球销量一半的高点后，开始回落，而且速度还不慢。两年之后，市场份额就从一半跌到 23%。

从这个角度来看，辉瑞公司最具里程碑意义的事件，是成功研制土霉素并推向市场。

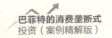

可能名字里有一个"土"字，土霉素的风头根本不能与青霉素同日而语，怎么比都显得有点土头灰脸，但其令青霉素望尘莫及的关键一点，是属于原研性新药，也是辉瑞公司的第一个专利产品。土霉素的问世，从此确立了辉瑞公司专利立企、逐步壮大的战略。

专利战略的本质，就是一种建立和巩固差异化优势的经营方针。在专利保护区域中的有效期内，只能有此一家，别人无权开店，否则，请吃官司。

就是凭着一系列有着专利保护的重量级药物，辉瑞走上高速发展之路。包括立普妥、万艾可、络活喜、左洛复等具有巨额销售量的产品在内，辉瑞公司年销售额超过 10 亿美元的药品近 20 个，在全世界最畅销的 10 种处方药中，辉瑞就占了 4 个。

**二靠并购。**畅销的专利药确实能给企业带来幸福生活，但遗憾的是，专利的保护是有期限的。绝大部分国家都有专利保护法，当然在细则上不尽相同。美国的专利保护期限有两种算法，第一种是从申请日开始算，20 年。第二种是从发证日开始算，14 年。另外还有一些附则，比如规定 1995 年 6 月 8 日以前申请并授权的专利期限，从专利授权日开始算，17 年等。

无论是 14 年还是 20 年，从理论上说，再好的专利摇钱树也会有到期的一天。这就意味着采取差异化战略的辉瑞公司，需要持续不断地研发出新药。

可能是容易研究出来的药都开发得差不多了的缘故，也可能是新出现的疾病本身过于复杂的原因，总之，进入新千年之后，新药研制的难度、风险在直线上升。最直观的现象，是美国的 FDA 越来越难说话了。现在新药申报与批准的比例是 250∶1，失败率比过去高了数倍。更为雪上加霜的是，在获批而上市的新药中，每 10 个之中，只有 3 个可能盈利。

造成这种现象的原因，主要是新药研发的获批率过低，从而形成太高的成本。自 20 世纪 90 年代以来的 20 多年时间内，以美国为例，一个药品，从实验室列项到市场销售需要 10 ～ 15 年的时间，研发费用与时间相应，10 ～ 15 亿美元。在 20 世纪 80 年代，这个数字是 1.4 亿美元，时间也短得多。

过低的获批率，过长的周期，过高的成本，令辉瑞感到危机正在临近。曾几何时，辉瑞顺风顺水，以为自己无所不能，于是乎走了近 30 年随心所欲的兼并扩张之路，到处收购企业，类型有非处方药，更有化妆品、护肤品、香水、漱口水、肥皂、剃须膏等。

当开始感到冬天寒意的辉瑞，面对一个大而杂的摊子，做出了新的决定：重返集中主业之路，将与主业无关业务一律剥离。然而并购仍将继续，只是目标明确，只购买有成熟技术与新药的公司，也就是买现成的新药，连研制新药的公司一起买进来。

事实证明，这一着棋是成功的。不仅让辉瑞依然保有差异化的优势，而且也有效地控制住了成本，辉瑞的体量也得以不断壮大。

在众多并购案中，最让辉瑞得意的并购案有两次。第一次并购是 2000 年花了 900 亿美元的天价，把华纳－兰伯特公司买下来。心脑血管药物立普妥是这次并购的直接动因和核心内容。有专利保护，又极受市场欢迎的立普妥，在辉瑞出色的营销下，成为辉瑞历史上也是全球医药史上，第一款销售额突破 100 亿美元的产品，是无可争议的全球最畅销的处方药。这次并购有力地将辉瑞推到了全世界第二、美国第一药企的地位。

第二次并购要便宜一些，开出的支票是 680 亿美元，于 2009 年合并惠氏制药。惠氏制药也有着非凡的实力，其生产的抗抑郁症药物怡诺思和治疗肠胃病药泮托拉唑钠，都是市场上销售额数十亿美元的畅销药。而且，截至 2008 年年底，惠氏在研药品 64 个，其中进入临床三期试验和注册阶段的药品 18 个，前景一片光明。

把惠氏制药收入袋中后，辉瑞成为世界上最大的制药公司，登上了全球制药企业龙头宝座。2008 年和 2009 年，辉瑞的销售收入分别是 483 和 493

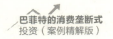
亿美元；在 2010 年，也就是收购惠氏制药后的第一年，销售收入便跃升至671 亿美元。此后几年都一直稳定在 450 亿美元以上。2015 年公司欲出 1 600亿美元并购艾尔健公司的又一大手笔，被市场相当看好。2015 年公司销售收入虽为 496 亿美元，但总市值已高达 2 046 亿美元，是真正的巨无霸！

**三靠销售。**根据对制药企业的印象，辉瑞公司的员工，也应该都基本是神情严肃、穿着白大褂在实验室里忙碌的人物。但实际情况是，辉瑞公司中，穿白大褂的并不多，真正多的是市场销售人员，占全体员工的 60% 左右。即使将其看作是一家销售公司，也似乎不算太离谱。

如果认真了解一下最近 10 年的医药市场，就不难发现，辉瑞基本上没有独立研发出一个有重要市场影响力的药品，但他们依然是世界制药业的霸主。原因何在，答案是因为他们独有三位一体的"研发＋并购＋营销"的商业模式。

毫无疑问，持续不断地研发新药，是制药企业走向成功的重要途径。然而却并非唯一选择。会做药当然了不起，但会卖药也同样了不起，甚至更了不起。如果又会做药又会卖药，那就是了不起中的了不起。辉瑞就具有这种双重了不起。

在辉瑞看来，发明新药当然重要，但更重要的是得把这些药送到需要的人手中，让他们把药吃下去。就奔着这种念头，辉瑞埋头苦干多年，不惜人力财力物力，不间断地建设巩固拓展自己的药品销售渠道。

辉瑞的销售渠道有两大特色：

一是医药代表多，有 4 万余名活跃在世界各地，勤奋、称职且专业，被公认为业界规模最大、效率最高的销售队伍。这些医药代表的汗水与口水，为辉瑞每年数以百亿美元计的销售收入，做出了巨大的贡献。

二是战略合作伙伴多，少说也有 150 个。其合作基础是销售渠道的共享，合作范围是共同进行药物研究与开发。这种以辉瑞为主导的企业联盟，放大了辉瑞的新药研发能力，也使合作伙伴们能低成本进入各个目标市场。辉瑞这样做，既拓展了产品线，又放大了渠道的价值。

这两大特色，使得辉瑞具有行业内最为强大的营销能力，牢牢控制着渠道的源头和终端。

## 渠道与品牌的双重保护

通过适度研发与企业并购，获得和保持差异化优势与规模效应，依靠全球制药业最有效率的销售队伍与销售网络，形成了辉瑞强大的经济护城河。

然而一旦明星药物专利保护期满之后，这条护城河还护得了城吗？答案是肯定的。

立普妥的专利保护止于 2011 年 11 月，万艾可的专利保护也在 2014 年期满。这两个产品支撑着辉瑞的半壁江山。一个已经到期，一个即将到期。不过，即使两个都已到期，也并不值得过分忧虑。

除了专利保护，还有渠道保护。

先且不说辉瑞渠道的强大。光说药物的渠道，就有不同于其他行业的特殊性，即黏度更高，因为吃坏了药或吃了坏药，有可能会出人命。即使是打一针青霉素，也得先做皮试看看反应再说。如果随便拿一盒作坊类小制药厂生产的青霉素，有几家医院敢往病人身体里打？再说现在病人也不是什么都不懂，不是正牌货，病人也不干啊！品牌对渠道黏度起着至关重要的作用。

渠道本身所具有的黏度，加上几万名专业医药代表的维护，保证了辉瑞产品从生产线到销售终端的畅通，形成强大的渠道保护。支撑这种保护的，是数十年积累打造的品牌效应和品牌忠诚度。

再来看看药物市场，仍有着巨大的拓展空间。

以立普妥和万艾可为例，一个是降胆固醇和高血脂，一个是治疗ED的。现在心脑血管病年轻化的趋势越来越明显，而人的寿命却又越来越长。高血脂、高胆固醇不可怕，能坚持吃药，主要是吃立普妥就问题不大。君不见已有的患者还在安然无恙地吃着药，新的患者又一批批地不断涌现。

ED的情况也如此，2012年时，有人统计，全球有此病的人1.4亿。几年过去了，全球人口数量不断攀升，步入老年社会的国家和地区越来越多，ED浪潮也势必随着人口增加和银发浪潮更加波澜壮阔。只要看看不绝于耳、不绝于眼的壮阳药物或食品的五花八门的广告，就知道这个市场有多大，就知道万艾可现在每天2 500万人的服用队伍，还将会进一步扩大。——生活越好，寿命越长，吃的药也越多。

立普妥、万艾可等辉瑞的明星药物专利保护会到期，但其疗效不会到期，辉瑞强有力的高效销售渠道不会到期。人们对其品质的信任与信赖不会到期。

将来或许会出现新的替代品，但更有可能的是，辉瑞明星药物中，又增添新的成员，继续保持着领先的竞争优势。

## 强生公司：护理行业的先知先觉者

现在的孩子宝贵，从生下来开始，爹妈就恨不得当作王子公主来养。因此，"孩子的钱好赚"这一商业信条，持续强化着，并延伸到刚生下的宝宝身上。

柜台里摆着强生婴儿润肤油，标明着抗敏感、不刺激、远离干燥、24

小时滋润、改善 96% 以上的角质。前几项效果能大致看明白，最后一项不知是什么意思。想来改善角质，应该是对皮肤有很大好处的。价格也不贵，30 元上下。是绝大部分家长不用做太多思想斗争就能买下的。

一起摆在柜台里的，还有强生舒眠润肤油，就更厉害了。因为专家认为，良好的睡眠能使宝宝的大脑和身体得到良好的发育。道理不用说，大脑好，哪怕皮肤差点也没关系，反过来就麻烦了，所以必须让宝宝睡得好。舒眠润肤油这时就起作用了，给宝宝涂抹之后，能缓缓释放出融合茉莉及多种天然植物精粹的舒眠香氛，而且据介绍，实验已证明这种香氛能有效帮助宝宝放松，一觉睡到大天亮。家长们还得继续掏腰包。

跟在润肤油后面的，还有别的宝宝用品直至系列套装。总之，只要希望宝宝健康成长，又还有能力买单的家长，无论想得到想不到的好东西，强生都为他们预备好了，整整齐齐地在柜台里排着队。

不过，强生并不是一家只提供婴儿润肤用品的化工企业，而是不打折扣的制药公司，并且还在全世界同行中排第二位。

强生公司于 1886 年创立于美国的新泽西，是世界上最具综合性、分布范围最广的卫生保健产品制造商和健康服务提供商。主要是提供药品和护理用品，生意做得很大，在全球 60 个国家建立了 250 多家分公司，产品畅销175 个国家和地区。

## 强生的故事

强生是一个有故事的公司。而且这些故事，都与强生的竞争优势与经营业绩，有着直接的关系。

**故事一**：这个故事来自顾客的投诉。

说起这次投诉，至少要往回倒 120 年前。早在 1890 年，有病人向医生抱怨，用了一种强生的药膏后，搞得皮肤黏黏的，很难受。医生很负责，立即向生产单位也就是强生公司反馈。强生公司也很负责，没有像后来一些"有关单位"那么扯皮要赖，而是认真地把这位病人皮肤难受的问题当成一个问题来对待。

认真对待的结果，是给这位病人送一包意大利滑石粉，效果居然相当不错，问题便不再是问题了。为了杜绝以后类似问题的再次发生，强生公司决定今后在销售一些可能会引起患者皮肤不适的药膏时，都附送一小包意大利滑石粉。

令人意想不到的是，这些附送的滑石粉越来越受到患者们的欢迎，其程度很快超过药膏本身。以致很多人直接找到强生公司，要求买他们的滑石粉，原来的赠品逐渐成为主角，开始卖钱并且越卖越好。最后，强生公司最著名的产品之一、畅销百年而不衰的"强生婴儿爽身粉"应运而生。

**故事二：**第二个故事要晚 30 年，源自强生公司员工的不小心，也与药膏有关。

1920 年的某天，强生公司一位名叫狄克森的员工，在家里做饭时，不小心被菜刀割破了手，割得还挺厉害，需要上药和包扎。为了方便，狄克森充分发挥他在公司里学到的专业技能，把药膏涂在几块小纱布上。这样，不劳医生大驾，自己一个人就能在家换药，而且纱布还能防止胶带粘住伤口。

这个小发明带来的成就感，迅速超过挨一菜刀的疼痛。于是狄克森便开始热心地向同事们介绍自己的小发明。很快，有人意识到，这个小发明有可能成为一个新产品。没多久，一个新产品的设计方案在公司高层会议上获得通过。这个新产品的名字是"邦迪创可贴"。在后来的岁月中，邦迪创可贴的销量超过1 100亿片，是强生公司卖得最好的药用护理品。

**故事三**：这一次的故事与药膏没有直接关系，而且有点复杂。

2006年7月，强生公司和辉瑞公司分别宣布，双方已经达成协议，强生将出资166亿美元，把辉瑞公司个人消费保健业务部收购下来，而且是以现金方式支付。

这项交易意味着，辉瑞旗下的Bengay（奔肌）止痛剂、Listerine（李施德林）漱口水、Sudafed（速达非）感冒药和Visine滴眼液等知名品牌都将归属强生。因此有投资机构在专题研究报告中称，如果强生能拿下辉瑞的消费保健业务，那么它的这一业务部分将一下扩大40%的规模，成为全球首屈一指的消费卫生保健也就是护理消费品公司。

消息公布之前，并购案曾遭到美国当局的行政干预。为了打消当局对可能形成垄断的担心，强生公司不得不将抑酸剂Zantac（雷尼替丁）的全部业务，以5.09亿美元卖给德国的勃林格殷格翰公司。

消息公布之后，欧盟商业竞争理事会又宣布对此并购案进行反垄断调查。理由很简单，就是担心这次并购一旦完成，将可能影响今后消费健康品的定价以及竞争过程，从而损害消费者的利益。为此，欧盟有权采取行动否决这项并购。

在欧盟冠冕堂皇的说辞后面，还有这么一个背景：当辉瑞公

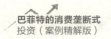
司于年初表示，将把旗下消费品业务出售或剥离之后，立即有多家企业加入竞购战。如美国高露洁、惠氏、强生、葛兰素史克以及英国利洁时等，特别是葛兰素史克还咬着牙开出了150亿美元的竞购价。但遗憾的是，150亿美元的吸引力不如166亿美元。

为此，强生公司在对美国当局做出妥协之后，不得不对欧盟的反垄断调查再次做出妥协，以换取交易的完成。欧盟委员会在声明中指出，在3个产品领域发现反托拉斯担忧的问题，指的是意大利的局部皮肤抗真菌剂，希腊的日用漱口水以及尼古丁替代疗法。这3个公司都属于强生或换句话说，这是欧盟开出的价码，需要强生从嘴里先吐出3块肉，才有可能顺利地把辉瑞的消费品业务吃下去。

强生的身段很柔软，随即宣布对在意大利和希腊有交叉的部门进行分拆。于是交易在年底得到欧盟的批准，强生由此成为护理保健行业的老大。

**故事四：**第四个故事也与并购有关，但说的不是强生的买，而是强生的不买。

2005年年底，强生与医疗器械生产商Guidant公司达成收购协议，但随后Guidant的产品出现了质量问题，直接影响Guidant公司的估值。于是，强生调低了报价。

没想到，以制造冠脉药物涂层支架出名的Guidant公司，尽管有产品出现了质量问题，但却依然颇具吸引力。很快美国波士顿科学公司插足进来，成为"第三者"，明确表示愿意出更高的价格收购Guidant。强生自然不甘示弱，于是一场长达13个月的并购战由此爆发。

在双方多次报价的价格拉锯之后，最终波士顿科学开出了 270 亿美元的高价。面对这个吓人的价格，强生没有赌气，再次展示了灵活的身段，在 Guidant 公司笑得合不拢嘴的时候，一个侧身闪了，不玩了！

后来的事实证明，波士顿科学的一番冲动把自己带下了沟，成为不折不扣的冤大头。此后的漫漫岁月中，波士顿科学公司都在财务泥潭中艰难地跋涉。《财富》杂志将这起并购评为"史上最差"。强生不但躲过一劫，还获得 7.05 亿美元违约金的赔偿。

## 经营哲学与竞争优势

上面的 4 个故事，场景、内容、结局各不相同，但却都有一个共同的指向，那就是护理业务。强生公司的一个极为重要的竞争优势，就是在护理行业所取得的先发优势、市场优势与品牌优势。

本来，护理似乎属于"医"的范畴。不过，"医"更重视的是具体的病，而护理的对象则是整体的人，着眼的是维护人的最佳健康状态。这就意味着，无论有病没病，都在护理服务的半径之内。

护理的概念很早就出现，中国古代医者就曾提出过"三分治，七分养"。所谓"养"，指的当然就是护理。被认为是西方医学奠基人、有"医学之父"美誉的古希腊医生希波克拉底也创立了"液体学说"，提倡保持病人清洁卫生，做好口腔和皮肤护理，充分认识到护理对人的健康与康复的重要意义。

健康的最好办法，就是不得病或把病消除在萌芽状态。要想不得病或

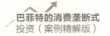

少得病，绝对离不了护理。护理就得用护理用品，这一用，则成就了一个行业，成全了一门大生意。随着医学与护理学的发展，也随着社会的进步，人们生活水平越来越高，人们对护理的要求也越来越高，越来越多，因此，护理服务对象和范围越来越广泛。

根据专家们的估算，现在全球护理行业的总值超过 2 万亿美元，而且还在不断扩大。看看我们身边，就知道护理已经深深地介入了人们的生活。夏天涂防晒霜，冬天抹护肤脂，一年到头抹润肤露，这个最基本的家常护理套路，现在不但女人，连男人也都在践行着。光这些涂抹皮肤的护理品，就是一个极为巨大的市场。跟在后面的还有婴儿健康护理用品、女性健康护理用品、视力保健护理用品、口腔健康护理用品等，相信未来还会有更多的护理市场被开拓出来。

从婴儿爽身粉和创可贴开始，强生公司的战车实际已驶入护理市场的跑道，已经潜心在这个市场精耕细作了近百年。

当然，需要说明一下的是，强生的药品也是非常了不起的，比如人们熟知的泰诺、艾舒、安乐士、吗丁啉、派瑞松、达克宁、息斯敏，包括强生血糖仪、爱惜康缝线等，都是强生公司通过不断的并购，收归到旗下的著名品牌。

护理品在市场的成功，常常离不开其所相依的药品。换句话说，消费者对护理品认可的基础，很大程度是建立在对生产公司药品品牌的忠诚度基础上。

通常人们喜欢把强生公司业务分为 3 大部分，即医药产品、医疗器材及诊断产品、个人护理产品。

不过细分一下，医疗器材及诊断产品里，至少有一半以上应该属于护理产品的范畴。因此，上述药品的品牌，与强生婴儿、李施德林、露得清、可伶可俐、娇爽、邦迪、美瞳等护理产品，组成了两个互相呼应的强大军团。

　　强生横跨两个市场，使公司具有极大的弹性。在和平时期，药品正常供应，护理用品不断扩张。一旦出现动荡，比如战争，则对药品的需求会直线上升。千万不要以为这是在说笑。在强生超过百年的历史中，光世界大战就经历了两次，小战不计其数。

　　总以为只有军火商发战争财，不曾想跟着发财的还有制药业。因此强生如同一个睿智的老人，无论世道和平或不和平，总能提前布好局，因而总能处变不乱，处乱不惊，任凭风浪起，稳坐钓鱼船。

　　这种通过结构分散风险的经营哲学，也充分体现在强生公司的日常管理之中。强生下面的公司实在太多，比如在中国很有名的西安杨森、上海强生等公司，就是强生旗下的。要想把所有的公司全部管理起来，基本是个不可能完成的任务。

　　强生的办法是各自为政，有点类似古代的"分封制"。各个子公司在公司统一部署和激励机制指引下，具有极大的经营自主权。这样，最熟悉市场和产品的人，始终处于第一线，因而大部分决策机构与动作，都能使公司利益最大化，也使可能遭受的风险最小化。所以，不难理解为何强生旗下产品频频召回，财务报表却依然亮丽。

　　这种左右逢源的经营哲学，带来的是长期的竞争优势。强生公司一直都很赚钱，位居美国最有价值公司的第5位。这都得益于公司横跨药品与护理品两个行业，两个行业相辅相成，相得益彰，是最值得投资的优秀企业之一。

　　有史为证。强生公司于1944年上市，时价每股37.50美元。倘若当时有谁买了1股并一直持有到2015年，那么37.50美元就变成了96万美元。年收益率超过17%，称得上是迷你版巴菲特了。如果是在上市之前以1美元1股投资股权的，那96万美元还得乘以37.5。

　　未来前景也似乎不错。全球的趋势是老龄化程度不断加剧，而政府的口袋越来越羞涩。所以政府愿意出台各种政策，鼓励老百姓主动进行护理

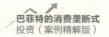

品消费，包括消费非处方药，以减轻政府财政上的压力。这种状况将会持续很久，因此，对护理品与OTC行业的龙头老大强生公司而言，投资者也是可以长期看好的。

##  同仁堂：几百年的放心药

要论名气最大、最具中药文化代表性的中药公司，首推北京同仁堂。

细心一些的朋友们或许注意到，在北京同仁堂的许多药店中，顾客面对的是两层柜台。最里面的柜台才是药，中间的柜台只有一名柜员。当然这不是为了防范劫匪。没有这么笨的劫匪会跑到药店来抢中草药，贵重药材不大可能摆在柜台里，所以就是让他扛走一麻袋，也值不了几个钱，有这工夫不如抢点别的值钱的。

同仁堂的两层柜台，是他们的一个传统，一个规矩。里边柜台的药剂员按顾客的药方抓好药之后，中间柜台的老药师还要把药与药方仔细复核一遍，确认无误后才能"放行"，将药交给顾客，从而有效地防止因抓错药而出现事故。

同仁堂在中药市场屹立数百年而不倒，靠的就是两个字：诚信。两层柜台就是其诚信的一个缩影。

要说同仁堂的诚信，那可是有年头了。同仁堂的历史，得从康熙八年，也就是1669年说起，当时皇宫太医院有位中层干部乐显扬，突然有一天就脱离事业单位，辞官下海了。回到家后，乐显扬立即着手创业，开办了一间药店，取名"同仁堂"，由此揭开了同仁堂数百年辉煌的第一页。说起来，比美国的历史还要早上 107 年。

乐显扬的事业，在他第三个儿子乐凤鸣手中发扬光大。康熙二十七年（1688 年），乐凤鸣正式接班。客观地说，乐凤鸣是一位学者型的 CEO，或者说是一位具有钻研精神的老板。乐老板有一项功德无量的工作，是把祖传的秘方、自己精心研制的各类膏丹丸散配方、宫廷秘方、一些被证明富有疗效的古方和民间验方等共 363 项，经过认真撰写、整理、编辑汇集成书，书名为《乐氏世代祖传丸散膏丹下料配方》。

尽管书名非常实在，但却是中药史上的重要文献，也是同仁堂数百年的不败宝典。人们所熟知的同仁堂店训"炮制虽繁，必不敢省人工；品味虽贵，必不敢减物力"，就是乐凤鸣在这本书的序言中提出的。

"同仁堂" 3 个大字，在乐凤鸣执政期间开始广为人知，生意越来越好，名气也越来越大，以至大到惊动了当时的清朝政府。1723 年雍正皇帝登基之后，钦定同仁堂供奉清宫御药房用药，享受皇封特权，独办官药。从这一年开始，同仁堂持续不断地侍候了 8 代皇帝，直到大清王朝倒台，没有了皇帝为止，历时 188 年。

## 强大的经济商誉

作为著名的中华老字号和中药文化代表的企业，北京同仁堂最大的竞争优势，就是几百年形成的巨大品牌，是药效明显的放心药的代名词。其一线产品如六味地黄丸、乌鸡白凤丸、国公酒、大活络丸、安宫牛黄丸、牛黄清心丸、感冒清热颗粒以及牛黄解毒片等，深为消费者所信赖与欢迎，在海内外华人中有着强大的号召力，数百年不曾改变，这也是他们最大的经济特许权的落脚点。

　　自创办之初，北京同仁堂即以"济世、养生"为任，诚实敬业。由于研制的各种中药丹丸片散等，以"配方独特、选料上乘、工艺精湛、疗效显著"的优异品质，在社会上获得极高的赞誉。

　　前面说过了，同仁堂从雍正元年开始，前后供奉了8代皇帝。其实，被皇室选中供奉御药，是荣耀，也是活受罪。中国历来是"伴君如伴虎"，自然也同样也"侍君如侍虎"。同仁堂的药，不但皇帝吃，包括皇后、皇阿哥、格格等一大家子也都吃。对于当时太医院、御药房的任何药物需求，同仁堂都必须做到有传必回，随传随回。

　　皇家所需，特点就是数量大、品种多、期限紧，且没有任何通融协商的余地。更要命的是，一旦出现哪怕是一星半点儿的配方差错或质量问题，那大祸必将随之而来。所以同仁堂始终处于一种"如临深渊，如履薄冰"的状态，以一切措施确保产品的完美。

　　皇宫之内的用药精心制作，对皇城之外的药也同样不打折扣，同样精益求精，是同仁堂一向的做派。对求医购药的八方来客，无论是达官显贵，还是平民百姓，同仁堂均一视同仁，门上的招牌始终锃亮。

　　创办以来悬壶济世的传统，近两个世纪独自供奉御药的荣誉，形成了同仁堂高度自律的企业意识，锻造了同仁堂独有的企业文化，构成了同仁堂历经数百年而不衰的竞争优势。

## 独门兵器的练成

　　同仁堂有一个奇怪的现象，就是他们的药有近千种，却没有一种如云南白药、片仔癀一样的独家秘药。缘由是新中国成立后，同仁堂将所有独家配方奉献了出来，因此同仁堂有的药，别的药店药厂也能做出来。奉献通常具有无私的性质，得便宜的当然是同业。

没有独家秘药，不等于没有制胜的"独门兵器"。我记得迈克·波特关于差异化竞争的一段论述。大意好像是长久的差异化优势，也常常存在于企业价值链形成的各个环节之中，是一种长期积累的结果。换句话说，就是即使是同样的产品，由于从采购开始，每一个流程和环节，都精耕细作，常年不懈，使得产品的质量、可信任度都明显高于同类产品，也由此形成一种品牌、信誉方面的差异优势。同仁堂应该属于这种情况。

"修合无人见，存心有天知"的信条，是历代同仁堂人恪守诚实敬业的药德。特别是近两个世纪供奉皇室的战战兢兢，更是令同仁堂的产品质量独步市场。

中药成功的关键，除配方外，还需要两大支柱——用料与做工。

**先说用料。**同仁堂在这方面的讲究，在这方面的投入，实在不是一般企业所能做到的。比如制药的陈皮，需要广东新会所产，白芍则必须产自浙江东阳，丹皮只用安徽芜湖的，"十大名药"之一的乌鸡白凤丸所用的人参，产地只认吉林。如此等，即使是和药用的蜂蜜，也只用枣花蜜，而且还必须是来自河北兴隆的。

**再说做工。**中药的制造，要达到"优良"二字，极为麻烦与繁琐。先不说制造工艺的技术含量，仅看工序与流程，便不难看出同仁堂的认真。比如看似平常的蜜丸的制作，就必须要经过蒸、炒、煅、烫、制、浸、霜冻等40多道工序。更有些中药制成后，还需要放上几个月甚至几年的时间，使燥气减少消退，然后才能服用。这样虽然出货缓慢，还占压了资金，提高的却是药物的疗效，获得的却是企业赖以生存的诚信品牌。

有一个真实的故事，能充分证明同仁堂的药效。2002年2月10日，英国有一列火车发生出轨意外，造成8人死亡，60人受伤。凤凰卫视女主播刘海若，也在受伤者之列。由于刘海若头部受到重创，被医生诊断为脑死亡。

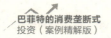
随后刘海若被接回北京，经过一个多月的救治，病情并无明显缓解。于是，治疗方式由西医治疗改为中医会诊。会诊后的治疗方案中，重要的一项，是通过鼻饲方式，服用同仁堂的安宫牛黄丸。经过一段时间治疗后，刘海若竟逐渐能够开口说话了。

不能不说这是一个奇迹。同仁堂的安宫牛黄丸，也伴随着奇迹被认为是"能救命的仙丹妙药"。同仁堂的品牌也由此更添上一笔精彩。

用料上乘与做工精细，还不是同仁堂诚信敬业的企业文化的全部。药做好了，还需要卖，卖出去了，还需要服用。

任何一位顾客，在买药之前、买药之中、买药之后，都难免会有一些需要解决的问题或难题。从半个世纪前，同仁堂就特别设立了咨询服务台，对顾客提出的各种问题都一一作答。比如药的功能与作用，哪些病应该用哪些药等，使患者在买药前的担心、买药中的迷惑，都在有问必答中得以化解。

药买好后，并不能直接送到患者嘴里，还需要煎熬成汤汁后才能服用。煎药的技术含量不高，但费工夫。代客煎药，是同仁堂的老传统。那个时候似乎还没有"售后服务、人性关怀"这些说法，但同仁堂实际上已经这么做了。一天又一天，一年又一年，任外面的世界精彩也罢，无奈也罢，煎药岗位却始终居于药店一角，不曾消失过。据统计，现在药店每年代客煎药达两万服之多。

乍一看，耐心解答，代客煎药，都似乎只能归类于上上黑板报的好人好事，很容易做，也很微不足道。然而老人家说过，一个人做点好事并不难，难的是做一辈子。同仁堂的这些不起眼的好人好事，一做就是几十年，几百年，那就不是上黑板报的小事，而是一个传奇，一块建立在顾客和患者心中的丰碑。

现在再来回味一下迈克·波特的话，不难理解同仁堂在市场制胜的独门兵器，不是别人做不出来的药，而是别人很难做到那么好的品质，别人坚持不了那久的贴心服务。由一个个细节的高品质坚守，由一天天一年年的细水长流的关怀，打造出企业的诚信品牌，打造出核心竞争优势。

因为讲质量、重诚信为主要特征的企业文化，因为这种企业文化下的优质产品和优质服务，同仁堂获得过无数的荣誉。

在这些荣誉中，值得一提的是，1989 年，国家工商总局将全国第一个"中国驰名商标"称号授予了同仁堂，使同仁堂成为迄今为止在全国中医药行业唯一取得此殊荣的企业。2006 年同仁堂中医药文化进入"国家非物质文化遗产"名录。

更值得一提的是，2001 年，中央电视台播出的电视连续剧《大宅门》，就是一部同仁堂史，收视率极高，更是令同仁堂的海内外口碑日益隆盛。其实在这之前和之后，直接以同仁堂故事拍摄的电视剧，还有《同仁堂的传说》《大清药王》《风雨同仁堂》《戊子风雪同仁堂》等电视连续剧。

一家药店，能被拍出这么多电视剧，不知道世界上还能找出几个？


## 金字招牌继续闪光

对产品的精益求精、一丝不苟，使"同仁堂"3 个字即为优良品质的保证书和金字招牌。当然，即使是金字招牌，也得经常擦拭。有道是"人无远虑，必有近忧"。

同仁堂也并非无忧。首先原料药就值得一忧。

由于过度利用、环境污染等原因，使得地球上大量物种的生存受到了严重威胁甚至灭绝。比如植物，据权威部门统计，在我国近 30 000 种高等植物中，至少 3 000 种处于受威胁或濒临灭绝的境地。早在 1992 年，在原国务院环保领导小组办公室和中国科学院植物研究所主持下，出版了《中国植

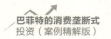
物红皮书》，全书列举的濒危植物，多达 388 种。

红皮书，本身就应该具有危机警示的含义，对以用料讲究出名的同仁堂而言，那就可以说是警钟长鸣了。因为在红皮书的 388 种濒危植物中，典型的中药材就有 77 种，估计不大典型的就更多。

作为应对之策，同仁堂在吉林、河北、山西、湖北、山东、浙江和安徽等省远离生活区和工业污染源的地方，分别建立了中药材种植基地，能为中成药生产提供充足并有质量保证的原材料，以确保成药的品质优良，并形成了从原材料供应到建立销售门店的完整产业链。

与此同时，同仁堂的品牌国际化也全面实施，成功地在全世界 50 多个国家和地区完成了商标注册，从而在国内外中药材市场上占有最大的份额，确保了公司的赢利能力。

同仁堂 1997 年在上海证交所上市。从上市至 2011 年，同仁堂的平均净利润增长率为 15.20%，平均净资产收益率为 12.60%。而从 2012 年到 2015 年，这两个数字依次上升到 18.75% 和 14.57%。上市时发行价为 7.08 元，总市值 14.16 亿元人民币。到 2016 年 4 月 5 日收盘价为 30.21 元，总市值为 414.30 亿元人民币，增长了 29 倍多！

我们还可以从中药原材料开始迅猛涨价的 2005 年追溯到 2015 年，在这风起云涌的 11 年中，同仁堂总体经营依然平稳。11 年净利润的总数为 47.84 亿元，经营性现金流净额总数为 52.22 亿元。该收的钱都已收入袋中，财务令人放心。

同仁堂的未来应该是非常值得期待的。别的国家与民族不敢说，敢打包票的是，中药将会永远伴随中华民族一直走向未来。

随着社会的发展，城镇化的进一步推进，人们收入水平的进一步提高，民众医保支付能力逐步加大。在医药尤其是中药方面，注重药物疗效，弱化价格考量是必然的发展趋势。吃放心药、吃好药肯定会成为越来越多消费者的选择。

作为著名的中华老字号，作为中药文化代表的企业，同仁堂最大的竞争优势，就是几百年形成的好药的巨大品牌，已成为药效明显的"放心药"的代名词，深为消费者所信赖与欢迎，在海内外华人中有着强大的号召力，数百年不曾改变，这也是他们最大的经济特许权的落脚点。

因此有理由预期，同仁堂药品的优良品质，必然会被越来越多的人了解和认同，数百年来的诚信敬业以及对质量不懈的追求，将会得到持续增长的回报。

## 斯沃琪集团："瑞士制造"的颠覆者

1979年的3月15日，是个有点儿特殊的日子。虽然也是"3·15"，不过与"国际消费者权益日"无关（那是国际消费者联盟在1983年才提出来的），但与中国消费者却有点儿关系：这是新中国成立以来，第一次有外国公司的产品在中国做广告。

这一天，在上海《文汇报》和上海电视台，都同时出现了瑞士雷达手表的广告。就当时而言，这绝对是一件非常震撼的事件，在国内迅速引起广泛而强烈的反响以及争论，甚至全世界有数十家重要媒体将此作为头条新闻。

中国人一下就记住了雷达牌手表。然而更值得一提的是，当时，内地所有商店的手表柜台里，却没有雷达手表的踪影。这还不算，第二年，也就是1980年，上海华声钟表店又设立了第一个雷达表特约维修站。

这种打法的特点是"不着急"。面对刚开放的中国市场，需要做的第一步，就是对品牌的宣传，是先让品牌深入人心，而不是先匆忙把产品摆进柜台。它着眼的是这个巨大市场的巨大后续消费能量。只有对产品的价值信号进行充分传递之后，才有可能获取消费者对产品品牌的高度认知。前期的所有广告费用决不会扔在水里，都将在其后的销售中，连本带利统统收回来。

噱头做足了 3 年，消费者的胃口也吊了 3 年，直到 1982 年，雷达手表才开始正式出现在国内卖场的柜台里。这种以品牌为市场导向的精耕细作，终于有了预期的收获。本来在中国知名度为零的雷达表，这时已经成了在中国知名度最高的外国手表之一，当然也是价格相当不菲的高档手表之一。

雷达表是雷达公司的产品，不过雷达公司只是个分公司，归斯沃琪集团领导。斯沃琪总部位于瑞士伯尔尼，是瑞士的上市公司，在全球拥有 160 个产品制造中心，分布在瑞士、法国、德国、意大利、美国、维尔京群岛、泰国、马来西亚和中国等地区。同时，它也是世界上最大的手表生产商和分销商，零售额占到全球份额的 25%。

## 绝地反击

斯沃琪集团历史不长，却是在国际手表业激烈竞争中“野蛮生长和壮大”的企业。

20 世纪 70 年代，以精工、西铁城等品牌为主的日本石英表，凭借着优良的品质，时尚的外表，低廉的价格，在全球手表市场上大受追捧。

历来以手工生产为主要方式的瑞士手表，以豪华著称，占有世界手表市场 95% 的份额甚至更多。但是，它却在经济实用的手表进攻下败下阵来，很快被这股日本浪潮冲击得七零八落，一大批曾经声名显赫的机械手表厂因而陷入困境难以自拔，整个瑞士手表业跌入似乎难以见底的低谷，手表从业人员由 10 万降至 3 万。

就在这一片萧条之中，两家快要倒闭的瑞士手表厂进行了合并，由一位名叫海耶克的绅士接管经营，这就是斯沃琪。

当时并没有几个人把这次合并很当回事，但这次合并却出人意料地做成了一番大事。

手中拥有两家已是山穷水尽工厂的海耶克，喜欢把人分为两类，有企业家精神的和没有企业家精神的。他不算低调地把自己归为第一类。

虽然在归类上不够谦虚，但在制定企业战略上，海耶克率领他的斯沃琪做的第一件事，就是放下身段，放下"瑞士制造"高贵矜持的身段，开始生产塑料手表。

放下身段，做塑料手表，并不意味着放下瑞士手表的高质量。他们面对严峻挑战，要在豪华传统与塑料制造之间，或者说在高质量与低成本之间，寻找最佳结合点。幸运的是，他们找到了。

通过斯沃琪专家们在海耶克领导下的共同努力，他们发明出了全新制表工艺。这个"新"，不仅是工艺的创新，而且还是对传统的一种颠覆。简单说，新的制表工艺与过去分步安装不同，采用一体式表壳，并将表壳的底部作为安装机芯的底板。机芯从腕表的上方进行安装，化繁为简，用 51 个零部件代替了通常构成腕表的至少 91 个零部件。这一大胆创新，开拓了"风格时尚型手表"的新时代。

新开发出来的斯沃琪手表，采用瑞士石英机芯、人工合成材料制造、激光密封、兼具防水防震、计时精确、价格便宜等出众优点，同时强调消费者的感性诉求，富于流行、时尚等元素，色彩丰富，激情四射。

凭着这种颠覆了瑞士传统的制表工艺，斯沃琪制造出了当时世界上最薄的，并且非常适合批量生产的手表，开拓了"风格时尚型手表"的新时代，

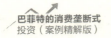

争取和培育了一个新的消费群体。这个群体以 18 岁～35 岁的青年为主，他们热衷于购买耐克运动鞋、贝纳通运动衫、盖普服装和布鲁斯音乐唱片，热衷于以时尚化的产品来彰显其个性。当然，他们也迅速喜欢上了引领时尚潮流又物美价廉的斯沃琪手表。面世不久，它就击败了当时在中低端手表市场风头十足的精工和西铁城等手表，重新夺回了行业领导者的地位。

## 双线出击

斯沃琪在瑞士手表业面临经济实用型手表冲击而陷入危机时，力挽狂澜，是世界表业史上值得大书特书的一页。

一直以来，瑞士手表以其精湛的工艺和优良的品质，长期居于全球手表业的最顶端。自斯沃琪问世之后，也开始称雄全球手表业中低端。

当然，斯沃琪集团并没有止步于塑料手表的成功，而是通过资本市场的运作，在手表业称霸的道路上，继续高歌猛进。20 世纪 90 代后期，斯沃琪主导了瑞士手表业两轮收购合并。

第一轮收购合并的主角，是奢侈手表品牌。这次并购浪潮之后，瑞士奢侈手表品牌步入了寡头垄断阶段。几乎所有的知名品牌，都被斯沃琪、历峰、劳力士几个集团瓜分。

第二轮收购合并的主角，是配件制造的中心。斯沃琪集团在这轮收购中成为绝对的主角。经过一系列相关公司的经营权变换，斯沃琪几乎垄断了整个瑞士的配件制造资源，运行几个世纪的瑞士手工作坊传统体制，基本都被纳入工业化轨道。

两轮收购合并之后，斯沃琪集团拥有了近 20 个不同类型的，呈倒金字塔的品牌结构，成为奢侈品领域举足轻重的企业，加上对配件制造资源的高度掌控，在瑞士手表制造业中也拥有了极大的话语权。

由此，斯沃琪集团的竞争优势，就主要体现在两个方面。

第一个方面的优势是拥有完整的产品线。除了雷达表之外，在中国后来拥有更高知名度的欧米茄，包括宝玑、宝珀、浪琴、天梭等高中低端的18个品牌，都被斯沃琪合并到手，几乎占了瑞士手表的半壁江山。完整的产品线，使斯沃琪能较好地避免经济周期对公司业务所带来的冲击。经济形势好，豪华手表卖得也好。经济形势变坏了，豪华手表的销量可能下降，但中低端手表仍有坚挺的市场表现。

从1996年亚特兰大到2012年的伦敦，连续五届奥运会都将斯沃琪表作为官方指定计时器，其品牌号召力深入人心。比如欧米茄手表，早与明星名流紧密相连，销量已远超过劳力士、卡帝亚等，力压群雄。

第二个方面的优势是斯沃琪集团控制了瑞士机芯产量的75%，并在某些关键配件上形成垄断。几个世纪以来，瑞士的钟表制造一直是"分工—合作"的小作坊形式，鲜有公司能从头到尾完整地生产出一只手表，绝大部分品牌都是向少数几家专门生产机芯的公司购买基本的机芯回来，然后把其放入自行设计（或由其他厂商代为制造）及铸造的表壳内。这种生产模式虽可大大降低生产成本，但根据瑞士法律规定，如果制表企业要宣传自己是"瑞士制造"，它们必须得用在瑞士生产的机芯。

与手表品牌一样，斯沃琪在手表配件制造上也不失时机地跑马圈地，经过一系列资本市场的动作，斯沃琪集团拥有了14家配件制造厂，几乎垄断了瑞士钟表制造上游。有人形容说"斯沃琪集团打一个喷嚏，全部瑞士钟表业将感冒"。这些配件制造厂的收入占集团总收入的比例达27.58%，而且由于研发投入与生产规模的配备问题，在生产格局基本定型的瑞士本土，要与斯沃琪竞争配件制造，几乎不大可能。因此，配件制造成为斯沃琪的又一条深深的护城河。

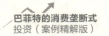
# 继续进击

斯沃琪的豪华手表在全世界高端消费者中拥有极高的号召力和忠诚度，同时中低端表又因"高质量"与"时尚情趣品味"完美结合，也同样在细分市场上畅销不衰。高中低等各级品牌按市场定位与文化内涵独立运营，各自为政又浑然一体，形成强大的合力，加上在配件制造上形成具有法律背景的垄断，给斯沃琪带来良好的经营业绩。

斯沃琪也由此形成了"不倒翁"特色。当全世界经济繁荣，大家都在过好日子的时候，利润高企的豪华表得以大卖。根据资料，比如在 2006 年经济很好的时候，斯沃琪集团净利润和前一年相比提升了近 25%，超出了本来已经就较乐观的市场预期。这部分超额利润，大部分是由豪华手表创造出来的。而当随后全球经济开始陷入低迷时，中高端手表则表现出了强大的抗跌性，挑起了豪华表放下的担子。而且无论经济好与不好，他们的配件制造，都能带来稳定的营业收入。

也由此，斯沃琪集团在市场营销时，就有一种不争一时之高下的从容。这种从容，也在雷达手表先于销售前 3 年就开始做广告的策略中，比较充分地体现了出来。

进入 21 世纪后，斯沃琪公司开始走上快速发展的道路。2006 年是斯沃琪公司值得纪念的一年。这一年，公司的销售额书定了新的历史——50亿瑞士法郎。紧接着在 2007 年，又收获 59.40 亿瑞士法郎。2008 年再创高峰，销售额超过 60 亿瑞士法郎。尽管 2009 年因金融海啸影响，销售额只有54.20 亿瑞士法郎，但 2010 年又强劲反弹，重返 60 亿高峰，达到 64 亿瑞士法郎，2011 年继续前进，创下销售额 71 亿瑞士法郎的新高。2015 年，销售额已高达 81.77 亿瑞士法郎。

公司的净利润也同样令人满意，2006 年净利润 8.30 亿瑞士法郎，

2007 年 10.20 亿瑞士法郎。尽管在金融海啸的两年内，公司赚的钱略少了一些，2008 年是 8.40 亿瑞士法郎，2009 年是 7.63 亿瑞士法郎，但到 2010年又重拾强势，净利润达 10.70 亿瑞士法郎，2011 年净利润为 12.76 亿瑞士法郎，2015 年尽管受汇率影响很大，但仍创下净利润 14.51 亿瑞士法郎的佳绩。

斯沃琪的未来是非常值得期待的。因为无论是豪华手表还是中端手表，前景都很好。据专业机构的统计，身家千万以上的富人，人均拥有 4.4 块豪华表。随着经济的不断发展，富人的数量肯定也将随之增加，豪华手表的销量自然前景一派光明。

更值得一提的是，世界对手表的需求逐步上升。近年来，每千人平均年钟表消费量为 170 块手表，已初步呈现快速消费品的特征。这主要得益于外观设计新潮、款式独特及装饰性较强，同时价格合理的中低端手表。 在这种形势下，斯沃琪必将会在未来带给投资者们更大的惊喜。

## 葛兰素史克：新药滚滚朝前走

这里先说的是柜台里"消失"的东西。

有一次，我患了点儿小感冒，按惯常做法，到附近药店买盒新康泰克就OK 了。不料药店柜台里已经没有这种药。店员告诉我，并非缺货，而是下架了。下架的原因是新康泰克从今以后，只能作为处方药。处方药的意思，就是没有医生那笔走龙蛇的药单，我就吃不到这个药。老百姓自己能吃的或用的药，属于非处方药，常说的 OTC 是也。

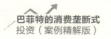

我问店员，怎么新康泰克突然就"晋升"为处方药，脱离我等想图个省事方便的群众了呢？回答是因为国家食品药品监管局、公安部、卫生部早在2012年就联合发布通知，单位剂量内麻黄碱药物含量大于30毫克的药品，从2012年12月开始，统统列入处方药管理。

麻黄碱是一种生物碱，大部分感冒药中都多少含有一些。据资料称，长期服用麻黄碱，会引起震颤、焦虑、失眠、心悸、头痛、出汗、发热感、血压升高等副作用。

当然，3个国家部门联合发文，不是因为这些副作用，而是因为麻黄碱是合成苯丙胺类毒品，也就是制作冰毒最主要的原料。放在柜台里任人买，有可能被不法分子用于制毒。事实上，药店已经对含麻黄碱药品实行实名限购政策。后来，可能觉得有必要除恶要从源头上除起，干脆不准OTC了。

资深球迷可能还记得，1994年世界杯足球赛中，老马，即马拉多纳被禁赛，就是栽在麻黄碱上。看来麻黄碱还真是个麻烦。不幸的是，新康泰克内麻黄碱的含量超标，因而被清理出OTC的队伍。

生产新康泰克的厂家是中美天津史克制药有限公司。其简称比正称更有名：中美史克，广告上能经常看到听到。

新康泰克从柜台里消失后，对中美史克的业绩会产生消极的影响吗？要回答这个问题，有必要从葛兰素史克公司谈起。

## 新药研发的领跑者

看中美史克这个名称就能知道，这是个合资企业。一方是天津中新药业集团股份有限公司和天津太平（集团）有限公司，另一方则是全球大名鼎鼎的药企葛兰素史克公司。

说起来，葛兰素史克的家底也是合资的。2000年12月，两家历史超过百年的制药巨人——葛兰素威康和史克必成成功合并，并于2002年正式更名为葛兰素史克。合并后的葛兰素史克总部设在英国，以美国为业务营运中心，在世界39个国家拥有99个生产基地，产品远销全球191个国家和地区，占全球药物总销量的8%，位列第三。据2012年年底纽约证券交易所葛兰素史克股票的报价，其总市值超过1 000亿美元，是世界药品市场以新药研发获取竞争优势的巨无霸。

作为药物研发的全球领跑者，葛兰素史克自有其经营哲学与理念，这就是充分发挥公司近百年积累的技术潜力和资源优势，构建全行业最具竞争力、最具生命活力、最有效率的产品研发线，在涉及的药物领域中，始终保持着强劲的领先和增长势头。

这种以研发为基础，以新药为主导的经营理念，使葛兰素史克在长期市场竞争中，逐步形成几个与众不同之处：舍得下本，拢得住人才，研发资源雄厚，同时广结善缘。

公司的研究开发体系，规模位居全球同行业之首，在11个国家拥有20多个研究基地。每年投入的研发费用近60亿美元，相当于每天1 600万美元，每小时68万美元，再细化一下，每秒钟超过1万美元。敢这么下本，靠得不仅是勇气，更是理念与信心。

每秒钟砸出去的1万多美元，本质上是"财散人聚"的老套路，从战国四公子到宋公明哥哥再到现在的牛总牛根生，都是此道高手。

葛兰素史克玩起这个套路，也同样得心应手。于是，各路好汉纷纷投奔其麾下。公司有15 000多名研究人员，不但留住他们的人，也留住了他们的心。

15 000名同心协力的专业人员，即使是作为军队，也至少有10个完整的战斗团，放在哪儿都是一队令人生畏、能冲锋陷阵的人马。更何况，在这个团队中精英研究人员层出不穷。特别值得一提的是，在过去几十年的岁月中，葛兰素史克公司先后有 5 位研究人员，准确地说是科学家，在神经刺激的化学传导方面的研究、前列腺素及相关生物活性物质的贡献以及在发现药物治疗的重要原则等方面，获得了医学界最高荣誉——诺贝尔奖。

有钱有人，加上大规模使用计算机技术，让葛兰素史克拥有相当丰厚的技术积累，拥有相当丰富的科研经验。药物的研发成功，基本靠的就是实验室里的日积月累，鲜有单靠突发灵感而一蹴而就的。葛兰素史克百年来的积累，形成傲视全球的药物研发成果资源。这也是其成为同时研制针对疟疾、艾滋病和结核病药物和疫苗唯一公司的原因和本钱。这 3 种疾病曾被世界卫生组织确定为 3 大全球性疾病。

据统计，葛兰素史克每年合成的化合物就达 6 500 万种，有效地拓展了药物的开发领域，为不断寻求新的利润增长点提供了坚实的基础。

大凡了不起的企业，多数都是内外兼修。葛兰素史克也不例外，远亲近邻，统统友好相处，因而眼观六路，左右逢源。要论全球制药业中最大的研究发展合作伙伴，首推葛兰素史克。长期以来，公司与各国政府、学术研究机构和制药公司保持有效合作。

这种合作非常有针对性。由于药物产品极容易发生意想不到的问题，因此政府的理解在很多时候就极为重要。同时，要保持新药研发的领先地位，就必须要充分了解和掌握相关领域药物最新的科研动态与信息，因此与高端的学术科研机构的合作无疑是最有效的方法。当然，与友好的同业保持良好的技术沟通与学术交流，也是不可或缺的。

葛兰素史克在新药研发方面，突出重点，集中兵力，睦邻外交的打法，确保了其全球领跑者的地位。

## 优势累积的优势

作为制药企业，最终的效益或竞争力，还是需要看生产的药在市场上卖得怎么样。

药要在市场上卖得好，卖得久，卖得贵，那就必须要与众不同，要比别的同类药好。而且一个药好不算本事，还得有一大批好的药被市场公认。

葛兰素史克的药品可分为两大块，化学药品和疫苗。在这些药品中，年销售额达到 2 亿英镑以上的有 24 种，包括 5 种疫苗。

要强调一下的是，疫苗是葛兰素史克的强项。全球 25% 以上疫苗，是葛兰素史克提供的，每秒钟他们需要将 35 种疫苗运往世界各地。

葛兰素史克卖得好的药，除了疫苗外，其余的主要集中在抗感染、中枢神经系统、呼吸和胃肠道 / 代谢四个方面，被公认为代表着这四大领域世界最高水平。

在过去的半个多世纪中，几乎每个年代，葛兰素史克都有长销不衰的重磅新药上市。

20 世纪 60 年代，治疗急性哮喘的经典用药喘乐宁，是 1969 年推出的。

20 世纪 70 年代，在全球运用最为广泛的抗生素阿莫西林，是 1972 年的产品。

20 世纪 80 年代，雄居世界销售榜首位的抗胃溃疡药善卫得，是 1981 年的成果。

20 世纪 90 年代，全球第一个口服有效抗乙肝药物贺普丁，是 1999 年的贡献。

21 世纪，H5N1 大流行前疫苗 Prepandrix，则是 2008 年的新宠。

世界药品市场的一个重要特点，是名牌药物越来越得到消费者和患者的认可，由此形成马太效应。越是大品牌，市场份额就越大；越是销售量大的药，患者议价的能力就越低，生产企业赚的钱就越多。

从这个角度来看，葛兰素史克的核心竞争力，就在于新药的不断研发。这种优势，不仅体现在自身研发上，也体现在一系列的并购中。这些研发

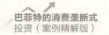

与并购，都是在公司强大研发能力与强大品牌号召力的基础上，不断积累优势，发挥优势，形成一个绵绵不断的产品流，以构筑和巩固公司宽阔的护城河。

很多时候，竞争的优势在于差异化，差异化的根基在于持久，持久的关键就在于累积。


## "不倒翁"的基因

常言道：是药三分毒。这句话表面上看，是提醒大伙儿谨慎吃药，实际上现在也含有提醒药企谨慎做药的意思。

做药的本意是治病救人，但药与毒却往往又很难绝对划清界限，并且还会因数量、对象、环境等因素的不同，而相互转换。因此，有时做出来的药，一不小心被吃出问题甚至吃出人命来，或某种药来不及经药监部门许可就放到医院药店里卖，那麻烦就大了。这一点无论大小公司都一样，是由药的性质所决定的。不一样的是实力差一点儿的公司，就可能因此一蹶不振甚至关门。而品牌强劲、实力雄厚的公司则常常能渡过难关，历经重击而不倒。葛兰素史克就明显具有这种"不倒翁"的基因与质地。

先来看一看葛兰素史克 2010 年的净利润变化。公司从 2008 年到 2015 年的净利润基本都超过 45 亿英镑，但 2010 年却只有 16 亿英镑，明显要少一大截。

看看 2008 年到 2015 年的销售额，都是在 240 亿英镑上下波动，2015 年的销售收入甚至只有 230 亿英镑。算来算去就是 2010 年 286 亿英镑还最高，而且这些年来的研发投入、3 项费用等也都相差不大，为何 2010 年净利润只相当于其余正常年份的 1/3？

问题出在药的官司上。这一年葛兰素史克牵涉到围绕糖尿病药物Avandia 的诉讼，还有美国司法当局对其药品销售方式的调查。最后诉讼与调查，都以和解形式了结。和解的前提是，葛兰素史克需要支付 34 亿美元（22 亿英镑）。一场官司下来，葛兰素史克当年利润的一大半就化成了水。

美国司法部副部长也对此发表评论说，数十亿美元的确是个巨大的数字，是前所未有的。但在这"前所未有"的一击之后的第二年，葛兰素史克就迅速恢复了元气，公司的各个方面，包括净利润又重归正常。

不妨回到本文开头提到的中美史克，这有助于更好地了解葛兰素史克的活力所在，因为其具有相当完整的葛兰素史克的"不倒翁"基因。中美史克自成立后，走得颇为顺利，推出了一系列广受市场欢迎的药品，比如肠虫清、芬必得、兰美抒、百多邦、泰胃美等，还有一个就是销售额占比最大的康泰克。

2000 年 11 月，中国国家药品监督管理局下发通知：禁止含有 PPA（盐酸苯丙醇胺）药品的生产、销售、流通和使用。事情的起因，是美国食品和药品局，根据耶鲁大学的一份关于服用 PPA 会引起心律失常、高血压、急性肾衰、失眠甚至脑出血等严重的不良反应的研究报告，随即将 PPA 作为"不安全"类药物，严禁使用。一个月后，中国国家药品监督管理局的禁令出台。内中含有 PPA 成分的康泰克随即中枪倒下，那可是中美史克的半壁江山啊！

国家的禁令开不得玩笑，接下来就是所有在产的、仓库里的、路上的、柜台里的康泰克，统统都在召回销毁。那毁的哪是药，分明是大把的钞票。中美史克的同志们眼泪也都跟着哗哗地流。

流眼泪还只是眼睛受累，接下来还得闹心。因为生产康泰克的车间、生产线、工人等怎么处置？失去的市场怎么夺回？诸如此类的严峻问题，摆在中美史克面前。

这个时候，葛兰素史克累积的优势、"不倒翁"的基因就发挥作用了。依托着葛兰素史克强大的研发实力背景，中美史克早在 1992 年就开始了抗感冒药品新配方和新技术的研究开发，并且已获得成功。这个成功了的新药最关键的地方，就是以 ASE（盐酸伪麻黄碱）替代 PPA。

新药以新康泰克命名推向市场，员工队伍没有散，生产线依然繁忙。不到一年半的时间，就基本将康泰克失去的市场夺回，依然成为药店里的明星药。

没想到在畅销 10 年之后，新康泰克又挨了一记从麻黄碱方向打来的重拳，一下给打出柜台，闷到处方药的抽屉里。

其实，就一般情况而言，处方药是很赚钱的。只不过新康泰克原来既可处方，又能 OTC，大小通吃。现在不让在柜台里卖，渠道失去了半边天，至少短期内对业绩应该会有些影响的。不过，既然能从康泰克升级到新康泰克，那么，不久的将来，再推出别的什么"泰克"到柜台里，也是有可能的。因为中美史克背靠的是葛兰素史克。近百年新药研发的学术、技术、人才与企业文化的积累，是葛兰素史克"不倒翁"基因的构成要件。中美史克是其旗下公司，有其基因非常正常。

这倒不是强调"拼爹"，而是一种企业文化、企业行为模式的传承、支撑与融合。这一点，还可以从安福达的上市得到印证。

2011 年 11 月，也就是本世纪最大的光棍节后的半个月后，葛兰素史克公司宣布其治疗良性前列腺增生的新药，全球首个、也是唯一的 5α 还原酶双重抑制剂——安福达（度他雄胺）在中国上市。在此一年前，南京美瑞制药有限公司被葛兰素史克以 7 000 万美元收购，一年后即发布新药，而且是全球唯一的新药。

这次收购，一方面再次显示，葛兰素史克的收购活动，多数都是以新药为导向。另一方面，更充分显示葛兰素史克整合资源的能力，能有效地把自身雄厚的研发实力，与被收购企业新药的基础成果结合起来。南京美瑞制药在被收购前，已经拥有泌尿系统的热销产品舍尼通、舍尼亭等。收购后，在原来药品与研发的基础上，强势推出安福达，提升和巩固了葛兰素史克在泌尿系统疾病治疗的领先地位，丰富了在此领域的产品线。

市场领导者的品牌，雄厚的研发实力，丰富的产品线，使得葛兰素史克及其旗下的公司，都程度不同地具有"不倒翁"的特质。

尽管 2010 年的一场官司，让葛兰素史克几十亿美元付之东流；尽管新康泰克"被处方"而前途未卜；尽管今后还可能出现官司和官府禁令；尽管时不时曝出行贿丑闻，给他们带来诸多被动。但凭着多年积累的优势，凭着"不倒翁"的特质与基因，未来的岁月中，葛兰素史克仍将会是长久雄踞世界药物市场高端的强大公司。

第 4 章

# 幸福体验

◎ 任何一个提供消费品的企业，都必须以认识和了解目标消费人群的爱好为出发点，然后才可能通过功能设计、品质标准以及产品包装、售后服务等，来满足消费者的需求，使消费者对产品形成良好的感觉、评价和记忆，并因此达到消费者与商品提供者之间良性的共振与互动。

　　消费垄断型企业的产品和服务给消费者的特殊感受，是一种附加值，也是商誉的极为重要的组成部分，而且分量很重。巴菲特在说到一种著名的法国葡萄酒时，指出这玩意"1% 是葡萄酒，99% 是感觉"。

　　是的，"感觉"就是这么值钱！不能带来额外感觉的产品和服务，往往太过于同质化，由于不能被客户识别、牢记、点名购买，也就不能经常提高售价，只能在市场激烈地竞争中苦苦求生存。而拥有大量商誉的优秀企业，善于通过产品表达一种特殊的感受和精神。或者说，有一种企业，它不仅生产产品，还同时生产感觉、品味、理念。

　　三流的企业卖产品，二流的企业卖品牌，一流的企业卖感觉、卖精神！

　　商誉就是品牌、感觉、精神、特性，是优秀企业独特的、长远的经济特征。而产品的附加值，就是产品除了自身的功能外，还有文化、身份的含义和精神满足感。

　　你只要稍微注意一下那些国际著名的消费垄断型企业，它们的产品名称甚至公司名称，都可以换作一种或几种感觉的名称或符号，比如：

- ▶ 可口可乐：舒畅、活力、快乐
- ▶ 麦当劳：便利、清洁、愉悦
- ▶ 耐克：力量、自信、成功
- ▶ 宝马：速度、成功、得心应手
- ▶ 奔驰：大气、成功、显赫
- ▶ 劳斯莱斯：富豪、高贵、高不可攀

　　准确定位和牢牢抓住顾客的感觉，能够透过自己的产品和服务传达一种独特的精神，就是抓住了产品和服务的本质。因此，这是判断一家企业是否消费垄断型企业的重要标准。

关于什么是幸福，有很多种答案。比较正统的是，当人的需求得到满足之后，产生出的喜悦快乐与稳定的感觉。那么由此可以认为，幸福是人的一种心理状态。心理当然是主观的，但因为能满足人们需求的，又常常是一些物质的东西，比如沙漠中的清泉、寒夜中的热汤等。故此，幸福又常常与客观因素分不开。

能带给消费者幸福感的商品，当然是受欢迎的商品。受欢迎就意味着，在商品带给消费者幸福的同时，也给商品提供者带来利润，于是，大家共同幸福。

消费是一种体验的过程，这种体验可由人的感官、行为、情感，甚至思维分别或共同参与。不同的商品会带给消费者不同的体验感受，能产生幸福感的商品，同时也就能打动消费者的心灵。

所以，好的商品，本身还有另外一个功能，就是能带给消费者美好的记忆。这种记忆常常也是消费者比较看重的精神财富。到了这个层面，对某些特定商品的喜欢，又上升为一种精神需求。

当然，人对商品的体验是非常复杂、非常多样的。比如肥肉，有的人甘之如饴，有的人看着就想吐。因此，绝大部分用来消费的商品，不大可能所有人都喜欢，而只能在一个个大小不同的人群里受欢迎。

这些大小不同的人群，就是商家们所谓的"市场"。不过，这个市场的疆域不是铁桶一个，而是随着时间、环境等因素的变化而扩大或缩小。商品提供者们要做的，就是巩固已有的人群基础，争取新的消费者不断加入。

　　人们对商品的体验感受虽然多样，但有一个现象却具有普遍性，那就是消费意识中的两极。一种是一次性。大凡价格昂贵的消费，比如汽车、旅游等，我们生活周围的人群，更换汽车时，少有选择新车老车都是同一款的。或者每次旅游，都去同一个好地方。另一种是重复性。大凡能快速消费的商品，比如香水、口香糖等，很多朋友比较会认定一个牌子来消费。能让人们重复消费的商品，必定在某一方面，能满足消费者的内在需求，甚至能唤醒消费者的潜在需求然后满足它。

　　表面上看，消费者似乎是体验的主动者，但实际上，商品提供者却是体验的策划人。这个策划人，就是尽其所能，使得商品能符合消费者对体验的期望。每一次消费体验，消费者对商品的记忆，会随着体验过程的愉悦而不断加深。

　　这种不断加深的结果，就不仅是形成消费者对该商品的偏好，而且也成了消费者生活的一个部分，成为一种生活态度，一种精神认同甚至是精神需求。

　　从这个意义上来说，任何一个提供消费品的企业，都必须以认识和了解目标消费人群的爱好为出发点，然后才可能通过功能设计、品质标准以及产品包装、售后服务等，来满足消费者的需求，使消费者对产品形成良好的感觉、评价和记忆，并因此达到消费者与商品提供者之间良性的共振与互动。

所以，能在消费市场上脱颖而出的企业，都是真正读懂了消费者，并给消费者带来幸福体验的企业！

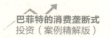

## 青岛啤酒："贵族""平民"一网打尽

在出国还属于过分奢望的多年以前，一位到过好几个国家见多识广的朋友告诉我，在国外商店的柜台里，他看到的所有中国产品，都比国内要便宜，只有一样东西比国内贵，那就是青岛啤酒。

不知道现在还是不是这样，但至少现在在美国，"Tsingtao Beer"，也就是青岛啤酒，价格超过大多数美国啤酒的3/4，非常给力！在国内商店的柜台中，青岛啤酒也同样是最受欢迎的产品之一，是公认的中国啤酒第一品牌。

青岛是个美丽的城市，青岛啤酒是青岛的名片。说句不怕伤青岛人民感情的话，在我早年印象中，青岛啤酒似乎比青岛还要出名。

从定义来看，啤酒属于舶来品，是与洋枪洋炮洋片等一起来到中国的。青岛啤酒的前身，还真的与洋人有不解之缘。1903年，日耳曼啤酒公司青岛股份公司在青岛问世，它是由德国商人和英国商人共同投资成立的。从厂名来看，德国商人应该是控股股东。至少，酒厂采用的应该是德国的酿造技术与工艺，否则就得叫盎格鲁啤酒公司了。酒厂创办42年之后，也就是1945年，酒厂改名，青岛啤酒开始出现在市场上。

事实上，青岛啤酒并不忌讳他们确实承袭了德国啤酒严谨的基因，并由此形成了自身所特有的坚持"世界最好"的企业精神与企业文化。据说，青岛啤酒每一滴酿造水，都要经过7级处理和50多项指标的严格检验，其余的各项原料与工艺流程的把关之严，也就不难想象了。因而才使得浓郁的正宗欧洲风味，历经百年而不曾消减。

从创办以来，青岛啤酒囊括了国内几乎所有啤酒质量评比的金奖。在国际啤酒评比中，包括慕尼黑啤酒博览会、美国国际啤酒大赛以及比利时、新加坡和西班牙等地举办的啤酒评比上，它荣获金奖，曾连续两届入选英国《金融时报》发布的"中国十大世界级品牌"，还 5 次被美国《财富》杂志评为"最受赞赏的中国公司"。可谓墙内开花，墙内墙外一齐香。所以，青岛啤酒在国外卖得贵，是有道理的。

还有两个第一需要说一下。1993 年 7 月，青岛啤酒股票在香港交易所上市，是中国内地第一家在海外上市的企业。同年 8 月，青岛啤酒在上海证券交易所发行股票，成为中国第一家在内地和香港两地股市同时上市的公司。

## 自强自大之路

除了水和茶之外，啤酒是世界上消耗量最大的饮料。但根据统计资料来看，近 20 多年，人均啤酒消费量变化很小，一年就在 22 升左右。细究一下，要保持这个 20 来年没怎么变化的 22 升，实在不是一件容易的事，因为人口总数大大地增加了。

1987 年 7 月 11 日，世界人口达到 50 亿，地球已经变得有些挤了。于是，联合国人口基金在 1990 年 6 月做出决定，今后每年的 7 月 11 日就定为"世界人口日"，目的是要使人口问题，在整个国际范围内引起更广泛和更深切的关注。

"人口日"大家年年都过了，政府或团体或个人，对此该关注的也都关注了，该重视的也重视了，但是地球上第 70 亿名人员丹妮卡·卡马乔，依然于 2011 年 10 月 31 日凌晨前 2 分钟，在菲律宾呱呱坠地。

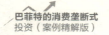
于是专家预测，到 2050 年左右，全世界的人口将达到 90 亿人，甚至 100 亿人。人口增加的主要地区，是非洲、亚洲和拉丁美洲。

过去有支老歌叫《亚非拉人民要解放》，如今不大唱了，不知现在是不是还继续要解放，但亚非拉人民要喝酒是肯定的。1990 年，全世界共卖出啤酒 1 000 亿升左右。到 2011 年，这个数字变成了 1 900 亿升，增加了将近一倍。啤酒消费量增长最快的地区，当然也是亚非拉，比如越南，啤酒消费量的增长率就位列亚洲之首。

20 年来，全世界啤酒销量增加了近一倍，全世界人口增加了 20 亿人，但人均啤酒消费量却没有增加。采用最直接也可能最笨拙的算法，那就是增加了的酒，主要被增加了的人给喝掉了。常听人说"人口红利"，不知"啤酒红利"是否为其中一部分。

现在中国啤酒的产量占世界总产量的 1/4，位列全球之冠。但算起人均喝啤酒的量，排在全世界第一位的却是捷克人，平均每人一年喝掉 163 升。爱尔兰人以 150 升位列第二，第三位是德国人，127 升。中国人均啤酒消耗量只有 40 升，与冠军相去甚远，充其量居中而已。不过，这个差距不丢人，只说明中国啤酒市场未来还有巨大的拓展空间。

啤酒属于习惯性的购买品，因此，喜欢与熟悉就非常重要，品牌的知名度与忠诚度就成了决定性的因素。所以，啤酒市场的现状，可归为两点，一是空间巨大，一是品牌为王。从这两个维度来观察，青岛啤酒走过的是一条三段式的发展路径。

第一阶段：强而不大。青岛啤酒出身正统，根正苗壮，具有独特的技术专利，酒味醇厚纯正，进入市场早，在消费者心中认知度高，多年以前就已是中国啤酒最响亮的品牌。当年百威曾想方设法要持有青岛啤酒的部分股份，应该就是基于此。百威当时的大股东之一是巴菲特，当然也就可以说青岛啤酒是巴菲特所看好的品牌。

品牌虽然好，但当年青岛啤酒的产量却并不大。啤酒有个特点，就是保质期比较短。这就意味着保鲜成本会很高，啤酒厂的覆盖面也就有限，加上早些年中国还不时兴兼并重组，因此，过去青岛啤酒虽然广受欢迎，但却无法广泛供应。也就是说，青岛啤酒的强是有目共睹的，但却还不够大。

第二阶段：大而不强。 啤酒企业必须做大才能更有效地占领市场。通过并购获得现成产能，相比企业自己投资新建的分厂扩大产能，效率要高得多。拥有国内最强品牌的青岛啤酒，在 20 世纪 90 年代后期，准确地说是 1998 年起，开始着手"做大"。

青岛啤酒"做大"的手法，和同行们差不多，不外乎借助资本运作方式，以兼并重组、破产收购、合资建厂等方式，攻城略地。由于动手还算及时，青岛啤酒得以比较顺利地在中国 19 个省、市、自治区投子布局，很快便成为在全国拥有 50 多家生产基地的啤酒"大佬"。

啤酒也是江湖，"大佬"一开始也并不好当。当旗下的"小弟"们多达数十个之后，管理就成了严峻考验。遍地诸侯，各有各的利益，各有各的算盘。兄弟相争反目，自己人对自己人开枪的事情，时有所见。所以，规模虽然大了，预期中的"强"却并没有出现。

第三阶段：又强又大。为了将庞大的队伍，握成一个有力的拳头打出去，青岛啤酒开始对旗下所有的品牌进行重组整合。

曾经，青岛啤酒在东北，有 3 个品牌，五星啤酒，兴凯湖啤酒，还有一个才是青岛啤酒。最后，全统之于青岛啤酒名下。也就是说，在东北与同行们竞争的，都是青岛啤酒的主力。

这种打法，核心是突出青岛啤酒固有的品牌优势，通过合并、增持、注销等方式，理顺队伍。并在这个过程中，以青岛啤酒企业文化为主，对并购企业优质文化进行挖掘、吸收、消化、兼收并蓄，形成企业的核心竞争力。同时，对并购对象也有了新的更为严格的标准，瞄准的是规模大、技术设备

条件好的对象，放弃那些规模小、成本高、附加值低的企业。

一同被整合的，还有渠道。原来的模式是多客户、多品种、多渠道的混合模式，基本是各做各的。现在则需要达到产品铺货率、年销售目标、区域市场占有率等考核标准。做得好的经销商，可以扩大经销范围。竞争使得经销商们卖酒的热情更高，干劲更大。

酒做得好，也卖得好。品牌响亮，渠道畅通。于是，青岛啤酒在大了之后，又逐渐把自己做强，变成了又强又大。

## 下银蛋的鸡

中国啤酒市场的未来是可以看好的，理由有三。

一是啤酒的消费与 GDP 增长正相关。中国的 GDP 近 30 多年来，就没停止过增长。看这形势，接下来的 30 年应该会一直增长下去。硬要说有什么意外的话，也可能只是增长的幅度不同而已。

二是啤酒的消费与城镇化的发展正相关。中国正在不断进行城镇化。看这形势，未来的农村户口，说不定会因为逐渐稀缺而宝贵起来，以至于最后变得如一些发达国家一样，没有本科或以上学历，就当不了农民。

三是啤酒消费与居民可支配收入正相关。中国人民的生活水平不断在提高，社会保障体系也在不断建设。看这形势，老百姓可支配收入的绝对数量也将会不断上升。虽然不可能指望老百姓把多出来的可支配收入都用来喝啤酒，但花在啤酒上的钱肯定会不断增加。

在这个大前提下，青岛啤酒的未来会比较看好，理由只需要一个，那就是品牌。无论是中国还是世界的啤酒市场，都早已进入品牌营销的阶段。

青岛啤酒可以说是中国最早进行品牌营销的企业，也是唯一全国营销的品牌，早已深入人心。在香港一条寻常小巷内，有间名为"通泰行"的私人商店，已经传了几代人了。这家店最大的特点，就是从 1945 年以来，就开始卖青岛啤酒，一直卖到现在。当年的老板早已成爷爷，现在的老板则是爷爷的孙子。当年的零售，已升级为批零兼营。用这家商店老板的话来说，就是青岛啤酒是好的品牌，好品牌就会有好市场，有好市场就有钱赚。

青岛啤酒不但品牌硬，而且品牌的运作套路也形成了自己的特色。青岛啤酒定位于高端，但又不完全拘泥于高端。除去欧美等发达国家外，多数地区的消费者，喝得更多的还是普通啤酒，因为价格便宜。比如中国，虽然是世界最大的啤酒消费国，但酒民们喝下去的啤酒，超过 70% 属于低端啤酒。勤俭是咱们的传家宝，所以喝得多，喝得勤，也喝得便宜。

青岛啤酒自然格外关注这个传家宝，并采用了相应的市场与价格策略。首先在确保高品质的前提下，高举青岛啤酒的品牌大旗，发展多种类型的啤酒。然后在不同的消费区域，采用不同的打法。

高端消费地区的打法是高档高价，因为这一区域的消费特点是重品牌，重品味，对价格不敏感；中端消费地区的打法是适当的价格战。这个区域消费取向相对复杂一些，最大的特点就是既看重品牌，又对价格敏感。因此依托品牌和质量优势，与对手们打价格战；低端消费地区的打法是价格跟随战。这里最看重的是价格。青岛啤酒是大品牌，架子还是要端一些的，不能太掉价。跟着别人价格卖就可以，同样的价格，能喝到青岛啤酒，当然是很多酒民们乐意见到的，也是件很划算的事。

于是，青岛啤酒就不但依然保持"贵族酒"的身段，也同时具有"平民"的身份。很有钱的、一般有钱的和不大有钱的，都喜欢喝也都能喝得起。这样一来，青岛啤酒就能在各个不同层次的消费区域，利用品牌影响力，推出不同类型的产品，以不断巩固和扩大市场份额。这个份额不仅指的

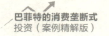
是国内，而且也同样指向海外。

作为最早实现市场、品牌、资本运作国际化的青岛啤酒，产品销往全世界超过 70 个国家和地区，是中国啤酒出口的老大。据说也是进入欧洲如家乐福、欧尚等主流大卖场的唯一亚洲啤酒品牌。所以，中国第二届酒类品牌价值评议中，青岛啤酒的品牌价值被认为值 278.74 亿元人民币，为中国同行业之首。

啤酒属于薄利行业，但青岛啤酒的赚钱能力还是很强的。从 2004 年到 2015 年，青岛啤酒的净利润依次为 2.80、3.00、4.30、5.60、7.00、12.50、15.20、17.40、17.58、19.73、19.90、17.13 亿元。经营现金流量净额依次为 12.90、11.80、11.02、10.90、15.00、33.60、32.80、18.70、31.03、34.01、16.90、25.70 亿元。净资产收益率依次为 7.22、7.80、6.15、8.33、10.41、11.85、16.12、15.26、14.39、14.91、14.87、13.53、10.76%。

这几组数字告诉人们，人们会继续喝啤酒，这个市场肯定会长期存在，也肯定会有增长空间。青岛啤酒的优良品质，决定了其持续增长的品质。青岛啤酒的品牌，保证了其长期的竞争优势。所以不夸张地说，青岛啤酒就会如同一只会下银蛋的鸡，值得你去养。

## 万宝路：最受欢迎的虚构牛仔

中国的烟民，包括相当一部分非烟民，最熟悉的外国香烟，可能就是万宝路了。

万宝路远不是最早进入中国的外国香烟，比其早的国外香烟多得很。但万宝路却凭借鲜明的个性特色与品牌号召力，后来居上。时至今日，已成为最有名的进口香烟品牌。在大部分香烟柜台里，都会在显眼处摆着万宝路。

万宝路不但是在中国最有名的外国香烟，而且也是世界近 200 个国家和地区最有名的外国香烟，同样，在他们公司所在地美国，也是最有名的。总而言之，是全世界最畅销的香烟。

早些年，在万宝路刚刚进入中国时，人们通过媒体了解到，这是全球最大的烟草生产企业菲利浦·莫里斯公司的产品。虽然是全球最大，出身却也属草根。1854 年，菲利浦·莫里斯的前身仅仅是英国一家不知名的小企业，数十年后，也就是在 1908 年，为了进一步扩展业务，把业务做到了美国，以万宝路（Marlboro）进行注册登记并从此留在那儿。1919 年公司命名为菲利普·莫里斯，当然产品仍然叫"万宝路"。

菲利浦·莫里斯是一家有很多故事的公司。即使是"万宝路"这 3 个字的来历，也有多种不同的传说。

我个人比较喜欢的版本，是说 100 多年前的英国伦敦，有个穷小子爱上富二代小姐。虽然当时英国的丈母娘未必一定要男孩有房有车，但门当户对的诉求，也还在能理解的范畴之内。结果女孩在家里压力下，将要和别的男人结婚。分手之时，穷小子提个要求，他要抽支烟，请女孩陪他抽完这支烟。女孩点头应允。

于是，穷小子就一边抽烟，一边深情地述说与女孩相爱的重要节点。最后烟抽完了，白富美女孩也流了不少泪，但最终还是走了，做了别人的新娘。

穷小子则选择创业，办了烟厂。香烟的名称就叫"Marlboro"，是"Man Always Remembers Love Because Of Romance Only"这句话的缩写。据懂英语的朋友告诉我，这句话的大意是"男人铭记女人的浪漫之爱"。确实够浪漫的！

穷小子的名字就是菲利浦·莫里斯，他失恋后创办的小企业，在若干年

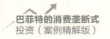

后，成了世界一流的大公司。

喜欢这个小故事的理由，不仅是因为浪漫，也因为菲利浦·莫里斯公司的成功，还真和这个小故事有些微妙的渊源。

## 华丽转身：变性

在菲利浦·莫里斯公司历史上，一个最为重大的事件，是"变性"。

从屌丝逆袭成功的励志角度来看，菲利浦·莫里斯先生也是一个好榜样。不知他后来是否与他深爱的女孩相见过，但至少，那女孩应该一直在他心里占有一席之地。证据是在他掌管公司的岁月中，万宝路香烟就是不打折扣的女士烟。

客观地说，万宝路作为女士烟，生意也是不错的。当时万宝路的广告语是"像五月的天气一样温和"，香烟盒上的图案也都是女士，比较经典的是一支燃着的香烟上升的烟圈中，有一位美女手挟烟卷，美目盼兮，仪态万千。

生意虽说不错，但到20世纪50年代，公司的业务已多年徘徊不前。看着同行们争先恐后地不断进步，菲利浦·莫里斯公司着急了。于是在1954年，他们找到了一位很有名的营销专家李奥·贝纳，交给他一项任务，想尽一切办法，让更多的女士抽更多的万宝路！

在与李奥的协议签订后，公司便盼着李奥的锦囊妙计。不料李师傅拿出的方案中，居然没有女士的身影。简言之，李奥提出，将万宝路由女士烟改为男士烟！

在满座高管瞠目结舌之时，李奥谈了他的看法：以主打产品作为女士烟，前途并不大。女人们最舍得花钱的领域是服饰与护肤化妆，而不是香烟。更何况越来越多的证据表明，抽烟容易使牙齿发黄，使皮肤发暗变粗，将美丽视为生命的女人们，抽烟将会越来越少。

一番高论，使一众高管由开始的不满，到逐步认识到，要想再让女人抽更多的烟或让更多的女人抽烟，都是逆历史而动。倘若顺应历史潮流，把女士烟"变性"为男士烟，说不定真能杀出一条血路！

李奥的方案获得通过。于是万宝路开始进行 180 度大转身。香烟盒上的淑女，被毛发浓密的大老爷们所替代。

首先要改变的，是香烟的口感。男人偏重口味，抽的烟当然不能再是温和的五月天，而要如酷暑一般热烈，严冬一般冷峻。因此新的万宝路大大增加了烟味的刺激度、香味的浓烈度。

同时，为了与香烟新增的刺激度与浓烈度相匹配，万宝路决定将象征男性力量的红色，作为香烟盒的基调色彩。火一般的红，显示着粗犷的男性魅力，一下就能把人们的吸引力拉过来。如果说香烟也有气场的话，这就是。

在包装上，万宝路首创了平开盒盖技术，不但使拿烟更为方便，也更为抽烟增添了几分潇洒。

万宝路的广告内容也面貌一新。公司迅速将娘子军撤下，将浑身充满野性力量的西部牛仔顶上去。

总之，新的万宝路，从里到外，进行了一番脱胎换骨的改造。曾经的娇娘，如今的硬汉！

万宝路散发着强烈男子汉气概的新造型，很快受到无数欣赏与喜爱这种新感觉的人们的认同与接受，取得几乎可以说是立竿见影的效果。

万宝路改为男士烟的第二年，便从市场的数十名之后，一跃而位列前十名。其后，万宝路牛仔更是勇往直前，在香烟市场上纵横驰骋。铁蹄所到之处，红尘滚滚，所向无敌。1975 年，它成为美国烟草行业的一哥。

万宝路在国内市场大获成功的同时，开始了全球性的角逐。最初主要

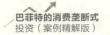
是通过许可协议方式拓展海外市场。在实力大幅提升后，动作幅度也不断加大，在国际香烟市场展开一系列的收购与兼并，建立起全球香烟的生产和销售网络，不断扩大市场份额。而且触角也谨慎地伸到了别的很赚钱的领域，比如著名的卡夫食品公司，就被公司合并进来了。到1987年，万宝路公司规模超过英美烟草公司，成为全球最大的烟草生产商。万宝路也成为国际上知名度最高和最具魅力的香烟。

万宝路的这次"变性"，被誉为"世界上迄今为止最为成功和伟大的营销策划"，使万宝路得以在全世界200多个国家和地区畅销。据统计，全球平均每分钟消费的万宝路香烟，超过100万支。今天，万宝路香烟已成为仅次于可口可乐的全世界第二大消费品牌。

## 金蝉脱壳：改名

2003年1月，菲利浦·莫里斯公司正式更名为奥驰亚集团，也称阿尔特里亚集团（MO）。

公司改名的原因与理由有很多，但归根结底，就是为了应对日益呈上升趋势的香烟诉讼案，解决由控烟运动带来的一系列头疼的问题。

事情可以从1997年的俄勒冈州说起。当时这里有一位学校看门人杰西·威廉斯因患肺癌去世，享年67岁。杰西是位老资格烟民，抽了40年的烟，而且烟瘾极大，一天要抽3包烟。需要说明的是，杰西生前只抽一个牌子的香烟——万宝路。因此，悲伤的家属在律师的循循诱导下，认为是万宝路夺走了杰西的生命，于是决定状告万宝路香烟的生产者菲利浦·莫里斯公司。

律师们指控的理由是，杰西生前多次戒烟不成功，就是因为相信菲利浦·莫里斯这样的大公司，生产出的产品不会对身体有害。接着，律师们抛出了多项公司内部文件，证明菲利浦·莫里斯公司不但知道其产品对人体有危害，而且还有意隐瞒这一点，因此要对杰西的死去承担责任。

菲利浦·莫里斯公司请来的律师辩护时称，医生与家人曾多次向杰西提出，抽烟会损害他的健康，他本人也多次戒烟，说明他很明白吸烟对他身体有害，因此烟草公司不应对杰西的死担责。

但是最终陪审团一致裁定双方都有责任，菲利浦·莫里斯公司需要支付8 110万美元，当然不是全部给杰西的家属，其中六成左右的款项划入当地的一个慈善性基金。有必要提一下的是，组成陪审团的6位女士与6位绅士中，还有3位烟民。

菲利浦·莫里斯公司的股价因此而下跌。可能是受这桩官司的启发，接下来公司又在佛罗里达和新泽西输了两场官司。最大的打击来自2002年洛杉矶高等法院的判决，陪审团以11：1的压倒性多数，判定菲利浦·莫里斯公司需要向一名长期吸烟而患上肺癌的妇女，支付高达280亿美元的巨额赔款！这一数额在创下历史之最的同时，也令菲利浦·莫里斯公司痛感，必须从根本上彻底扭转这种在诉讼中越来越被动的局面。

于是，在全球性的反吸烟浪潮不断高涨之时，菲利浦·莫里斯公司改名为"奥驰亚集团"。这改变的不仅是企业的名称，还有企业的内容。新的奥驰亚集团定位为一家包装消费品企业。集团下有菲利浦·莫里斯美国公司、菲利浦·莫里斯国际公司、卡夫食品公司以及菲利浦·莫里斯资本公司。这种含义多少有些模糊的定位，非常有效地淡化了过去烟草公司的形象。事实上，公司的业务也被分为烟草、食品和金融服务3大块。

然而，在这种看似多元的经营结构中，烟草业务仍然是奥驰亚集团的主要支柱。如同毒品、赌博等所有能让人上瘾的行为一样，吸烟自然也是禁不住的。从全世界烟草市场来看，仍保持1%～3%的增长，这主要是

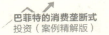

因为新兴市场的不断扩大。自 2004 年以来，占集团总资产 27% 左右的烟草业务，却为集团贡献了近 70% 的营业利润，就充分说明在新增的市场份额中，由于万宝路香烟的品牌力度以及营销的渠道和经验，有效地占领了新兴市场。

2008 年 3 月 28 日，奥驰亚剥离了菲利浦·莫里斯国际公司，从而更好地摆脱了美国国内控烟政策的束缚，规避美国相关法律管制，将可能出现的诉讼风险降至最低，能够在美国以外的市场更好地开展烟草销售业务。

这一改名，给奥驰亚带来多项实惠，包括在证券市场上也表现日益抢眼。到 2016 年 4 月 4 日，奥驰亚集团的总市值已达到 2794.90 亿美元，一个真正的大块头！

## 展望未来：看好

说起来，从失恋的穷小子创业，到菲利浦·莫里斯公司，再到奥驰亚集团，150 多年的风雨历程也真是不容易。在这一个半世纪中，唯其万宝路的旗帜从来不曾变更过。

2006 年，美国出版了《最具影响力的 101 个虚拟形象》一书，根据对西方历史影响力进行排名。排在第一位的，就是万宝路的牛仔！理由是从 20 世纪 50 年代起，这个形象便深入人心，极大地激发起不同地区和不同种族人们的想象力，大大提升了品牌影响力。

曾有人做过试验。就是请来 100 位万宝路的忠实烟民，他们都声称喜欢万宝路就是因为其烟味口感好，不想再抽别的香烟。组织者把一些没有任何标识的香烟，请这些万宝路的"粉丝"们抽。抽完之后，有 79 人表态说，这种烟不如万宝路，不会买这种烟抽。而事实上，这些烟都是货真价实的万宝路。

这个试验说明，万宝路受到欢迎，并不是各类品牌香烟之间那种口感的细微差别，而更在于品牌香烟带来的优越感与满足感。简单说，就是品牌号召力带来的才是真正的忠诚度。

事实也是如此。长期以来，万宝路能在市场上获得高额收益的一个主要原因，就是有着巨大的无形资产和极高的商誉。据有关机构测算，万宝路香烟的品牌价值已超过 500 亿美元。万宝路为全球烟民所深爱，有着数量惊人的忠实消费者，因而在市场上具有超过同行的定价权。当然，另一方面，由于烟草企业生产和制造产品的原料、辅料、工艺、技术、设备基本相同，技术含量低，因而成本得到较好的控制，从而给投资者带来丰厚的回报。

有专业人士曾作过统计与计算，认为奥驰亚集团及旗下公司，是股票市场上最佳的投资对象，从 1925 年菲利浦·莫里斯公司在纽约证交所上市开始，一直到改名为奥驰亚集团的 2003 年，公司股票的复合年收益率高达 17%。如果有人在 1925 年以 1 000 美元投资公司股票，通过股利继续不断买入公司股票，那么在 2003 年年底，当初的 1 000 美元已变成 2.5 亿美元，回报超过 20 万倍！

在近 30 年美国最伟大的几个企业的平均利润增长率中，菲利普·莫里斯公司也是位列第一，达 14.75%！高于默克公司的 13.15%、辉瑞公司的 12.16%、可口可乐公司的 11.22%、宝洁公司的 9.82%，也高于标准普尔 500 指数表现最佳的 20 家原始企业平均增长率的 9.7%。

凭借着品牌的全球影响力，拥有万宝路的奥驰亚集团的未来，依然可以被看好。也许，在美国，万宝路香烟的销售已进入一个相对稳定期，但在全世界的新兴市场上，万宝路的业绩，仍以其无可替代的品牌力量，能够取得不断地增长。

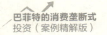

# 喜力啤酒：最纯啤酒的标杆

很多股市上的朋友都知道，人类历史上第一个证券交易所是在荷兰的阿姆斯特丹。自然，世界上第一张上市公司的股票，即荷兰东印度公司的股票，也就于1602年出现在荷兰。所以，现在全世界范围内所有的证券交易所，不管影响有多大，实力有多强，充其量只能算是阿姆斯特丹交易所的师弟。

说起来，荷兰国土面积并不大，41 526平方公里。在中国，有27个省区的面积超过荷兰。但是荷兰在世界历史中，主要是在近代史上，却具有非常重要的作用和意义。除了商业开发及股市股票之外，它还有很多东西都是全世界闻名的。比如，大家熟知的风车、郁金香、奶牛、足球、菲利浦电器等，都是荷兰的国际名片。

今天要说的是荷兰的另一个世界一流的东西——喜力啤酒。相信即使在中国，也肯定有很多人，特别是爱喝啤酒的朋友，一定对喜力啤酒不会陌生。因为在大型卖场的啤酒柜台中，价格最高的啤酒，一般就是喜力。

喜力啤酒是1863年，也有人说是1864年在荷兰的阿姆斯特丹开张的，距今已有150多年的历史了。一开始的厂名有点土，叫"草堆"，后来才改名为"喜力"，也有翻译为"海尼根"的，是阿姆斯特丹证券交易所的老资格上市企业。

自问世以来，喜力啤酒就以色浅、质优、味纯、气足等几个特点，受到市场的欢迎。目前，喜力啤酒已在全球170多个国家和地区销售。就规模而言，喜力啤酒在国际上位列第四，但作为啤酒出口商，却是世界上最大的。

## 百年的风味

曾看过一段这样的介绍文字："喜力是一种主要以蛇麻子为原料酿制而成的啤酒，口感平顺甘醇，不含苦涩味道却刺激。"一开始，我以为蛇麻子是一种很特别甚至只生长在荷兰的怪异珍稀植物，后来才明白这不过是故弄玄虚——蛇麻子者，啤酒花也。现在天下的啤酒，鲜有不加蛇麻子也就是啤酒花的，实在是种很稀松平常的玩意。记得我们的 A 股市场上，好像有个股票的名称就叫"啤酒花"。

支撑起喜力啤酒百年品牌的，当然是一流的口感与过硬的质量。但在此之中，啤酒花并不是最重要的角色。

通常而言，酿造啤酒最重要也是最基本的，有 4 个元素，即水、麦芽、酵母、啤酒花。

酿酒的水不用多说，差不多地球人都知道，越是没有污染的水，酿的啤酒肯定越好。去过荷兰的人都知道，那绝对是个低污染的国家。在低污染的国家再寻找优质的水，就比较好办。喜力啤酒好喝，与水是密切相关的。

麦芽则就讲究多了。因为麦芽是酿造啤酒的主要原料，其成分和质量，直接影响啤酒的风味和质量，所以业界称麦芽为"啤酒的骨架"。喜力的"骨架"很硬朗，用的是经过严格质量控制的麦芽。用来酿造喜力啤酒的麦芽，需达到多项近乎苛刻的要求，以确保酒的高品质。

不过喜力真正的"杀手锏"是酵母。所谓"酵母"，就是用以进行啤酒发酵的微生物。酵母的种类和质量不同，酿造出来的啤酒的口味与质量也会不同了。早在 120 多年前，喜力就通过实验获得了"喜力 A 级酵母"。A 级酵母果然不同凡响，成就了喜力啤酒那种清纯甘爽的口感。所以，直到今天，A 级酵母仍然是喜力啤酒的关键原料。这和茅台酒有点类似，都拥有别的同行所没有的微生物。只不过茅台酒的是天赐的，喜力的则需要从实验室

里批量生产。

酵母之后，才轮到啤酒花。啤酒花的主要作用，是使啤酒具有一种令人愉快的淡淡苦味和香味。所以，喜力对啤酒花的使用也是非常讲究的，但这并不是决定性的因素。

决定性的因素，是水、麦芽、酵母、啤酒花的相加；是酿造工艺、灌装流程每一个环节的高标准严要求。这些加在一起，才造就了喜力啤酒的绝佳风味。也难怪喜力宣称，这100多年来，它的原始配方从未改变过。

## 张扬的个性

在啤酒市场上，喜力应该算是一位傲视天下的独行客。看看他们早年的一段广告就能明白，广告上傲气十足地说喜力是"只为少数人酿造的啤酒"。

搞不清喜力这么说的时候，基尼指数是否已经发明出来。但至少喜力有一点是很明白的，那就是真理可能有时掌握在少数人手中，但社会上的大部分财富却肯定长久地集中在少数人家中。高档啤酒只供少数富人喝，好像也不算大错，关键在于为少数人服务，可以这么去做——国际上那些著名的奢侈消费品就是这么干的——但似乎不宜这么大声说。这么脱离群众的口号，还真不多见，也太伤多数人的自尊了。

于是，过了一段时间，喜力的口号变了，不再提"少数人"，而是改为"世界上最纯的啤酒"。何为"最纯"？好像并没有法律规定。喜力啤酒的确是公认的好喝，当强调自己为"最纯"时，其实就已于无形中制定了最纯啤酒的标准。有道是"一流企业卖标准"。

于是，从"只为少数人酿造的啤酒"到"世界上最纯的啤酒"，改变的就不是一个口号，而是占领了战略上的制高点。

到目前为止，世界上还没有出现超过喜力的"最最纯"的啤酒，行业内事实上也默认了只用水、麦芽、酵母、啤酒花 4 种原料酿造的酒，才能称得上一个"纯"字。如果掺杂了大米、玉米之类的，就会被认为是降低了成本的同时，也降低了纯度，因为没有达到喜力"纯"的标准。

喜力这种特立独行的个性，其实就是一种相当成功的品牌营销。这种品牌营销的指向是年轻化、时尚化、国际化。因此，喜力在依然保持欧洲领先的市场地位的同时，并在包括亚太地区等新兴市场中，取得了相当不错的业绩。这些地区近些年来经济明显增长，年轻人越来越成为啤酒市场消费的主力。而且，随着消费水平的提高，消费者的消费方式，也由只注重本土产品，而逐渐转化为品牌消费。

比如中国东部沿海一些经济比较发达的地区，因大量的外资企业及外方雇员以及由此带来的大量的商务活动，加上私人聚会、情感沟通等活动，就在西餐厅、酒吧 KTV 等消费场所内，形成一个庞大的消费群体。

喜力啤酒的市场定位，与这些消费方式的变化和细分市场的出现非常吻合。喜力啤酒高品质、年轻化、时尚化、国际化的特点，具有活力的鲜明个性，成为这些高档消费场所最受欢迎的饮品。朋友们坐下来，点一打或半打喜力，已是很多人的一种"习惯性动作"。这些消费者有对高档啤酒的需求，也有足以支付高档啤酒的钞票。

## 酒瓶子也是生产力

既然具有高档消费者所希望拥有的独特之处，喜力自然会不遗余力地强化这种特点与个性。从早年赞助《骇客帝国》等影片，到后来铺天盖地的《007大破天幕杀机》的电影广告；从协助承办各类音乐节，到赞助一些具有全球影响力的体育赛事，喜力啤酒的品牌号召力不断提升。

即使是在酒瓶设计这个看似各家酒厂都一样的"规定动作"中，喜力也不轻易放过。除了传统的大瓶和易拉罐之外，喜力特别重视推小瓶啤酒。现在在消费夜场内，用酒杯喝啤酒已经"OUT"了，人手一个小瓶对着嘴喝，才是时尚。喜力小啤酒瓶形状独特，质感均匀，晶莹剔透，比大部分啤酒瓶要长得靓，小巧玲珑，苗条清新，具有很高的识别度，能满足喝酒者潜意识中渴望被认同甚至被羡慕的心理。小瓶容量不及大瓶一半，但价格却超过一半。这就意味着喝同样多的酒，却要多付钱。当然这种多付，是消费者们心甘情愿的。

值得一提的还有喜力的桶装啤酒。这种啤酒桶内附有一个名为"二氧化碳压缩"的系统。当啤酒桶打开时，这个系统会同时开启，放出二氧化碳。二氧化碳虽然不受人类欢迎，但在这里却大有用武之地：能够瞬间与酒液混合产生泡沫，同时气体冲出的力道，又能趁势把啤酒压出酒桶。

更妙的是，如果一桶酒并不打算一次喝完的话，只需关上阀门，二氧化碳立即停止与酒液的混合，泡沫不再出现，桶内的酒也因为没有压力外推而安静地待着。而且，啤酒桶开封之后，能在冰箱里保存一个月。

几年前，喜力又有新的酒瓶问世。这种酒瓶告别了传统的圆柱状，居然是方形的。而且酒瓶盖安置在瓶子右上方塌下去的一角。坦率地说，我还不知道相对于圆柱酒瓶，四方酒瓶到底有哪些优势，但至少有一点可以肯定，就是它在努力突破传统，以尽量满足年轻消费者们求新、求变、求时尚的心理需求与物质需求。

由此，或可推论，对于啤酒来说，酒要酿得好是本分，但如果酒瓶子也做得好，做出差异化来，则能让酒卖得更好。从这个意义上讲，酒瓶子也是生产力！

## 战略眼光与布局

看到不少文章说，啤酒市场的硬道理，硬优势，就是规模化效益。但到底是不是这样，我一个外行不敢妄下结论。不过，从喜力啤酒的作为来看，似乎并不这么简单。

就在世界上啤酒巨头们到处兼并，为规模化忙得不亦乐乎之时，喜力走的是一条具有浓厚个性色彩的道路。喜力并没有完全免俗，也在四处兼并。特别是近十余年来，喜力公司完成了 40 余项兼并交易。

但是喜力的兼并收购，既不同于帝亚吉欧，也不同于百威英博。也就是说，他们既不是对所有收购来的品牌进行统一运作，也不是凭借自己的管理与技术力量，把兼并来的品牌做大做强。喜力的做法有点另类，就是收购所有的品牌，目标只有一个：为做强喜力啤酒服务。

也就是说，喜力的兼并，首要的目标是为喜力啤酒不断开拓销售渠道。这种开拓有 3 种方式。第一种方式是如果收购的是本地强势品牌，那么就在维持这种强势地位的同时，再利用其渠道展开喜力啤酒的销售。第二种方式是如果兼并的对象在本地并不具备竞争优势，那就借助兼并对象已有的渠道，进行加强与扩充，当然主要卖的是喜力啤酒。第三种方式是直接将兼并对象关门，由喜力全盘接管。喜力就是凭借这种方法，成功地打入数十个新兴经济体的啤酒市场。

由此可以看出，喜力采用的是"做强自己，兼顾做大"的发展战略。这种从被兼并企业角度来看多少有些自私的做法，带来的结果是，被兼并的品牌整体业绩有所下降，但喜力的业绩却稳步上升。

也许世界上并没有一种啤酒市场竞争制胜的标准战略。规模化固然重要，但细想一下，规模化的本质，不外乎是抢地盘。其实抢了地盘之后，还都将面临是不是能守得住地盘的考验。

　　表面上看起来，喜力在扩充地盘方面落后了。曾经，喜力是世界第二大的啤酒厂商，但现在却排在第四位。然而，他们在巩固地盘方面，却没有落后，喜力的品牌市场号召力，一直保持着良好的上升势态。这一点可以从他们近年的净利润读数中看出。2007年，喜力的净利润是8亿欧元。2008年因为收购海外资产大幅减低和融资成本，净利润为2亿欧元多一点。2009年，净利润一下达到10亿多欧元。2010年与2011年的净利洹都维持在14亿欧元以上。到2015年，喜力全年的净利润已高达19亿欧元。

　　从常理看，全世界最后只有一个啤酒厂是不可能的，也就是说兼并不可能永远持续。以中国啤酒市场举例，经过一段时间兼并洗牌之后，大巨头们各霸一方，大的格局也就差不多基本定型。接下来比拼的，就应该是如何巩固己方市场和如何渗透对方市场。想来全世界的啤酒市场或战略，也大抵是这个模式。

　　所以，啤酒市场由现在的抢地盘为主，或许不久之后就要过渡到抢地盘与巩固地盘并重，最终以巩固地盘为主。

　　由此观之，喜力啤酒现在所采用的做法，就应该是一种极富战略远见的谋篇布局。攻克山头是手段，把拿下的山头打造成嫡系部队掌控的根据地，才是正题。现在看起来，似乎抢占市场份额的速度不够快，但最后的赢家，说不定就是喜力呢！

## 红塔集团：玉溪烟草甲天下

　　有资料说，云南是中国烟草生产的第一大省。

现在全世界香烟的销售总量中，中国就占了 1/3。云南在中国香烟销售总量中，占 1/5，烟叶产量则占 1/4，同时也占中国烟草总税利的 1/4。一连串的"之一"，说明了云南烟草在中国烟草业甚至世界烟草业的重要地位。

市场上几乎所有的香烟柜台中，都能看到云南香烟的身影。人们比较熟悉的包括"玉溪""红塔山""阿诗玛""红梅""国宾""恭贺新禧""美登"等，都是颇受市场欢迎的香烟品牌。而且上述的几个牌子的香烟，从理论上来说属于"同事"，因为都来自同一个集团——红塔集团。

红塔集团在烟草行业中，具有举足轻重的地位。在由中国企业联合会、中国企业家协会联合发布的 2015 中国企业 500 强榜单中，红塔集团以 1 022 亿元的营业收入，位列 500 强的第 140 位，在烟草行业上榜企业中排第二位，并且在云南所有上榜企业中，位列第一。

红塔集团的前身，是一家不起眼的烟叶复烤小厂，1959 年扩建，并改名为"玉溪卷烟厂"，从此正式登上中国烟草行业的大舞台。1995 年，工厂改制，用玉溪红塔有限责任公司替代玉溪卷烟厂，再后来就是现在的红塔集团。

## 不得不提的褚时健

要说红塔集团，就没有办法不提一个具有争议性的人物——褚时健。

一开始，褚时健的身份是干部，编制在政府而不在烟厂。从公务员这个角度来看，褚时健的资格很老，1957 年就是玉溪专署反右工作组小组长。不知这个小组长相当于现在的哪一级，但想来应该是挺受信任，也挺风光的。不过两年之后，褚时健自己也成了右派，原因是反右不力。22 年之后，也就是 1979 年，不再是右派的褚时健，被任命担任玉溪卷烟厂的厂长，开

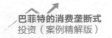

始了他逐步成为中国烟草行业大哥大的生涯。

褚时健初当厂长之时，眼睛开始盯牢烟叶的种植。也就是说，他要把生产的触角，伸向上游，以取得全面的主动权。现在比较流行的控制全产业链的做派，褚时健几十年前就开始玩了。

云南玉溪一带，非常适合种植烟草，因而种烟历史悠久，且规模一直稳居全国前三甲，是著名的"老烟区、大烟区、名烟区"。业内早就有"天下烟叶在云南，云南烟叶在玉溪"之说。

褚时健把生产向上游伸展的第一步，是把玉溪当地的通海县，作为种植优质烟草的试验田。所谓试验田，其实重点是控制。这个试验还有个一直流传至今的说法，"烟田是第一车间"。

把烟田作为车间的路径不算复杂，主要是通过提供优质化肥，推广新的栽培技术，给予适当的资金支持，修建山区公路和烟农们盼望的水浇地工程，当然还有合理价格进行收购与奖励等举措，帮助和要求烟农们从选种、育苗、移栽、施肥、收获到烘烤焙制，全部严格按照科学规范的程序操作。简言之，烟农们差不多等于是"第一车间"的员工了。

"第一车间"的顺利运行，意味着褚时健完全控制了优质原料源，有本钱有底气来生产一流的香烟了。"红塔山"等一批名牌香烟就是在这一时期隆重推出，迅速成长为全国品牌，直到今天仍深受烟民所青睐的。

在打造品牌的同时，褚时健继续发力，建立起新的产供销体系，冲破烟草经营分立的束缚，成为中国烟草业的新力量。而且还最早获得市场化的"特权"：可以将计划外的产品，以浮动价格进行销售。

通过控制原料，打造品牌，自行定价，原先不怎么起眼的玉溪卷烟厂，在华夏的西南角开始崛起，迅速成为云南经济的支柱企业，成为中国烟草业一个重要的组成部分。

于是，一个烟草"帝国"就这样诞生了！

然而世事难料。1995 年，褚时健受到惨重一击，他的爱女自杀身亡。几年之后，也就是 1999 年，头顶着"将不起眼的地方小厂打造成贡献利税近千亿元的亚洲第一烟草企业"的巨大光环的褚时健，再次遭受重击，被法院判处无期徒刑，从坐了多年的"宝座"上跌落下来。转瞬间，便由"烟王"沦为阶下囚。

有件事与香烟无关，但很值得一提。那就是 2002 年，保外就医的褚时健，以 74 岁之高龄，怀重整山河之壮志，承包 2000 亩荒山种橙子。历经数年风雨，褚时健的橙子，成为国内最为畅销的橙子，被誉为"褚橙"。尽管这已是另一个励志故事，但却实在令人慨叹。

当然，把红塔集团成长壮大的功劳，都记在褚时健一人头上，可能有失客观公允。事实上，做了贡献和值得表扬的还有许多人，比如上级领导，比如广大干部群众，比如烟农等，甚至还包括成千上万的烟民。但是，说起这段历史，要绕开褚时健又似乎不大可能。毕竟，他已是这段历史的一个标志性的符号或象征。

不管怎样，红塔集团做强了，也做大了。从一个小卷烟厂，成长为现代跨国烟草大公司，应该是不争的事实。

# 香型与优势

香烟是能成瘾的快速反复性消费产品。香烟都是用火点燃后吸其香味，现在基本上没有直接将烟叶放进嘴里咀嚼的，所有香烟的结构与使用方式都差不多。因此，香烟的竞争，本质还是品牌的竞争。

既为香烟，讲究的便是一个"香"字。和白酒一样，不同品牌的香烟，具有不同的香型。

　　在说香型之前，不妨先了解一下我们是什么时候开始吸烟的。

　　都说中国是一个白酒的国度，其实也是一个香烟的国度。所谓"白酒的国度"，是因为白酒是国粹之一。所谓"香烟的国度"，是因为抽烟的人数多，在全球不是第一就是第二。

　　虽然抽烟人数多，但香烟却不是中国的发明。这没有什么不好意思的，因为香烟对身体有害，争一项对人体有害产品的发明权，有点无聊。不过，最初香烟由南洋传入中国时，却是因为对健康有利。有文献记载，烟草是16世纪末到17世纪初，最早由菲律宾传入中国。据中国最早记录引种烟草的著作《露书》说："吕宋国出一草曰淡巴菰，一名醺，以火烧一头，以一头向口，烟气从管中入喉，能令人醉，且可辟瘴气。"

　　这里所说的"辟瘴气"，是香烟得以普及的最初始的动因。而推广的功劳则应归之于军队。过去对军队来说，凡前往云南执行任务，都是一件极苦的差事。因为云南雨林中有瘴气，而瘴气会使人生病甚至送命。

　　但这一现象在明末出现了改变。据说当时朝廷派往云南执行任务的一支军队，因为深入瘴气之地，几乎所有人都因此而生病，令指挥官头痛。唯有一个营例外，皆因全营官兵吸烟而得以幸免。很快，这支军队变成一支"烟军"，并且开始大面积向民间延伸，成为今日浩荡烟海之源。

　　未料及因"瘴气"出名的云南，却又成了"辟瘴气"烟草的最大产地，想来也是造化的安排吧。

　　其实，香烟传入中国，并不仅止于吕宋进福建，还有越南进广东，朝鲜进辽东等。总之中国人的吸烟，都是被邻居们给带的。

　　可能是因为香烟多地传入的缘故，所以香烟也就具有各自的个性，香型也就有了多种，而且每种香型还都具有各自的代表性产品。

　　国人吸的烟，八成以上为烤烟，主要可分为4大香型。

　　第一种是浓香型，代表品牌是中华香烟。香味丰浓芬芳，厚而留长。

第二种是清香型，代表品牌是玉溪与红塔山香烟。香味清新飘逸，远扬而留暂。

第三种是中间香型，代表品牌为芙蓉王香烟。香味介乎清香和浓香之间，醇和津甜，层次丰富。

第四种是雅香型，代表品牌为黄鹤楼香烟。香味优雅细腻，令人愉悦舒适。

很难说哪种香型更好。不过，清香型的烟味"远扬而留暂"，我的理解是香味可传得很远，而停留的时间又很短。也就是说，既让人享受香味，又可缓解二手烟的危害。

也许事实并不是这样。不过，红塔集团的产品创新、技术创新，确实围绕的是两大主题：一是更好地吸食口感与品味，二是不断降低烟气中有害物质，提高安全性与环保性。从烟民的角度来看，烟的口感香气品味，当然是第一选择。若在此基础上，对有害物质能进行有效控制，就有利于烟民们更为理直气壮地吸烟，最终的结果是令香烟卖得更多更快。

红塔集团的优势由此而得到充分体现。凡是好香烟，绝对离不开好烟叶，否则一切都无从谈起。

烟叶如此重要，所以香烟行业有两个特殊的岗位——烟叶接收员与挑选监督员。烟叶接收员自然是各个烟厂的员工，依照各厂的烟叶原料接收标准，按质按等级进行接收。而挑选监督员，则是由有关部门与烟草加工单位按协议选派专业人员，对烟叶接收工作进行全方位的监督。这两个岗位的设立，说明了烟叶的重要。然而烟叶的质量，基本上是在地里就形成的。不论烟叶接收员与挑选监督员如何敬岗敬业，都无法对这个基本环节直接发生作用。

红塔集团因此有了先发优势。云南不但是全国最大的烟叶种植省，而且也应该是全国甚至全世界最好的烟叶产地之一。而红塔集团的根据地玉溪，又凭着特有的高原红壤、充足的日照、温和的气候和充沛的雨量，为烟叶的

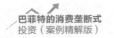
生长，提供了最适宜的自然条件。

玉溪地处北纬 23°19′~ 24°58′，年均气温 15.6℃ ~ 23.8℃，大部分地区海拔 1 500~1 800 米，这三样东西，别的地方是很难复制的。只有一处除外，即世界著名优质烟叶产地津巴布韦，地处南纬 15°33′~ 22°24′，与玉溪的纬度相差无几，只是一北一南，遥相对望而已。

津巴布韦的烟叶出名，玉溪的烟叶自然没有理由不出名。在烟草行业流行两句话。第一句是"生态决定特色"。玉溪是顶级烤烟的种植区，这里的自然生态，培育出烟叶中的上品。而这个上品烟叶，又具有天然典型的清香型风格。所以，红塔集团就成了清香型队伍的领军者和代表。第二句是"决定未来市场竞争中胜出的，是看谁掌握了最优秀的原料品种"。玉溪数十万亩烟叶良田，为红塔集团所掌控。仅此一点，就证明红塔集团的竞争优势难以撼动。

凭借着这些优势，红塔集团早在 20 世纪 90 年代初就荣获"国优金奖"。"红塔山"也被国家工商总局认定为"中国驰名商标"，连续 7 年蝉联"中国最有价值品牌"称号。中国烟草行业 36 个名优品牌中，红塔集团的产品就占了 5 个，成为国内最具影响力的烟草企业之一。

同时，红塔集团也开始通过与国际知名烟草公司交流合作的方式，迈出了开拓国际市场的步伐。目前，红塔集团卷烟品牌出口市场已拓展至港澳、东南亚、欧洲、非洲、澳洲、美洲等主要国家和地区。呈现墙内开花，墙内墙外一齐香的局面。


## 未来的挑战

有点年纪的烟民可能都还有记忆，改革开放之初，洋烟是非常受欢迎和受推崇的。然而不知不觉间，那些具有全球影响力的大烟草公司的产品，差不多在中国市场上全面铩羽而归。

这除了中国烟草业本身的不断努力之外，一个极为重要的原因，是烟草专卖制度的设立。中国的国家烟草专卖制度，源自 1983 年《烟草专卖条例》的颁发。自这个《条例》颁发之后，中国的烟草行业，依靠法律引入和依靠行政手段，通过计划指标、许可证管理以及设立各级烟草专卖机构，建立了一整套自上而下"条条管理，专卖专买"的国家烟草专卖制度。

严格的专卖专买与许可证管制，形成了烟草市场进入的壁垒。那些具有强大市场竞争力的国外烟草公司，只能在国门外徘徊。于是，有数以亿计消费人口的巨大市场，成为中国烟草企业跑马的"领地"。中国的烟草企业，也得以在这种良好的生存环境中，不断发展壮大。

烟草行业的专卖制度，基本上可以认为是我国实行行政垄断的最后一个领域。那么中国的烟草企业，是否需要为这种"保护"可能会在某一天醒来消失而担心呢？现在似乎还看不出有取消专卖制度的苗头。烟草专卖制度继续存在，有这么几个硬理由。

第一，香烟有害健康，却又客观存在亿万忠实的消费者。因此需要保证市场能满足烟草的消费需求，又不能让烟草的供给过量甚至失控。

第二，香烟卖得贵，意味着政府能通过高价重税政策，保持一个丰富的财政之源。

另外，实行烟草专卖这些年来，中国的烟草行业发展得非常好。因此既要保护民族烟草业，也要防止出现"一放就乱"的情况，因而专卖制度继续存在的条件和理由，依然很充足。

不过，中国烟草行业仍有值得担忧的事情。随着全球性禁烟运动的逐渐高涨，人们健康意识不断增强，吸烟消费将受到越来越多的限制，烟民们吞云吐雾的社会与文化环境进一步"恶化"。虽然中国不乏烟民后备军，但客观上，烟民人口占总人口的比重将不大可能正增长，而且烟民们吸烟的频率也将会持续减弱，市场需求将会呈现缓慢下行的状态。

因此，未来的国内烟草行业，很可能出现生产能力过剩、价格提升乏力、平均利润下降等难题和挑战。因此，即使是现在具有明显市场竞争优势的烟企，也宜未雨绸缪，早做打算。所以，即使是红塔集团这样的优势企业，也不能陶醉在眼前的辉煌中，躺着吃老本。这些年来，他们一直努力着，在巩固了优势的同时，也延伸了优势。

首先是对原料差异化战略，进行了两项深入的改革与优化。

一项是制定烟叶种植的生产技术标准，以替代以往更多的凭经验种烟的模式。红塔集团的技术人员，长期在田埂地头，指导烟农们在育苗、移栽、中耕等各个关键环节，按标准化生产技术进行操作，以确保烟叶的高品质。

另一项是鼓励烟农以入股形式成立烟叶种植合作社，合作社则组建育苗、机械、植保、烘烤等专业化队伍。烟农成为股东之后，也就成了烟叶种植利益的主体，种烟的自觉性、主动性、责任感，和以前就不可同日而语。在此基础上，统一进行的生产组织管理和农事操作，比过去具有更高的效率。这种升级版的"烟田车间"，正被红塔集团不断复制到更多的原料基地，形成强大的原料优势。

在原料差异化战略实施的同时，进行了优势延伸的品牌战略。在确保了有优质烟叶原料之后，强大的技术研发与创新能力，就有更广阔的空间大显身手。红塔集团自己有一套先进、精细而独特的收储、醇化、复烤、制丝等加工工艺技术，利用对原料、辅料、烟气、香精香料分析等方面的领先优势，建立了产品设计开发、产品质量维护改进和烟草科学技术研究的"三合一"平台。同时，通过叶组配方、膨胀烟丝、膨胀梗丝、辅料、生产工艺等方面的综合降焦技术，明显有效地降低了产品中的有害物质，从而有效消除喜爱清香型香烟的消费者们的顾虑，使之能更好品味红塔优质产品所独有的魅力。

这一切，说明红塔集团保持着清醒的头脑，有着持续发展的长远战略部署，已从产品、质量、价格的竞争，升华为打造全产业链、品牌、创新层面的优势。

玉溪的好烟叶，红塔的好技术，共同形成的是强大的品牌效应。即使是今后我国烟草市场出现拐点或烟草专卖制度有所改变，红塔集团这种多年形成的优势，通过不断的调整与提升，也还是有可能长期保持下去的。

第 5 章

# 光荣绽放

◎ 每个企业都有历史，只是长短不同而已。但要缀上"光荣"二字，就相当不容易了。因为这个光荣，不是自己说的，也不是打广告宣传出来的，而是在相当长的历史中，逐步形成的。具有光荣历史的产品，一般来说，都有一个精益求精的开始。

如果说，沉淀在一种产品或一家企业中的厚重的历史文化底蕴，也是商誉大厦的牢固建材，听上去可能还有些不够给力。但实际上它们是比特殊配方、工艺、地段更有消费特许权的东西。消费者对这些东西更为津津乐道，因为它们往往是一段段光荣的历史、传奇的故事。

另外，商誉中的神奇配方可以解密，特殊工艺可以学习，特殊地段可以侵占，而历史文化在产品或企业中的沉淀却是偷不走、学不去，是最难复制的东西。它们变成了历史，而时光永不会倒流；它们变成了企业的基因，而基因难以改变和转移。

所以，有人说，三流的企业做产品，二流的企业做品牌，一流的企业做文化。

有些消费垄断型企业之所以强大，往往是拥有一段其他企业没有的荣耀的过去和特殊的经历，有着为之骄傲的"那段历史"或者"那段故事"。

有些企业或产品高贵的血统、强大的基因、神奇的历史故事，甚至能营造民族传统节日、人文环境、民族语言、文物建筑、民族文化。如慕尼黑的啤酒节、青岛的啤酒节、五粮液的酒城等，在此就不一一列举了。如果粽子为某家企业独家生产，那么端午节和屈原的故事将成为这家企业无穷的商誉。

特别值得投资者注意的是，有些拥有灿烂骄人历史文化的消费垄断型企业，现在还在继续书写神奇的历史、打造厚重的文化。它们，是我们最需要关注的企业。

**CHAPTER 5** ●

　　在消费品市场有一个比较有趣的现象，那就是有一些名气和影响很大的产品，既不是因为地域的决定因素，尽管在它们的名称中，有些就含有地域的名字；也不是因为有什么独步全球的专利，尽管它们的制作工艺几乎无人能及；更不是因为有某种神秘的祖传秘方，尽管它们有的历史很长，而且还是家族性企业。这些消费品一个共同的特点，就是都有着光荣的历史。

　　历史当然每个企业都有，长短不同而已。但要缀上"光荣"二字，就相当不容易了。因为这个光荣，不是自己说的，也不是打广告宣传出来的，而是在相当长的历史中，逐步形成的。

　　具有光荣历史的产品，一般来说，都有一个精益求精的开始。也就是说，生产这个产品的企业或家族或个人，开张之后，便严格要求自己，严格要求产品，就有一种要使产品好过市场大多数同行的使命感。

　　在使命感的驱动下，他们从原材料起，到制作技术、工艺流程、外观、包装及至售后服务等各个方面，都按着精益求精的套路，决不敷衍。不糊弄别人，也不糊弄自己。产品做出来之后，可以说是谁用谁知道，用了的都说好。

有了好产品，还只能算是完成了任务的一半。真要形成光荣历史，至少还需要达到下列四项的一项或一项以上。

首先，最好要与宫廷或皇室之间有着某种关联。道理很简单，皇亲国戚们用的东西，肯定是一等一的。而如果还被消费者喜欢使用的话，就更是好得一塌糊涂了。于是，在民间自然也就有了极高的声誉。京城里那些颇为可疑地打着"御"字招牌的产品，价格那么高，就是把这道理给琢磨透了。皇家用的东西，质量自不用说，而且价格还不能便宜，要不，还能是皇上太后们用过的吗？

其次就是与历史名人及其逸事有关联。一个好产品，同时又具有历史文化的某种表征。只要质量不打折，无形资产和品牌价值，就能超过同类产品一截。其实很多历史名人，往往比很多皇帝还有名。他们的作品或逸事，几乎就是传统文化中的一个部分。现在强调发展文化产业，人家可早就是文化产品了。

第三点实在和皇室或历史名人扯不上关系，那也得设法和明星人物结缘。当然，这里说的结缘，并不仅仅是如现在拿钱给明星代言做广告那么简单，而是明星人物确实与这个产品有过真正的故事。这种故事也不是普通的八卦新闻那么朦胧缥缈不靠谱，而是确实能证明产品某些方面不同凡响。

最后一点也是相当关键和重要的，那就是要在某个层面上，产品获得国家或地区甚至世界的第一。这个第一，可以是质量证明的使用年头，也可以是身份不菲的拍卖纪录，还可以是有钱也得等很久才买得到的"傲慢"。这些公开信息，比花钱做的广告，效果不知要好多少。

还有一点不算重要，有则更好，没有也并不打紧。那就是这类产品最好是专卖或专柜也行，这样光荣才绽放得尽兴一些。

强调一下，到今日这光荣还未终结，更没有归零，而是依然在一笔一画地续写着。

# 山西汾酒：游走在历史与诗歌中的酒

过去很长时间，汾酒都如同一位谦谦君子，虽是清香型白酒的代表和领军者，却非常低调，总是冷冷地看着酱香与浓香两白酒你争我夺地唱着主角，在柜台里安静地待着。

这和山西的传统比较吻合。过去在阎锡山掌权的时代，不容任何人染指山西事务，连铁路到了山西的大门——娘子关之后，也突然变窄了若干。前来交易的货物，到这得换火车。前来进犯的士兵，到这也得下火车走向可能的伏击圈。可谓一"娘"当关，万夫莫开。总之，不管外面的世界如何闹腾，它只固守着自己门前的一亩三分地，一派"无论世事如何变化，我自岿然不动"的悠然自得。

然而，近几年来，汾酒似乎有些不甘寂寞，最为明显的一点，就是对市场宠儿贵州茅台进行不依不饶的死缠烂打。

汾酒主动向贵州茅台发难，表面上看，是源于贵州茅台申请"国酒"商标这一事件。然而，事态很快就演变为包括酒文化、酒历史等全方位的死磕。

一向安分守己的汾酒，为何突然高调行事了呢？这不禁让人百思不得其解。

华尔街流传着华尔士的一句名言："没有品牌，再高档的酒也只是一瓶变了味道的水。"

看来，汾酒是认这个理，也有底气认这个理的。

# 叫板茅台

汾酒的味道是真的不错，入口绵，落口甜，清香怡人，回味悠长，所以历来受到众多消费者的喜爱。自然，汾酒也有自己所独有的酿造工艺，而且据专家考证，也有一个形成汾酒特殊香味的"微生物体系"。

然而，光有工艺和微生物，在市场上还不足以傲视群雄。与好酒相伴的，必须要有传奇般的历史与文化。这些，汾酒都不缺。于是，对汾酒历史、文化的宣传或包装，就格外给力，而且走的路数也颇为不同凡响，招招都对着茅台而来：

第一招：汾酒在1 500年前的北齐武成帝时就开始受到推崇，所以不但是中国第一文化名酒，而且是名酒的始祖，茅台不过是汾酒下的蛋而已。依据是200多年前，山西盐商的生意一直做到了贵州茅台镇。晋贵两地相隔甚远，交通极为不便，盐商们想喝点家乡的酒就非常困难。于是盐商们就干脆请来汾酒的酿酒师傅，用当地的原料进行酿造，一不小心就酿出了茅台酒。所以茅台酒最初不过是山西盐商的私酿，因而素有"茅台老家在山西"的说法，现在汾酒的广告中宣称自己是"国酒酒魂"，不知是不是因此而起。

第二招：汾酒不但建国后连续五届获得"国家名酒"的称号，更为重要的是，1915年万国博览会上获得金奖的不是茅台而是汾酒。

第三招：共和国开国大典之日，第一次全国政治协商会议开闭幕时所举行的3次隆重国宴，酒桌上摆的白酒就是汾酒。这一次虽然没有直接提茅台酒的名，但因为茅台一直被认为是开国大典喝的酒，所以也就是不点名的点名了。

三招连出，白酒市场顿起轩然大波。于是在人们印象中，汾酒已成为茅台最直接的竞争对手。而且在出招之余，汾酒还搞了一支职业男子篮球队，引进了外援。虽然错过了马布里，成全了北京男篮，但球队打得还是不错的。这个茅台酒目前还没有。

无论茅台接招还是不接招，汾酒收获的都是正能量。

## 杏花村"花"属谁家

除了与茅台酒叫板之外，汾酒另外还有一个战场，那就是关于"杏花村"之争。

几乎所有识字的中国人，都曾读过唐代诗人杜牧的《清明》诗：清明时节雨纷纷，路上行人欲断魂。借问酒家何处有？牧童遥指杏花村。

这首诗看似简单，却意境优美，是人们传诵不衰的千古名篇。但杜牧写这首诗时忘了一件事，就是没有交代一下杏花村在什么地方，于是就有了一桩历史悬案与公案。

汾酒厂家所在地即为山西汾阳杏花村，而且他们的商标，就是大名鼎鼎的"杏花村"！因此，他们理所当然认定，杜牧诗中所说的杏花村就是这里。但是，这一说法并未得到所有人的认同。因为全国自认为是杜牧笔下杏花村的地方，至少不下 20 个。而且有人指出，诗中的牧童，骑的应该是水牛，而山西是基本看不到水牛的。还有人说，"雨纷纷"是江南而非山西的特有景象。

对这些说法，山西人自然嗤之以鼻：水牛有什么了不起！放水牛的是牧童，放黄牛的难道就不叫"牧童"，而只能称"牛仔"甚至"马仔"吗？

至于雨的问题更为可笑。山西也是物华天宝，人杰地灵，外加四季分明，三四月的小雨也同样会淅淅沥沥下个不停。最好等春雨落下时，把那几个书呆子拉来淋个透，让他们见识一下山西的"雨纷纷"！

杏花村所在地最有力的竞争者，当属安徽池州，因为当年杜牧在这里当过刺史。有刺史撑腰，池州可就不仅止于嘴巴说几句，而是动真的。2001 年，安徽杏花村文化旅游发展有限公司正式向国家工商总局商标局提报告，申请"杏花村"旅游服务类商标注册。这一下，汾酒着急了。当然着急的不是他们也想办旅游公司，而是急"杏花村"这块金字招牌有人来分享。着急的结果，是立即向国家工商总局提出商标异议申请，也就是不让安徽杏花村注册。

双方各执一词，互不相让，来头也都不小。国家工商总局挺为难的，虽是"总局"，但也没有办法到古墓中向杜牧先生请教，他老人家笔下的杏花村到底在哪。两家这一申请申了 5 年，安徽杏花村的商标注册被核准。汾酒，也就是山西杏花村自然不服，要求再复审。3 年之后，复审结束，依然是安徽杏花村商标被核准。

山西杏花村于是决定打官司。先在北京中级人民法院提出诉讼。结果是维持国家工商总局做出的裁定。不屈不挠的山西杏花村再次向北京高级人民法院提起上诉。2010 年北京高院做出终审判决，山西杏花村的上诉，缺乏事实和法律依据，不予支持，驳回上诉，维持原判。

从此，"杏花村"被一分为二，一个管酒，一个管游。酒归山西，游属安徽。

此一役，耗时近 10 年，汾酒小失而大得。所谓"小失"，指的是当年注册酒商标时，没想到把旅游商标一并拿下，造成了现在的被动，眼看着这块肥肉被别人捞走。所谓"大得"，则是汾酒的杏花村地盘再一次得到确认，酿酒界再没人敢在"杏花村"3 个字上打主意了。并且，历时 10 年的争执与诉讼，在社会上得到极为广泛的关注。付出的律师费，就权当广告费吧！

## "双剑" 合璧

汾酒具有深厚的历史文化含量，先且不说是否"最早国酒"，仅"杏

花村"3个字，在中国诗酒文化的特有语境中，那种令人浮想联翩的诗情画意，那份平和恬淡，就已无人能及，独步同侪。

与之相配备的，是汾酒酿造地的特有水质、特有微生物、吕梁地区特有的无污染的优质高粱、大麦与豌豆，再加上汾酒特有的"清蒸二次清，固态地缸分离发酵，清字当头，一清到底"的传统工艺，使得汾酒具有清香幽雅、酒液晶亮、醇净柔和的独有特色。

顺便强调一下，说汾酒，就肯定离不了竹叶青。竹叶青可看成汾酒的弟弟，历史几乎与汾酒一样长。竹叶青是以养生为方向，以汾酒为底酒，加上竹叶，再辅以砂仁、檀香、当归、陈皮、公丁香、冰糖、蛋清等精酿而成的配制酒。由于内含多味中药，使得竹叶青具有暖胃、舒肝、益脾、活血、顺气、生津等功效，并因此在古代成为宫廷御酒，现代成为卫生部认定的唯一保健名酒。

更了不起的是，1997年法国巴黎国际酒类展评会上，竹叶青获得金奖。这不得不说是古代汾酒人一个极富远见的举措，在那么多年前，就已把环保、绿色、养生这些题目做完了。看看现在的各类保健饮品挤成一团的情况，就明白要像竹叶青那样杀出重围，一骑绝尘有多难！虽然当年没来得及把杏花村的旅游商标注册下来，但竹叶青的收获也是一笔长期生效增值的有形兼无形的资产。

一个企业，同时拥有两个国家名酒和世界名牌，在全国白酒行业中，目前似乎还只有汾酒一家。


## 杀出娘子关


汾酒中所含的历史文化含量，加上因独特地质条件与工艺所带来的怡人清香与回味悠长的口感，既为消费者所喜爱，又是别的同行无法复制的差异化优势。在此基础上形成的品牌优势与号召力，给汾酒带来的是良好的经济效益。

汾酒是全国第一家酿酒业的上市公司。1994 年在上海证交所上市时发行价为每股 3.50 元，总股本 7 800 万，总市值 2.73 亿元。到 2016 年的 4 月 5 日，收盘价为 18.22 元，总股本为 86 584.3 万，总市值接近 160 亿元。不到 23 年的时间，增长达到 58 倍。

2007 ~ 2012 年，6 年间，汾酒的净利润依次为 3.60、2.50、3.50、6.00、9.20、13.27 亿元。这种增长，有当时酒类市场红火的背景，也与其在市场上高调的主动出击比较合拍。近 3 年来，由于整个白酒市场陷入低迷，汾酒的财务状况也不可避免地受到影响。2013 年净利润还有 9.60 亿元，2014 年则比较惨淡，净利润只有 3.60 亿元，2015 年才开始回升，业绩预告的净利润为 5.50 亿元左右。这或许是汾酒还不是一线顶尖品牌的原因和结果。因此当市场上一旦风高浪险时，与贵州茅台的差距就显示出来了。同时，未来要从哪儿寻找突破口，也就成了汾酒的当务之急。

表 4–1 将汾酒与贵州茅台这几年的净资产收益率做个比较，或能让人有个更为直观的了解：

表 4–1　山西汾酒与贵州茅台净资产收益率比较表

| 净资产收益率（％） | 日期 | | | |
|---|---|---|---|---|
| | 2015–12–31 | 2014–12–31 | 2013–12–31 | 2012–12–31 |
| 山西汾酒 | 5.50 | 9.28 | 25.62 | 44.11 |
| 贵州茅台 | 26.23 | 31.96 | 39.43 | 45.00 |

汾酒最大的不足，是销售市场过于集中。国内一线白酒，其销售地多以"区"划分，比如华北地区、华南地区等，至于茅台、五粮液，就更是简化

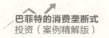
为"国内""国外"，豪气干云。

作为一个全国性的品牌，汾酒的主要市场却还只在山西。虽然近年来有所改善，但省内销售仍占整个营业收入6成左右。汾酒的"省内"，与同行们的"区"或者"国内"相比，就多少有点寒碜了。

然而这种"寒碜"或不足，却正是汾酒未来努力的方向和上升的空间。随着中等收入人群的扩大，以茅台、五粮液、泸州老窖等为代表的一线白酒，市场占有率呈原地踏步甚至有所下降的趋势，以汾酒、洋河、酒鬼酒等为代表的次一线白酒，市场占有率呈上升之势。或许能由此推断，汾酒市场上的种种主动作为，应该是与市场发展与变化的大趋势基本合拍的。

全国性的品牌不但应该有全国性的市场，还应该冲出亚洲，走向世界。汾酒的确应该在山西之外，再努力做出几个山西省的销售业绩。汾酒在自己山西地盘上，有着绝对的市场统治权，有着牢固的"根据地"，为进军全国和国际市场，提供了坚实的基础。

根据汾酒公司公告，2015年其净利润为5.50亿元左右。也就是说，在这一轮白酒低潮中，汾酒也少赚了，也低潮了，但目前正一步步从低谷中走出。长远看来，有着深厚历史文化积淀的汾酒大部队，早晚会杀出娘子关，使经营业绩早日走上正轨，并更上一层楼。

## 上海烟草集团：正统文化的宠儿

在很多柜台边转悠时，我发现消费品中，一般只要是从发达国家进口的，价格都比国产消费品明显高出一截或一大截。不过也有例外，那就是香烟。比如在每个香烟柜台都能见到的"中华"牌香烟，价格相比摆在一旁的进口香烟，要高出好几倍。而且，这么贵的价格，却并不愁销路。

在中国的大部分的婚礼宴席上，不管酒店有多讲究，菜肴有多精美，但如果桌上和喜糖包里不是"中华"牌香烟，档次可就给拉下来了。反过来，倘若婚宴前后全用"中华"牌香烟，即使酒店或菜肴不那么讲究，那大面子也基本能撑得住。

打算和谐关系拉近感情距离或加大办事的推进力度，"中华"香烟不失为可优先考虑的元素之一。名贵香烟虽然很多，但各人口味不同，然而"中华"香烟却是大部分人都喜爱的，回收礼品小店也欢迎。因此"中华"香烟保险度相当高。否则，想要拉近的距离或想要办成的事，有可能会因此变远和变难。

外国人或许想不明白，小小一包香烟，竟能在中国人生活中起到如此重要的作用。不过，老外想不明白没关系，咱中国人自己明白就行。本来"中华"牌香烟就是中国人自己的产品。

现在市面上所有的"中华"牌香烟，均为上海烟草集团有限责任公司生产和提供。有点可惜的是，该集团并不是上市企业。这倒不是他们不愿上市或是达不到上市的要求和标准，而是因为我们政府关心人民健康，不让烟草企业上市，甚至连广告也不让明着做。当然，卖是允许的，而且是专卖。

## "长孙"是有担当的

上海烟草集团有限责任公司前身为上海烟草公司。其生产的香烟大多都具有鲜明的品牌特性，都是能在香烟市场呼风唤雨的角色。比如"中华"牌既是烤烟类也是香烟类的中国第一品牌；"中南海"牌是中国混合型香烟

的第一品牌；"熊猫"牌是中国第一传奇品牌；"牡丹"牌与"红双喜"牌则因其所特有的高贵、吉祥与喜庆的内涵，也同样在中国香烟文化中，具有举足轻重的地位。

从"中华""中南海"到"熊猫""牡丹"，几个最具中国特色的"国宝"，都汇聚到上海烟草集团中。所以，它也就理所当然成为中国最具影响力的香烟企业之一。

凭着这些名牌香烟起家，上海烟草集团现在已经发展为工商一体，以卷烟工业为主的，多元化、集约化、现代化的大型国有企业。在全国烟草行业率先通过 ISO9001：2000 质量管理体系和 ISO14001 环境管理体系认证，拥有一流水准的卷烟工业及烟草储运、印刷、材料等配套工业，同时也通过控股、参股等方式，进入 50 多家物流、酒店以及金融保险公司。

上烟集团不但多元了，现代了，而且还很有钱。2015 年，上海纳税排名百强名单中，上海烟草集团不出意料地依然位列第一，税收收入高达 762 亿元！排在第二位的，很牛皮的上海大众汽车公司，才 172 亿元。而且，上海烟草集团获得的各种大奖，在上海企业中也名列前茅。

上海人曾说上海是中国的"大儿子"，上海烟草集团也可有资格称自己为上海的"大儿子"。在中国人正统观念中，大儿子的大儿子，那可就是"长孙"，地位非同一般，任何人都必须高看一眼。

上海烟草集团之所以能取得如此非凡的业绩，享有非同一般的地位，当然离不开其过硬的质量，离不开其"精准营销"为主要模式的市场营销体系。但从根本上来说，它还是得益于中国根深蒂固的"正统"文化。

有一个似乎世界通行的现象，那就是某种用品，一旦与皇室搭上关系，必然受市场青睐，必然高档高价，比如凯丽包、劳斯莱斯汽车等。在一向讲究传统更讲究正统的中国，就尤其如此。但凡帝王们的用物，必恭恭敬敬以"御"字冠之。比如皇上吃过的饭菜，称为"御膳"；皇上喝过的酒，称为

"御酒";皇上在京城里走过的路,叫"御街"。便是向皇上告小状或打小报告,也一无例外地称作"御状"。不过,"御手洗"除外,那是外来语。

在子民的眼里,皇上及其亲戚们吃的喝的用的,绝对正统正宗,而且肯定都是质量过硬、用料考究、做工精细的好东西。绝无以次充好、偷工减料甚至镉大米、地沟油之忧,唯一担心的是其价格。都知道京城有御膳坊,但很多人却不曾进去用过餐。自然不是嫌皇上的伙食不好,而是被那价格给吓退了。

尽管"御"字仍然流行,但现在已经没有皇室宫廷、王公贵族,都是人民当家做主。不过,中央还是有的,领导也还是有的。

## 传奇是如何炼成的

"中华"牌香烟的问世,就可追溯到与中央与领导的渊源。

1950年,上海烟草公司的前身中华烟草公司,接受了一项"研制最好卷烟品牌"的任务,供中央和华东地区党政机关使用。这在当时不仅是一项生产任务,更是一项重大的政治任务。公司上下为此夜以继日、全力以赴。没多久,样烟出来之后,直接送到中央,供主要领导们评吸。评吸之后的评价是"很好"。

于是,公司一颗忐忑的心才放了下来,开始想着给香烟取名字。因为当时的生产厂家名称里有"中华"二字,而"中华"是我们华夏民族繁衍生息之地,又位于四方之中,与这种香烟的政治内涵比较搭,所以烟的名字就叫"中华"。从此,"中华"牌香烟就开始了30余年的"特供烟"生涯。

"特供烟"所供的方向,包括中央领导、来中国访问的外国来宾、中国驻外使领馆,身上背负的含义既重又多。按当时食品工业部的规定,"中

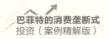

华"牌香烟的配方若要做较大变动，公司是无权做主的，必须上报部里经过批准才行。除了上述 3 个供应方向外，"中华"牌香烟还有一部分在市场销售。也就是说，普通老百姓有消费能力的话，也能买一包抽抽。

虽然流向市场的量很小，但影响却非常大。从那时开始，"中华"牌香烟以高级领导特供烟的正统地位，以高贵、高级、高档形象，牢牢地树立在全国一代又一代烟民的心中，成为无可争议的中国第一香烟品牌，历经 60 余年而不衰。有意无意间，为今天的畅销奠定了坚实的基础。

"熊猫"牌香烟的问世，则充满了传奇色彩。1956 年，也就是"中华"牌香烟诞生 6 年之后，已由中华烟草公司改名的上海烟草公司，又接到一项重大任务，为将要召开的中国共产党第八次全国代表大会，研制出一批特殊卷烟，向"八大"献礼。

"献礼"意味着在"特供"的基础上，又高了一个级别。也就是说，"熊猫"牌香烟比"中华"牌香烟更具政治意义。

上海烟草公司自然是不敢怠慢，专门抽调业务骨干组成最强阵容，经过努力，确定了"献礼"烟的配方、香料标准、工艺流程、成烟规格等，最终把香烟给生产出来，取名"熊猫"，含有国宝的意思。在"八大"会议期间，"熊猫"牌香烟及时送到各位代表手中。所抽之处，一片赞扬。

"熊猫"牌香烟的消费人群可谓少之又少，只专供中央领导和招待国宾，一般的省级干部都轮不上，市场上就根本见不着面。因为见不着面，就更增添了"熊猫"牌香烟的神秘与传奇。即使是"熊猫"牌香烟的生产，坊间也传说为属于国家机密：生产车间由军警严密监控，全部手工操作，每一支烟都要经过严格检测。就是多余的边角料，也要全部打包并加盖公章上交。也不知是真是假，想来生产宇宙飞船也不过如此吧！

凭着最好的原料，最为精细的做工，清雅飘逸的质感和丰润细腻的香味，"熊猫"牌香烟几近完美，被称为"世界上最优质的香烟"，深为中

央领导所喜爱。据不少资料记载，毛泽东、邓小平等国家领导人抽的都是
"熊猫"牌香烟。

产量稀少，品质超群，虽与市场隔绝，却和伟人结缘。这一切，使得"熊
猫"牌香烟成为高高在上的"香烟国宝"。尽管后来终于推向市场，但相对
"中华"牌香烟，多的是更为正统的神秘，缺的是"地气"，毕竟少了 30 多年
的群众基础，所以在市场上的销路似乎比不上"中华"牌香烟。然而充满传奇
的色彩，使之成为中国第一传奇香烟品牌，在中国香烟史上画上浓浓的一笔。

## 可持续的优势

有了"中华"与"熊猫"两大品牌领军，上海烟草集团的底气、霸气、
王气就更足了。将最能代表中国某领域的最高象征，拿过来作为香烟牌子，
已经成为他们的"习惯动作"。

比如，他们生产的混合型香烟的名字就叫"中南海"。现代中国人，估
计没有几个没听说过中南海的。那里是中华人民共和国国务院、中共中央书
记处和中共中央办公厅等重要机关的办公所在地。曾经有首很流行的颂扬
北京的歌，将北京形象地比作"祖国的心脏"。目前还没有听到有关中南海
的颂歌，如果有的话，把中南海称为"北京的心脏"，估计不会有什么问题
吧！因为中南海已经成为中国执政党和政府最高层的象征，确实是心脏的心
脏。因此"中南海"牌香烟成为混合型香烟的国内第一品牌，除了质量做工
之外，名字取得好也是重要原因之一。

上海烟草集团另一个家喻户晓的香烟品牌叫"牡丹"，也同样是取自中
国最名贵的花。虽说在国花争夺战中与梅花不相上下，但作为"国色"却是
已有定论的。早在唐代，刘禹锡就说"唯有牡丹真国色，花开时节动京城"。

后来画家们画牡丹，也常常题为"国色天香"。有这么高贵的出身，"牡丹"牌香烟成为上海烟草集团的支柱产品之一，也就顺理成章，毫不奇怪了。

总而言之，上烟集团的产品，多以国宝命名，屹立在中国最为正统的文化高地。

当然，能在高地上固守60余年，除了文化之外，还需要过硬的品质与口感。据业内人介绍，优质香烟不但要有优质原料，优质配方，而且同样需要一流的生产设备和生产工艺，以确保对生产过程中加工工艺参数的控制，保证相关原料掺和混合的均匀性。上海烟草集团几代人的心血与汗水，都凝聚在一包包的香烟中。

特别值得一提的是上海烟草集团的主打产品"中华"香烟，凭着一流的品质，成为半个多世纪以来中国高档香烟的第一领导品牌，也是目前为止唯一获得国家质量金质奖的香烟。它不但在国内地位稳固，而且从1954年起就开始向外出口，深受海外华侨华人喜爱。20世纪60年代在全国瞩目的"广交会"上，与会商人中，抽得最多的就是"中华"香烟。

改革开放之初，中国成立烟草进出口公司，香烟从此不再由土特产公司进出口。"中华"香烟的海外市场由此不断得到拓展，成为第一个进入国际免税商店的国产品，多年来位居全国单牌号香烟出口数量第一名。目前，国际上已有57个国家和地区的44个免税市场和30个有税市场出售"中华"香烟，其海外市场地位日益稳固，影响力与日俱增。

香烟消费中，品牌所含的附加值至关重要。配方可以更新，工艺可以改进，但上海烟草集团在正统文化中所具有的优势，却无法进行复制。"中华""熊猫""中南海"等品牌所象征的至尊地位，无可替代。尤其在倡导禁烟的今天，"特供烟"甚至"献礼烟"应该已成历史。然而这历史沉积的香味，却又在香烟文化中具有不可替代的重要地位，为上海烟草集团的各类产品带来实实在在的销售业绩，带来实实在在的利润。

这种基本无法复制的优势，还将长期持续下去。

## 爱马仕：塔尖上的奢华

朋友发现参加工作不到一年的女儿，最近换了个新包。随意看了看，是爱马仕牌的。女儿淡淡地说："地摊货，假的。"他转过身想想不对，这不是女儿的做派。一番追问之下，"案情"终于大白。原来是妻子与女儿合谋，花了 10 多万元买了这个包。9 个月前就已订购，只是最近才收到货。

朋友觉得太过分了。以女儿现在的收入，即使一年不吃不喝，也挣不到这个包。但除了孤立无援地咆哮一阵，客串一把葛朗台，再加上几句连自己都觉得苍白的语重心长，也没别的招。既不可能退货，更不可能跑到地摊上去换个真的假货来。

他慨叹道："凭什么，一个包卖这么多钱！"

这个问题，估计随便哪位爱马仕专卖店的柜台小姐，都能微笑着轻声而骄傲地回答他："凭爱马仕的优良品质和品牌价值！"

"爱马仕"这 3 个字，就意味着高贵珍贵与昂贵，因为它是世界最著名的奢侈品牌之一。

### "马"上成功

爱马仕是不是有爱马人士的意思，不得而知。但要说爱马仕的渊源，还

确实得从马说起。

在 1885 年汽车发明出来之前，最为便捷的交通工具，就是马或马车。不同的血统与品种，决定了马儿们的高低贵贱。有的贵如公卿，有的终生布衣，如同现在汽车中的宾利与夏利。

豪华的汽车要通过配置来体现，不同级别的马儿，也需配置不同的马具。19 世纪的法国巴黎，满街都是高头大马，据统计有 8 万匹之多，当然也就有一个马具市场。但是高端大气上档次的马具，还不多见。1837 年，一位名叫蒂埃利·爱马仕的法国人看准了这个商机，在巴黎开设了一家马具的专营店，从此开始了爱马仕公司跨世纪的漫漫辉煌之旅。

爱马仕先生是不是真的爱马，一下子还找不到证据。不过他制作的马具，可以说件件精雕细琢，件件都是精品，足以令每一位爱马人士爱不释手。很快，巴黎城内的高档四轮马车上，都以爱马仕生产的精致配件为时尚。许多马具的传世之作，就是爱马仕先生细心打磨出来的。爱马仕的标识主题，就是一辆马车。

特别令爱马仕自豪的是，1867 年的世界贸易会上，爱马仕的马具获一级荣誉奖。于是，爱马仕的马具很快冲出巴黎，走向欧洲，成为法式奢侈品的经典。爱马仕在巴黎福宝大道 24 号的总店，也就成了欧洲贵族们巴黎之行的必经之地。

后来，马儿们渐渐变得不那么重要了。于是，爱马仕的业务重心，也就从马向人转移。没有转移的，则是对每件产品的精益求精以及极为严苛的品质标准。经过长达一个多世纪的苦心经营，当年的马具店，已经发展成旗下拥有皮革、丝巾、领带、男女时装、香水、腕表、文仪精品、鞋类、配饰、马具用品、家居生活系列、餐具及珠宝首饰等 17 个产品系列的大规模时尚集团，并于 1993 年在法国证券市场公开发行股票，成为老资格上市公司，产品遍布全球各大主要时尚都市。

# "包" 打天下

超过百年时间的检验，爱马仕的产品已成所有奢侈品中，最为夺目的旗帜之一。

现在要说爱马仕，首先联想到的，可能就是他们生产的包。"包"是比较传统的说法，新潮一点儿的表述是"手袋"。传统也罢，新潮也罢，意思都一样，说的都是爱马仕的代表产品。

爱马仕产品最大的特点就是"讲究"。这个特点在包的生产过程中，得到充分的体现。这种讲究从包的原料，也就是从皮革的来源就开始了。所有包的皮料，都是由从众多养殖场中，经过严格检测之后选定的佼佼者提供。在所提供的皮料中，只有其中一部分才能入选。每一块皮料中，只有最好的部分才能用在包的上面。负责这道工序的人员，对皮料的挑剔程度，甚至要超过找老婆，因为皮料上哪怕只要有一道疤痕，立即就被淘汰。

有了好皮之后，接下来就是好师傅。那些手艺高超的师傅们，基本没有助手或搭档，因为每只包的制作，从头至尾都是由一名师傅完成。时光依然停留在当年制作马具的岁月中，每只包同样是每个环节都精雕细刻。通常一只包的生产时间不低于 3 个月；好一点儿的超过半年；再讲究一些，可能要等一年。所以，买爱马仕包都得等。包越高级，等的时间就越长。

好皮好师傅生产出来的优良品质，还不是全部。还有一个令包增值的售后服务。因为每只包的袋扣上，都有制作这只包的师傅的编号。这不但表示产品将提供一对一的专人售后维修，而且本身就是一种令人自豪与愉悦的服务。

除了优良的品质与服务，爱马仕的包还有颇有传奇的品牌故事。

爱马仕的凯丽包，是以 20 世纪 50 年代摩纳哥王妃、好莱坞著名女星格蕾丝·凯丽的名字命名的。有一次，凯丽从车上下来时，面对早已埋伏在

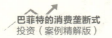
此的"狗仔队"，身怀六甲的凯丽本能地将她随身携带的爱马仕皮包挡在身前，以遮掩有些隆起的小腹。

美国著名的《生活》杂志的记者，将这一难得的画面拍了下来，并用来做杂志的封面。结果与这个经典画面一起引起世界关注的，不仅有凯丽王妃，还有她使用的那款包，并随之被时尚圈人士称之为"凯丽包"，而且很快为上流社会名媛淑女们所喜爱，皆以拥有一个凯丽包为荣。

如果说凯丽包的问世是因为偶然，那么爱马仕另一款著名的"柏金包"则源于邂逅。1984年，爱马仕的总裁在从巴黎飞往伦敦的航班上，邂逅了英国女歌星简·柏金，两人交谈甚欢。也许歌星不如王妃那样随从甚多，很多东西需要自己随身带着。所以柏金向总裁抱怨，她一直想买一个做工要精良，同时又能装很多包括奶品等诸多物品在内的实用大包。

总裁承诺说："您会有这种包的！"总裁说话算话，回去后，立即专门为柏金设计并制作了一款时尚、贴合又很大很实用的包。当这款新包送到柏金面前时，接下来的情况就是四个字："爱不释手"！

"柏金包"就这样诞生了，并且一直热销至今。当然，交钱之后，需耐心等待半年，包才能到手上。


## "丝丝"入扣

在爱马仕所有产品中，还有另一个最著名、最畅销的产品，那就是爱马仕丝巾。

在人最高处的装饰，除了头上的帽子，还有脖子上的围巾。然而围巾可以包在头上，而帽子却不能戴在脖子上，因此围巾具有比帽子更多的灵活机动性。爱马仕的围巾，准确地说，是爱马仕的丝巾，因为是丝织而成，是丝巾中的极品。有时尚人士说过，系上一条合适的爱马仕丝巾，即使是一身平庸的服装，也能立即变得高贵起来。

最早的一条爱马仕丝巾，诞生于 1937 年，也就是爱马仕公司成立 100 周年之时。首款丝巾的名字是"女士与巴士"。这是根据一幅颇具怀旧情思的木版画设计而成。需要说明的是，"巴士"并不是现在的公共汽车，而是专指早年间，从巴黎马得兰庙宇到巴士底的两厢公共马车。而且从第一款丝巾开始，爱马仕的丝巾，每一款都有自己独有的主题设计，每一款丝巾的名字后面，都有一个美丽的故事或富有特色的异域风情。

有一款爱马仕丝巾的名字叫"苗家百褶"，上面绣着的精致图案取材于我国苗族人的文化与生活：在中国大西南的月亮山中，有一群苗家女子，每人都身着一条百褶裙，即嫁妆中最美的服饰，在如梦似幻的云朵间翩翩起舞。

一款又一款主题各异的丝巾，造就了爱马仕丝巾一个又一个经典传奇。

除了设计上的特色之外，爱马丝的制作，也同样能充分体现爱马仕产品对品质的极度讲究。一方爱马仕丝巾从选题开始，经由设计、配色、制版、着色、手工卷边等工序，前后需时超过 18 个月。单说配色一项，爱马仕就不同凡响。

我们见识过各种委员会，但"颜色委员会"恐怕没有听说过吧！爱马仕公司就有一个颜色委员会。这个委员会可不是一年开两次会就完事的。当一款丝巾图案确定后，颜色委员会就要根据产品的要求，将图案分成 6 ～ 10 种不同的色差，并以手工进行调色。他们的染料也都有自己秘密的配方，还要经过蒸煮等工序之后，才能给丝巾上色。

爱马仕每年要推出 12 款丝巾，换句话说，这个委员会每个月都得认真为丝巾调色定色，很是辛苦。也正因为这些辛苦，爱马仕丝巾才能以独特的设计，精美的手工刺绣、华丽的色彩，呈现世人面前。

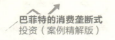

所以，拥有一条爱马仕丝巾，是无数女士的向往。所以，尽管价格昂贵，但仍然每隔不到 1 分钟，就有一条爱马仕丝巾卖了出去。

## 定制与等待

爱马仕没有入门级产品，从来就坚守着奢侈品塔尖的地位，坚持将客户定位于传统的高端名流精英群体。爱马仕的客户是只以满足自我个性化需求为选择物品标准的，其超越了以名牌证明身份的阶段，在定位上从不向中产阶级妥协，更与大众化奢侈品路线彻底划清界限。

这一点，以爱马仕手袋最具代表性，也最具说服力。正是由于坚持从养殖场就开始的高品质，坚持精巧的传统手工制作，坚持突出个性，坚持一包难求的高价位，客观上使得爱马仕产品形成了同行们难以模仿的独特商业模式"定制与等待"，使得爱马仕产品自然而然形成一种高高在上，傲视同侪的属性。

客户要购买一个爱马仕的手袋，绝非付款取货这么简单，而是需要先定制。定制后，爱马仕即与客户建立起一对一的沟通关系，客户可根据个人喜好定制差异化产品。然后，有专门机构选择适合的材料，由指定的工匠全程以手工进行制作，最后才将臻于完美的产品交到客户手中。

当然，这个过程时间很长，需要客户耐心地等待几个月甚至一年以上。令人叫绝的是，所有的客户，即使是再大的大腕，也都服从爱马仕这一"好东西值得等"的无形规定。前英国王妃戴安娜，也是耐心等待很长时间后，才拿到她钟情的价值不菲的爱马仕天蓝色鸵鸟皮手包。

所有的爱马仕产品，包括丝巾、手表、香水等，无一不是工艺精湛、品味高雅的奢侈品。或许，哪天爱马仕要做大饼，也都将成为大饼中的极品战斗机。

昂贵稀缺的天然上乘原材料、手工生产、定制、等待、高价，使得爱玛仕产品相对稀缺，更增添了顶尖奢侈品牌的强烈吸引力。这不但有效维护了客户对产品的忠诚度，而且不断扩大潜在客户对产品拥有的向往度与渴望度，最终形成爱玛仕产品无法逾越的护城河。

据现有统计资料，1992 年爱玛仕的销售收入为 3.30 亿欧元，到 2010 年实现销售收入 24.70 亿欧元，净利润由 1992 年的 0.19 亿欧元增长到 2010 年的 4.30 亿欧元，18 年间销售收入和净利润的年复合增长率分别为 10.60% 和 17.70%。其后爱玛仕一路高歌，在短短的 5 年后，即 2015 年，销售收入达到 48.41 亿欧元，利润上升到 9.73 亿欧元。顺便提一下，爱玛仕产品销售增长最快的地区是亚洲，亚洲销售增长最快的是日本。而在他们的根据地欧洲，销售量则几乎是原地踏步。

不少有实力的国际大公司，都动过并购爱马仕的念头。最近的一次，是在 2011 年，世界奢侈品巨头路易酩轩集团，通过资本市场收购了爱马仕 15% 左右的股份。但是爱马仕不惧怕任何收购，因为他们是家族企业。在他们庞大的家族中，持有集团股份的超过 70 人，控股总数达到 73%，所以市面上流通的股份所剩无几。而且爱马仕多次明确表示，其家族不会考虑任何大规模的股权转让计划，以确保家族对企业的牢牢控制，并同时谨慎地引入现代管理理念与模式，以保证金字招牌永放光芒。

在爱玛仕产品的定价中，有一大部分是无形资产及商誉，直接成本并不高，不需要很大的研发投入与生产设备之类的更新，因而毛利率高达 66%，居世界奢侈品之首。尤其是手袋的毛利率，更是超过 70%。

由优良产品品质带来的优异业绩，让爱玛仕的股票在股市上受到更大的欢迎。这一点，可以从爱玛仕的经营业绩与股市表现的相关性中得到证明。以刚过去的 2015 年为例，爱玛仕因为公司业绩喜人，公司股价也大幅上升。

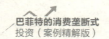
随便找一天看看，2015 年 12 月 7 日的收盘价，每股高达 335.20 欧元，从而
使近 20 年来公司股价的年复合增长率高达 20%。尽管如此，许多人仍然认
为，拥有爱玛仕产品，其回报会超过其股票。因为这些投资者们相信，爱玛
仕集团过去是、现在是、将来仍然是全世界最高端的公司；他们的产品，过
去是、现在是、将来仍然是全世界最尖端的奢侈消费品！

## 古越龙山：龙山之雾

黄酒是唯独中国才有的酒。但在很多酒类柜台中，黄酒的品种、数量、
价格，都明显处于弱势。即使是黄酒中的第一品牌——古越龙山旗下的各
类黄酒，也同样是非常低调地蹲在柜台的一角，眼睁睁地看着其余的酒争奇
斗艳而默然无语。当然，这种情况在江浙沪一带除外，黄酒在这几个地区卖
得不错，因为其根据地就在这一带。准确地说，是在浙江的绍兴。

绍兴绝对是人杰地灵，据传说，中国第一个王朝"夏"，就在绍兴。春
秋五霸之一越王勾践，也是定都绍兴，这是有史可查的。一并可查的，还有
许多得益于绍兴山川哺育的历史名人，其中包括王充、王羲之、谢安、王阳
明、秋瑾、鲁迅、周恩来等。最后，还有绍兴黄酒。

史载，当年勾践卧薪尝胆之余，把多生超生作为基本国策。生了儿子，
奖两壶黄酒；生了女儿，奖一壶黄酒。那个时候，黄酒就是最好的也可能是
唯一的酒种，一壶黄酒就应该相当于现在一瓶茅台。由此可见，黄酒在春秋
时期就是广受欢迎的好东西，而且酿造历史至少超过 2 000 年。如果谦虚点
说，它也是世界上最古老的酒类之一。

中国酿造黄酒的地区有很多，也都各有各的特点。但最具代表性、最具影响力的，当属绍兴黄酒。浙江古越龙山酒股份有限公司，是绍兴黄酒的主力部队，同时也是中国最大的黄酒生产、销售、出口企业。

## 迎娶女儿红

中国的黄酒行业，原来一直有古越龙山、女儿红、金枫酒业、会稽山四大龙头。但是 2009 年 9 月后，这个格局发生了变化。古越龙山公司股东大会通过决定，同意公司以 1.62 亿元的价格，买下绍兴黄酒投资有限公司所持有的女儿红公司 95% 的股权，标志着古越龙山将女儿红纳入怀中，抱得美人归。同时也意味着，黄酒行业的四大龙头变成了三驾马车，而且古越龙山还正在快马加鞭。

一般来说，酒要出名，要卖得好，除了占有好山好水，自有一套技术工艺，并且有一段好历史外，最好还要同时具备一个在民间广泛流传的传奇。前三项，古越龙山都有，但传奇似乎还没有什么特别拿得出手的。女儿红正好弥补了这一点，因为女儿红名称本身就是一段传奇。

据传，早年有位绍兴裁缝，妻子怀孕之后，邻居们都说生的将会是个儿子，他自己也这么认为。那个年代还没有 B 超之类，生男生女，大家也都是凭经验猜测，未必全是为了迎合裁缝想要儿子的心理。总之，裁缝是满心欢喜，还特意酿了一缸酒，准备等儿子出生时请街坊们来喝。那当然是黄酒。那年头，人们除了黄酒外也不会酿别的酒。

十月怀胎，一朝分娩。生产顺利，母婴平安。唯一有点儿小意外的是，裁缝太太生的是个女儿。裁缝很郁闷，后果很雷人。那就是裁缝一冲动，把酿好的那缸酒直接埋到后院的桂花树下了。但是裁缝女儿却非常争气，长大后出落得非常水灵，而且在做得一手不打折扣的裁缝活的同时，还能绣得一手好花。这至少相当于现在的双学位，因此很快便成为四乡八邻各个档次王老五的心中偶像，令人向往不已。在婚姻由爹妈做主的当时，裁缝为女儿挑了一个好女婿。

成婚之日，高朋满座。裁缝突然想起女儿出生之时，埋在桂花树下的那缸酒，于是赶紧挖了出来。将酒一打开，顿时满屋飘香。大家一品尝，味道好极了。在杯盘交错中，有人称这酒为"女儿红"，立即得到众人的响应。

这种响应并不仅止于口头，也落实在行动上。此后，当地很多人家，只要生了女儿，便也埋下一缸酒，待女儿出嫁时再挖出来，在婚宴上请大家喝"女儿红"。女儿红从此便红了起来。一同派生的还有"状元红"，即生了儿子也埋一缸酒，等中了状元再拿出来喝。据说绍兴一带人家，后院一般都种着两棵树，一棵下面是女儿红，另一棵下面是状元红，由此带出了这两个具有传奇性质的酒种、酒品牌。唯一苦了的应该是绍兴的儿子们，树下那缸酒直指着功名呢，也太压力山大了！

当然，现在在城市里，有后院而且后院里还有两棵树的人家，非富即贵，已属罕见。代之而起的是各类小区，不是多层就是高层。住人可以，栽树则不行，更不用说在树下挖坑埋酒了。所以女儿红或状元红只能由分散走向相对集中，改由一定规模的酒厂来酿造。

记得有一部电影的名字就叫《女儿红》，情节自然比传说丰富生动曲折了许多，但最终说的还是酒，只是放酒的地点做了调整，似乎不是埋在树下，而是藏在墙里。

有故事，有传奇，有电影，女儿红自然是不同凡响。古越龙山收购女儿红，肯定也是一桩合算的买卖。据说，这是古越龙山为了进一步做大做强的战略部署。从古越龙山企业的色度来看，增加了一个有着良好品牌的公司，当然是大了，也强了。

不过，从市场色度来看，酒的销量是不是因此而大大增加，那还得看古越龙山的整合管理与渠道功夫。

我还有一点儿迷惑。从我一个笨拙外行的立场考虑，女儿红作为一个常年供应的受欢迎的品牌，一个重要的亮点就是埋在地下很长时间，那就应该有一个非常巨大的厂区。因为旧时女孩子出嫁，怎么也得年方二八，也就是 16 岁吧。这就意味着酒得在地下埋 16 年左右，才能称之为"女儿红"。因此，女儿红公司就需要有 16 个巨大的酒坑或酒窖，每个坑或窖的酒，至少够卖一年。否则女儿红就有点名不符实了。

如果要在这个基础上做大的话，就只能把原来的坑或窖继续挖深挖大，或干脆在别的地方重新挖一些酒坑或酒窖。总之，想要扩大销量，拓展市场，就得挖坑不止。

不管怎么说，女儿红公司绝对是优良资产。就算不扩大产能，带来的也都是稳定的收益。退一万步讲，如果哪天不想再做酒了，还可在酒坑上盖商品房，不但地段好，而且挖土方的费用也节省了许多。

古越龙山看中女儿红，当然是其优良的品牌和稳定的收益。我觉得，稳定的收益，是古越龙山的主要特点也应该是主要的亮点之一。

古越龙山公司上市很早，1997 年登陆上海证交所，在中国股市也算是老资格了。上市之后的这些年，古越龙山的表现说不上"抢眼"，但却能让人安心。上市当年公司的主营收入为 3.50 亿元，净利润为 0.68 亿元。这些年来，没有出现特别大的波动，一步步地向前走。2012 年～2015 年，4 年中，公司营业收入依次为 14.20、14.70、13.40、13.80 亿元，净利润依次为 1.90、1.40、1.80、1.30 亿元，虽然小有波动，但主要突出的还是一个"稳"字。

持续稳定的收益，是很多厌恶风险的投资者的优先选择。一个历经几千年而不衰的酒品，应该如好地段的店面一样，带来的是可预期的稳定收益。

## "老酒"的定位

古越龙山的主要市场，还是江浙沪。为了将产品销往全国甚至全球，这些年来，古越龙山公司团队称得上是殚精竭虑。其团队不可谓不优秀，谋划不可谓不周详，执行不可谓不到位，但最终的效果，却难尽如人意。

说起来，古越龙山的实力是有目共睹的。公司本身就是黄酒业排名第一的品牌，旗下的古越龙山、女儿红、沈永和等不是中国老字号，就是中国驰名商标。在国内外获得荣誉也很多，在数十个国家和地区的免税店里，也都有古越龙山的身影。

然而，问题在于黄酒市场的规模偏小。即使是黄酒根据地的绍兴，整个黄酒业的规模，也敌不过一个五粮液。形成这种状况的原因，可能有很多，不是我这么一个外行能说清楚的。不过，从中国的酒文化中，或许能寻找到一星半点蛛丝马迹。

在一般消费者的印象中，白酒豪爽，红酒幽雅，啤酒畅快，都各有比较鲜明的特点和定位。说到黄酒，很多非江浙沪地区的朋友以为就是料酒，做菜的酒。这当然是对黄酒的误读。误读的根源在于不了解黄酒与黄酒文化。

但麻烦就在于，酒文化决定了酒的消费行为。我曾问过多位熟人，家中都有黄酒，但也都只是用来做菜，而不是用来喝。用来喝的酒，酒精度高的如白酒，每顿常常以瓶计。酒精度低的如啤酒，每顿常以箱计。而用来做菜的酒，得反过来算，每瓶常以周计甚至月计。

当然，如果全国人民都只用绍兴黄酒或古越龙山作为料酒，也是不错的。但遗憾的是，全国数十个地区都有各自的黄酒。比如安徽有宣城青草湖黄酒，江西有九江封缸酒，山东有即墨老酒，广东有客家黄酒，诸如此类，不一而足。它们虽然不如古越龙山这么有名，但却都一直经营着，说明也都牢牢地占据着各自的地盘。

中国黄酒市场，是规模小，诸侯多。古越龙山真要击败各地黄酒地头蛇，取而代之，实在是一件费时费力的任务。由此，它可多出一个选择：干脆放弃外地市场，只专心在江浙沪地区经营，甚至一咬牙一跺脚，出一个广告，宣称除了江浙沪，其余地区一概不卖！

当然，充满进取之心的上市公司，哪可能如我这般没出息。他们向前的步伐，从来就没有停止过。前一阵子，它还推出了高端年份酒。最初推出年份酒卖高价，当然是好创意。后来跟进的，也应该都有不少斩获。但这里有一个是以价取胜还是以量取胜的选择。比如白酒，以价取胜自然是对的。但啤酒，就只能以量取胜了。设想哪家啤酒厂真要推出什么 10 年 20 年之类的年份酒，别说卖高价，估计送人喝都没人要。

从古越龙山要做大做强的意愿出发，以量取胜应该是更好的选择。产品卖得贵自然是好企业，比如茅台。但产品虽便宜却卖得多，也同样是好企业，比如可口可乐。关键还在于产品本身的定位。

定位的要义，在于差异化。和别的酒类相比，黄酒的差异化是什么？

在江浙沪一带，常听人说"老酒喝喝，闲话讲讲"。所谓"老酒"，就是黄酒。为什么江浙沪一带的男人爱喝黄酒呢？我想最大的原因就是这一带男人精致而又怕老婆。光精致，如广东男人，凡事讲究，但却不怕老婆。光怕老婆，如四川男人，却又随意散漫了些，不够精致。因此精致又怕老婆的男人，当数江浙沪的男人。

常言道"一方水土养一方人"，其实一方老酒也能喝出一处风景。柔和的灯光下，一张不需要太大的餐桌，温上一壶黄酒，炒上几个小菜，三五好友或家人，围坐一起，一边喝喝老酒，一边讲讲闲话，温馨悠闲又自在。这种情调，实在是很诱人，也是那些每顿不喝倒几个不算喝的大老爷们儿，很难体会到的。

怕老婆、喝老酒，是江浙沪男人的标签。其实，真正怕老婆的人并没有

几个，怕老婆的本质，还是爱老婆疼老婆。

所以，古越龙山的产品，不妨打上"好男人常喝龙山"几个字，也算是倡导一种新的酒文化。

这样，古越龙山就有了丰富的内涵——好老公。想想女儿红的有名，也是与老公有关系的，因为是嫁老公这天才挖出来的。所以这7个字，无意之中，把黄酒打造好老公的社会公益性功能也挖掘出来了。

另外，爱老婆疼老婆的人，夫妻生活也应该是很和谐的。这是否与长期喝黄酒有关？如果有相关研究或数据支持的话，古越龙山的产品广告就还可再加上一行字："常喝龙山男人好"。

因此，要说差异化，黄酒的差异化就可以与好老公紧密相连。说不定以后丈母娘选女婿，除了房子车子之类硬件外，还需审查一下，他经常喝的是白酒，红酒还是黄酒！

倘若真是这样，那天下很多江浙沪以外地区的好老公好男人们，包括假装怕老婆的男人在内，都可能会经常喝黄酒，这会让其销量持续上升。

当然，怎么扩大需求，古越龙山公司自有打算。我等外行说三道四，其实都不着皮毛。不过古越龙山的高层最近也表了态，"不会再去推高端产品。高端要做，中端更要做"。这表明的应该是一种以量为主，以价为辅的经营策略。

扩大销量的有效办法，估计离不了让更多人了解、接受和喜欢产品。要做到这一点，前提是让尽可能多的人先留意和关注产品。因此寻找一个与众不同的角度切入，就具有其必要性与重要性。

当然，与众不同的定位，未必就一定要与好老公挂钩，不过这个思路应该还是有道理的。古越龙山的产品，要在长三角以外的地区实现真正持续的全面增长，首先要做的，是要将他们的产品特性、产品文化进行全面的推广。

绍兴黄酒的酿造过程，经过数千年不断完善提高，包含了微生物学、营养学、化学等多项现代学科知识，形成了一套独有的酿造技术体系，也形成了绍兴黄酒特有的香味与口感。人们喝绍兴黄酒已有数千年，至今，它在江浙沪地区仍深受欢迎。

仅这个"深受欢迎"，就已能较好体现古越龙山的投资价值。而且，在未来的日子里，深受欢迎再加上广受欢迎，也是值得期待的。

## 巴宝莉：骑士与方格铸就的经典

位于牛津街的塞尔福里奇百货公司，是伦敦最著名的百货公司之一。这家有着 100 多年历史的老店，在 2012 年初，因为优惠活动，吸引了成千上万的消费者挤在各个柜台前，创下一个小时 130 万英镑利润的销售奇迹。

据该店事后统计，在那些被疯狂抢购的商品中，卖得最好的商品是巴宝莉。

巴宝莉是极具英国传统风格的奢侈品牌，有着超过 160 年的历史。他们的产品包括服装、手提包、围巾以及香水等。巴宝莉赖以起家至今仍独步全球的产品，是风衣。事实上，巴宝莉就是现在通常所说的风衣的发明者。

这段辉煌的历史，可追溯到 1880 年。这一年，曾在布料店当过学徒的托马斯·巴伯利先生，发明了一种防水、防皱、保暖、透气、耐磨的斜纹布。

巴宝莉现在虽然是很著名的奢侈品牌，不过细究出身，却原来也曾是苦孩子。托马斯·巴伯利先生的发明，主要的激发点是因为看到牧羊人所穿的罩衣，都具有冬暖夏凉的特性，于是便躲在家里不停地研究，最终以一种只

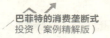

有他自己知道的独特纺织技术，发明了斜纹布。

虽然当时托马斯·巴伯利先生很年轻，却已具备开设百年老店的商业眼光与头脑。首先，他给他的斜纹布申请了专利，然后在伦敦开店，并开始用斜纹布制造一种长长的适合户外活动的衣服，这就是风衣的雏形。

要说风衣，就不能不说几句英国的天气。按教科书的说法，英国是温带海洋性气候。但事实上，除了短暂的夏天外，英国大部分时间都又湿又冷，所以见面谈天气的礼节，其发明权属于英国人，也就不奇怪了。

当然，与半年见不到太阳的北欧或北极相比，英国要暖和一些，但令人头疼的是经常下雨。所以，能挡风避雨的服装就成为一种必需。其实当时人们也不是没有长一点或厚一点的衣服，但不是样子笨拙难看，就是很快会被雨水淋透。

所以，托马斯·巴伯利先生所生产的好看又实用的风衣，就不出意外地受到了市场的欢迎。


## 风衣的传奇

1895 年，巴宝莉受官方委托，为英国军官设计的一款叫 Tielocken 的风衣，是今天风衣真正的鼻祖。这款既能承受相当大的风雨，又具有良好的透气性的风衣，充分满足了军官们户外活动所需的多种要求，并由此声名大振。

其后，巴宝莉的风衣就成为历久不衰的时尚潮流，深为众多名人所喜爱。1911 年，挪威著名探险家罗阿尔·阿蒙森上校，率领 5 人小分队，战胜了极地严寒，成为世界上第一批抵达南极的人。阿蒙森小队的服装与相关的户外用品，都是巴宝莉的，临走时还在南极留下了一个巴宝莉的斜纹布帐篷。其后不久，爱尔兰探险家欧内斯特·沙克尔顿决定横穿南极大陆，他的探险队使用的也是由巴宝莉提供的户外产品。后来，爱立克与布朗也身着巴宝莉驾驶飞机飞越大西洋。

第一次大战期间，英皇爱德华七世下令，将巴宝莉生产的风衣指定为英国军队的高级军服。后者也于此时注册商标，正式踏上世界著名品牌之路。

看来，巴宝莉总是与惊心动魄中的镇定自若相关：在荒原上勇敢前行的探险家穿巴宝莉，冒着枪林弹雨冲锋的军官穿巴宝莉。受此影响，在银幕上，巴宝莉也同样大放光彩，因众多明星的热捧而相当于做了数十年而不衰的广告。

电影史上不朽经典《卡萨布兰卡》中，男主角亨弗莱·鲍嘉与女主角英格丽·褒曼身着巴宝莉的镜头，给世人留下了极为深刻的印象。另一部经典《魂断蓝桥》中，罗伯特·泰勒就是穿着巴宝莉风衣，伤感地靠在滑铁卢桥栏上而令世人动容。奥黛丽·赫本在《蒂凡尼早餐》中，穿着巴宝莉的形象也是楚楚动人。还有《克莱默夫妇》中的梅丽尔·斯特里普、《华尔街》中的迈克·道格拉斯，也都同样没忘记穿上巴宝莉。

很长时间以来，巴宝莉几乎是风衣的同义词。如果有谁翻开英国牛津辞典查找风衣这个单词，就能发现，风衣的另一种说法就是巴宝莉。如果天空出现乌云，那么从首相大臣、明星大腕到中层白领，只要有户外活动，就都会将他们的巴宝莉准备好。

大概当年巴伯利先生也想不到，以他名字命名的产品，会成为如此受人们欢迎的世界大品牌。只是后来在我们这里，"巴伯利"不知为何变成了有点古板的"博柏利"，最后流通最广的却又是有女性意味的"巴宝莉"。幸好，巴宝莉那骑士商标一直未变。当然，巴宝莉风衣的品质也一直未变，深受人们的信赖与喜爱。

## 品牌效应的叠加

尽管巴宝莉与英国略偏保守的服装传统文化非常合拍，但是它并没有因为风衣的成功，就一劳永逸地躺在风衣上啃老本。事实上，巴宝莉创新的步伐从来不曾停止过。

还在一个多世纪前，巴宝莉就趁着风衣的优势，开发出多款分别适用于各种场合的运动服装，比如高尔夫球服、钓鱼服、登山服、网球服、滑雪服等，甚至还有驾驶服，为喜爱户外活动者提供不同选择，几乎将户外活动服装一网打尽。

不断推出的各种户外运动服装，得益于巴宝莉风衣的影响，同时又如众星捧月般，进一步扩大加深了巴宝莉品牌的号召力和知名度。

特别值得一提的是，"一战"结束后不久，巴宝莉设计出了一个格子图案标志，并立即进行了注册。从此，这种由红、白、黑、棕四色组成的格子，开始为世人所认识和熟悉。

这种风格明快的图案，更像是出自阳光明媚的加利福尼亚，而不是以雾都著称的伦敦。这种图案几乎成了世界上所有奢侈品中，最为醒目和最易识别出的品牌符号。如果50米外有几位女士分别挎着不同品牌的包包，那么一眼即能认出的，一定就是巴宝莉。换句话说，巴宝莉品牌带给消费者的品位与自信，比绝大部分同类品牌的辐射范围要大好几倍。

于是，这种极具个性的方格图案，就开始出现在巴宝莉的箱包、围巾、衬衫、风衣内衬甚至雨伞上，满足了许多消费者不同的审美情趣、品味与风格诉求。

风衣与方格，使巴宝莉成为英国服饰文化最为经典的品牌，其所承载的英伦风情与绅士气度，更是风靡世界。

真正世界级的奢侈品，最重要的两个元素，便是历史与工艺。这两者在巴宝莉产品中得到和谐统一。超过一个世纪的种种历史传奇，诠释着的是高贵与传统。

1955 年伊丽莎白女王向巴宝莉授予"皇家御用"的徽章。1989 年，巴宝莉又再次获得威尔士亲王授予的"皇家御用"徽章。

支撑这段光荣历史的，是高贵严谨的设计风格，精益求精的制作工艺，优良的品质和贴心的售后服务。

奢侈的外表下，实用耐用是巴宝莉一个极为突出的特点。风衣如此，箱包围巾等亦莫不如此。一件巴宝莉产品，常常用个十几二十年，还依然保持着良好品质，这应该是巴宝莉受欢迎的另一个重要因素。正常人总是希望自己喜欢的物品不但好用，而且还用得长。

巴宝莉还有一项比较特殊的售后服务，使他们产品的耐用性更为突出。那就是在精心设计、用料、制作的基础上，巴宝莉承诺，任何一位买了他们风衣的顾客，在今后的岁月中，不论过了多少年，都可以随时将风衣送到专营店来进行维修保养。所以，当看到某位绅士穿着 50 年前的巴宝莉风衣时，一点都不用奇怪，那才是真正的品味。当然，这种真正的品味，是建立在"产品耐用"的承诺与信誉上的。


## 应对挑战

作为一个传统的奢侈品牌，巴宝莉最大的挑战，就是在互联网时代，如何突破寸土寸金的实体店的柜台，向更多的潜在的需求者传递品牌信息。

巴宝莉的应对，充分显示了百年老店的创新与应变能力。他们做的是在传统与新技术之间寻找到一个平衡点。

"过河拆桥"。首先发力的是在实体店的运营中，为了提升效率，加强

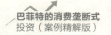

控制。他们将之前的许可销售模式转变成垂直一体化管理模式。简单说，就是不断收回和压缩授权业务，全面拓展直营店。

这一招似乎有点损。那些授权经营的门店基本都在英国本土之外，为巴宝莉的海外市场开拓，承担了风险，付出了努力，立下了汗马功劳。但是当尘埃落定之后，巴宝莉则毫不犹豫地进行强制性收购，无论经销商还是分销商，都难逃一劫。这看上去有点冷酷无情，然而商场如战场，一切以利益为导向。巴宝莉不是第一家这么做的，也不可能是最后一家。

2010 年 7 月 17 日巴宝莉宣布，将以 7 000 万英镑收购其特许经营伙伴 Kwok Hang Holdings 位于中国内地的巴宝莉特许经营店。也就是说，巴宝莉在中国内地 30 个城市的 60 家特许经营店全部为直营，以期在这个增长最快的市场建立更为牢固的地盘。

这种从批发到零售销售的铁腕转换，始于 2000 年，到 2011 年基本进入尾声。巴宝莉在全球的直营店，也从 2000 年的 50 家，增加到 450 家。

根据相关财报数据，在此期间，巴宝莉的收入增加了 26.68%，利润增加了 156.02%。代理商们 20% 左右的利润，都被巴宝莉收回到自己的口袋，实现了利益最大化。这也充分说明了这种"过河拆桥"的手段，的确给其施行者带来了实实在在的利润。

数字先行。数字重新定义奢侈品牌，是巴宝莉在互联网时代的另一个重要举措。他们现在的战略规划与策略的核心，就是进行数字化营销。

数字化营销的内容有点丰富，包括了数字化互动宣传，T 台时装秀的现场视频直播以及各种社交媒介的建设。

无论是 facebook 还是 twitter，无论是新浪、百度还是优酷，都能轻易点击到巴宝莉的品牌主页。巴宝莉已经在 45 个国家，用 6 种语言建立了官方网站，粉丝高达几千万，访问者更是数以亿计。

就目前世界整体消费人群来看，45 岁以下的将是奢侈品的主要购买者。

在那些高速增长的新兴市场中，他们还要更年轻一些。互联网与数字技术是这些消费者的通用语言，网购在他们购买行为中所占比例，将会越来越大。比如有统计显示，中国的网民现在已超过 5 亿，网购者近 3 亿。所以，会利用互联网营销者，才能生存与发展。

因此，巴宝莉的营销预算，花在数字技术上的高达 60%。使人们在常用的社交平台上，非常方便地了解到巴宝莉的经典款式和最新产品，更深地接触和感受到英伦传统奢侈品牌的文化。

值得一提的还有巴宝莉的创新时装展"零售剧院"。其具体做法是，在旗舰店设置 9 平方米的巨型高分辨率的显示屏，通过高品质的立体环绕数字影音，向客户们提供他们所需的产品信息与内容，营造舒适的购物环境。消费者可以通过旗舰店内配备的 iPad 对商品进行搜索，并可以以定制方式下单购买。

数字新技术为巴宝莉提供了一种新的营销模式，与消费者们能进行更便捷更深入的沟通与互动，使生意变得更兴隆。

然而，前行的道路并不因此而轻松。巴宝莉近 8 年的净利润，就能充分说明这一点。2007 年为 1.10 亿英镑，2008 年为 1.35 亿英镑，2009 年下跌到 8 340 万英镑。2010 年重拾强劲势头，净利润创下 2.08 亿英镑的新高。2011 年的净利润为 2.63 亿英镑，2012 年为 3.51 亿英镑，到 2013 年又有所下跌，为 2.54 亿英镑。2014 年强劲上升到 4.61 亿英镑，到 2015 年又略有下降，为 4.56 亿英镑。

巴宝莉肯定还将面临许多新的问题与挑战，其利润曲线还将不断出现起伏。然而，凭着皇家的"御用"保证，凭着英伦文化的象征，凭着有多位名人演绎的传奇，凭着营销模式的不断创新，巴宝莉拥有巨大的品牌号召力，有着任何对手无法依靠价格、依靠模仿达到的高度，形成极为宽阔的护城河。因此，投资者有理由对巴宝莉的未来保持乐观态度。

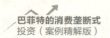
 # 百达翡丽：百年误差低于 0.02 秒的名表

常言道"穷玩车，富玩表"。意思是越是社会上层，越要消费实用价值低、性价比低的东西。你买的东西实用价值越高，性价比越高，那么你就越不是上层，越不是有钱人。显而易见，车的实用价值、性价比都远高于手表。经常花掉可花可不花的钱，是上层的有力标志。这是美国文学批评家保罗·福赛尔关于社会阶层的结论。

自然，玩的必须是好表。世界上好表千千万万，各有各的长处，各有各的道行。然而公认排位第一的，当推百达翡丽。有钱人玩的表未必都是百达翡丽，但玩百达翡丽的必定有钱。

百达翡丽公司规模并不算大，其产品却是全世界最有名的奢侈品牌之一，其品牌也自然跻身世界品牌 500 强之列。

创办于 1839 年的百达翡丽，是瑞士日内瓦仅存的家族经营的独立制表商，在瑞士众多了不起的制表企业队列里，显得格外卓尔不群。更确切地说，凭着精湛的制表工艺、一流的品质和不凡的品位，百达翡丽已成为世界上最为珍贵的钟表。

好东西最外在的特征有二：

一是专卖。普通手表柜台里，是看不到百达翡丽的身影的，只能在专卖店才能一睹其芳容。百达翡丽正式登陆中国内地，还是 2005 年的事。那一年，这家瑞士著名的表企才在上海开设专卖店。

二是不便宜。百达翡丽的产品，10 万人民币一块的，只能算是入门级。恐怕价格超过百万人民币一块的，都还只能排在其产品系列的中间。他们不久前推出的 REF.5002 星月陀飞轮表，每只价格为 1 200 万人民币。所以，如果不是真正的土豪，根本玩不起。

## 家族企业与 3 位女士

尽管没人否认百达翡丽是瑞士手表中的佼佼者，但若真要论出身，论血统，百达翡丽似乎并没有想象中的那么纯。实际上，百达翡丽是波兰与法国的混血儿。简单说，百达和翡丽是两个人的名字。百达（Antoni Patek）先生是位从波兰到瑞士的商人，翡丽（Adrien Philippe）看上去像是位女士的名字，其实也是个大老爷们儿，一位来自法国的钟表匠。

1844 年，百达与翡丽相识于法国工业展览会。其时，翡丽先生正展出自己开创性的发明成果——柄轴上弦设置，令百达先生大为赞赏。

当商业头脑遇上技术头脑之后，很快发生了碰撞。碰撞的结果就是在 1851 年，翡丽先生正式加入了百达先生 1839 年开办的公司。从此"百达翡丽"开始了百年辉煌之途。需要说明一下的是，1932 年，瑞士日内瓦的斯蒂姆兄弟，眼光独到地收购了这家以生产世界最优质、最精致、最准确手表为己任的公司。也就是从这一年起，直到今天，百达翡丽都一直是个家族企业。

作为日内瓦历史最为悠久的、也是硕果仅存的独立制表企业，百达翡丽把家族企业的长处，制表业的特点以及公司未来的目标，非常和谐地结合在一起，保证了公司在百年风雨之中，能屹立于世界手表品质之巅而纹丝不动。

家族企业的好处，就是产品从头至尾都由自己生产，由自己做主，自己说了算。其产品很单一，无需一个个争论不休的股东大会。所以，公司发展的方向始终牢牢掌握在自己手中，拥有不受制约的自由创意空间，同时根据自己制定的极高的产品品质标准，自主研发和制造手表。

就是在这种家族背景下，百达翡丽推出了许多项专利技术，不但推动了制表工艺向前发展，也由此生产出了多款带有传奇性质的产品。这些具有传

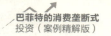

奇性质最有代表性的产品，与3位女士紧密相关。

第一位女士要追溯到19世纪的伦敦世博会。在这次博览会上，英国的维多利亚女王买下一块采用新旋柄并镶有13粒钻石的百达翡丽袋表。顺便提一下，女王丈夫阿尔伯特亲王紧随其后，也买下一只气度不凡的百达翡丽猎表。

第二位女士是匈牙利的科西维奇伯爵夫人。1868年，百达翡丽为她制作了世界上第一只瑞士腕表。

代表第三位女士出场的是20世纪20年代的美国汽车大王柏加德。这位美国孝子要求百达翡丽为其母亲专门制作一只可以奏乐的手表。百达翡丽完全满足了柏加德先生多少有些古怪的要求。从此，柏老太太可以随时通过手表，聆听她最心爱的摇篮曲。

## 舍得下本

百达翡丽之所以好，最根本的原因就是舍得下本。

第一是在工艺技术的研发上，可谓殚精竭虑，不断追求完美。这种追求可用"十年磨一剑"来表述。换句话说，百达翡丽每一项技术的出现，都投入了极大的专注与耐心，不计一日之长短，非到自己满意的程度不可。

因为这种执着的追求，让百达翡丽的钟表制作技术，一直位于世界最前列。其第一项专利发明，得从1851年的"旋柄上弦"算起，至今已有80多项钟表专利在手，可能是世界名表企业中拥有专利最多的一家。其中比较有代表性的专利包括精确调节器、双重计时器、大螺旋平衡轮、外围式自动上弦等。工艺技术上的领先，是百达翡丽登上世界名表之巅的第一步。

第二是对制表师训练的投入，也应该是独步全世界的。再好的技术，也必须通过具体的制作，才能将其优势逐步体现出来。

百达翡丽钟表的制作过程，坚守的是其自身的工艺传统。作为承前启后的传统制表师，至少需要接受 10 年的训练，才能独立上岗。这些经过长期严格训练的制表师，以他们精湛的手艺，将百达翡丽钟表的美学理念注入产品之中，使任何其产品的拥有者，都能感受到其追求卓越永不停步的工匠精神。

第三是钟表制作材料的投入。百达翡丽从创办之初，在制表材料的选择上，就以不惜工本而为人称道。早期的百达翡丽的表壳，基本都是纯银的或者是 18 K 黄金制成的，包括后来的白金、玫瑰金、铂金等，使得产品贵族化地位不断得到强化。金玉其外也其中，百达翡丽手表的机芯，都是采用两位数的钻石。早期还是 15 钻左右，到后来，多数产品都高达 29 钻。有一些性能更多的金表，使用的钻石竟多达 37 颗。光那些钻石就不知要卖多少钱了！

这么多好东西，绝不是简单堆砌就能成名表的。一只百达翡丽，从设计到制作，常常需要花费 5 年时间。如果是定制表的话，制作时间还会更长。在这种精雕细刻的工艺之下制成的每只手表，都成为一件艺术珍品。

## 强化美誉

就奢侈品行业来说，品牌重要，美誉度更为重要。有了知名度，还需要通过产品，为消费者提供品味、体验价值平台，使品牌消费中的情感寄托比重不断加大。也就是说，在名气之外，还要让大伙儿伸出大拇指说好，要让无数现有的和潜在的消费者心向往之。这可以说是几乎所有奢侈品牌长期而艰难的任务。

自初创时起，每一只百达翡丽表都保证在 100 年内误差低于 0.02 秒的精确度，也因此荣获瑞士天文台的第一个精确奖。在此后的岁月里，它所打制的计时码表赢得无数的奖励和殊荣。在坚持传统的同时，百达翡丽从未停止创新的步伐。

1981 年，百达翡丽在瑞士巴塞尔钟表珠宝展上推出了 3450 自动机械万年历表。这种表可在 100 年内，无论是 30 天、31 天的大小月，还是几年一遇的闰年闰月，都无需任何人力调拨，均能准确显示当前的月份和日期。换言之，这种表 100 年只需做一次调整。万年历表很快受到消费者的欢迎，因此，各大品牌也紧随百达翡丽之后，陆续推出自己品牌的万年历表。

自然，对于制表行业的先进技术，百达翡丽也是抱着"有容乃大"的心态，张开臂膀去拥抱。瑞士钟表大师路易·宝玑在 1795 年发明的一种钟表调速装置，能够将地心引力对钟表所造成的影响降到最低，使走时精确到极致。这种装置的通俗名字叫"陀飞轮"。陀飞轮好是好，但本身结构极为复杂，对材质极为讲究，对工艺水准要求极为严格，因此成本也极高。

有种稍稍有点夸张的说法是，没有陀飞轮的表，算不上真正高档的表。同一款表，有没有陀飞轮装置，价格可以相差 10 倍。百达翡丽的陀飞轮表，以极其精美而著称，价格一般都不会低于数百万元人民币。比如前面提到的价格高达 1 200 万元人民币的 REF.5002 星月陀飞轮表，仅仅机芯就包括了 686 个组件，同时还有逆跳日历、万年历、星期、月份、闰年显示、月龄、西敏寺钟声三问、陀飞轮、北半球星象图、恒星时间显示、月轨月相和月球运行轨迹显示等诸多匪夷所思的功能。

作为全球唯一采用手工精制，且可以在原厂内完成全部制表流程制造商的百达翡丽，综合了设计师、钟表师、金匠、表链匠、雕刻家、瓷画家及宝石匠等 7 项"日内瓦传统制表工艺"，其优良品质举世公认。

# 因 "精" 而 "小" 而 "少"

很多人认为百达翡丽是个 "小而精" 的企业，其实用 "精而小" 来表述才更准确。关键的根基在于 "精"，因为 "精" 而无法漫无边际去 "做大" 而不得不 "小"。所以，"小" 是处于为保证 "精" 的从属地位。

"日内瓦印记" 是有关机芯制作和装饰等方面的最高认可标准，代表了完美的品质、超凡的制作工艺，也是性能高度可靠的最佳证明。在全部瑞士表中，能够获此印记的机芯中 95% 都是百达翡丽的产品。事实上，百达翡丽的所有机械机芯均获得了 "日内瓦印记"。

据资料记载，世界拍卖成交价最高的前十位手表，全部都是百达翡丽的产品。其中拍卖价格最高的是其为美国某银行家私人定制的具有 24 项复杂功能的袋表 ( 编号 No.198385)，在 1999 年的一次拍卖会中以 1 100 万美元的价格成交。所以，在很大程度上，百达翡丽手表既是日用品又是收藏品，在使用过程中，还能不断增加其收藏价值。

"小" 的企业，也说明产品的产量 "少"。有些高端产品，平均一年产量只有两件。即使是带有普及性的产品，每款产量也肯定不会超过 10 000只。从公司成立到现在的一个半世纪，其总产量仅 60 余万只。平摊下来，百达翡丽一年也就生产几千只表，而其面对的却是全世界有钱人的市场。正因如此，它的产品才演变成延续一个多世纪的稀缺。百达翡丽的限量表，并非带着银行卡进店就能带走，而是需要等待几年甚至十几年，才能得到。一个产品，卖得贵已经了不起，买不到就更了不起。有钱还得等，也是百达翡丽百年传奇的一个组成部分。

可能有朋友会问，百年前的百达翡丽表，现在还能用吗？回答是肯定的。为了这个肯定，百达翡丽的仓库里，还保留着他们所有产品的配件，或至少保留了可以生产配件的能力。

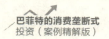
　　所以，百达翡丽不但为整个行业设定了技术和审美标准的上限，至今尚无人超越，也同时保持了产品永续使用的纪录，从而使百达翡丽成为品质绝对可以依赖的代名词，立于同行业金字塔之巅而傲视同侪。

　　也许你无法购买百达翡丽的股权，但是只要拥有一件它的产品，你仍然会感到自豪！

# 第 6 章

# 整合高手

◎ 整合手段了得的企业，通常而言至少有以下 3 种特质中的一种或一种以上。首先是有聪明的脑，其次是有鳄鱼的胃，第三是有宰相的肚。兼并的是资源，整合出来的是能量。那些既能够进行资本运作，又善于对企业潜能进行整合并将其不断发挥出来的，方为高手！

常听到说某个行业"产业集中度不高"，其潜台词可能是，在这个行业中有很大的兼并收购或重组的空间。如同过去战乱时期，到处都有占山为王的散兵游勇，于是就有比他们强的同行来进行并购重组，进行收编。结果，大家都成了正规军，像回事了。对很多企业来说，要保持良好的收益并能不断成长，兼并是一种重要甚至是唯一的选择方式。

兼并重组的路径，不外乎是企业通过合并和股权、资产收购等形式，运用资本市场进行外延式扩张。外延式的扩张，大致可分为两大类：

第一类是合并同类项，简单地说就是收购同行。收购同行又可分为两种：一种是把市场中相对弱小，还没形成规模效益的同行们，包括产业链的上下游，兼并到自己旗下，以使自己逐步强大，取得越来越大的市场份额和越来越大的规模效益。跨国式兼并重组还能有效地避免关税与非关税壁垒，更好地占领对方的市场。另一种收购同行的特点是品牌依旧，只是老板换人。兼并的目的不仅是做强自己，而且还消除过剩产能，将对手品牌与渠道收归己手。

第二类外延式扩张是跨行业的兼并重组。跨行业兼并重组比较容易理解，就是不但吃自己桌上碗里的，还要吃邻桌碗里的。比如买海鲜的收购字画古玩店，做水泥的兼并干洗店。如果收购兼并的对象与本业并不搭界，就属于跨行业兼并。这种兼并不但能在多个行业里赚钱，而且还有可能利用对方比较低廉的土地、资源与劳动力进行生产。

但是，企业兼并重组之后，并不意味着效益从此就节节向上。事实上，相当多的案例是令人失望的。麦肯锡公司曾对国际数百个企业并购案例进行过事后的统计和分析，发现真正成功的只有23%，失败的高达61%，其余的成败尚未知。

在消费品市场上，有许多了不起的大公司，其发展几乎就是一部兼并整合史。更为可贵的是，每次兼并或重组之后，通过有效的整合，都能使整个企业的业绩上升，市场竞争力更强。

这类整合手段了得的企业，通常而言至少有以下3种特质中的一种或一种以上。

首先是有聪明的脑。很多大公司都有自己专门的投资并购战略研究机构，负责项目的筛选、评判和审核，以确定其是否符合企业自身的发展战略，是否存在进行整合时无法逾越的障碍等。

其次是有鳄鱼的胃。不论是同类型的还是跨行业的兼并，都有能力按已有的企业模式与文化进行整合，对所有的资源与业务，在企业总体战略的框架内，按照实际情况，包括不同的市场、不同的技术标准等，重构不同的供应链的主要环节以及与之相适应的财务管理、人员配备，以利于进行最为高效的控制与管理。

第三是有宰相的肚。即尊重被兼并者的品牌特色与固有的企业文化，尊重高层管理的原班人马。不但基本按原来的套路出牌，而且还为之提供战略上的引导和资源上的支持。这时，常常是被兼并者声名远播，不同的品牌各得其所，而兼并者只低调地站在后台。

兼并的是资源，整合出来的是能量。那些既能够进行资本运作，又善于对企业潜能进行整合并将其不断发挥出来的，方为高手！

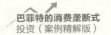

# 帝亚吉欧：后来居上的 90 后

2012 年，经中国证监会批准，帝亚吉欧集团成功收购水井坊。水井坊是酒，与井水并无多大直接关系。在大部分卖酒柜台的高档酒中，就有水井坊。

水井坊的高档与高价，来自一段传奇般的经历：1998 年，四川全兴股份有限公司的一个车间改造厂房时，一不小心发现了埋藏在地下的古代酿酒遗迹。于是，考古队立即替代了工程队，进行更深更细更专业的挖掘，并确定这里有 700 多年前以来，不同时代的酒窖、蒸馏器基座等遗物。结论是，这是迄今为止全国以至世界上，被发现的最古老、最全面、保存最完整、最具民族独创性的古代酿酒作坊。

有了这个结论，这个车间就顺理成章地成了"全国重点文物保护单位"。很快，"中国白酒第一坊""中国浓香型白酒的源头"之类的荣誉便纷至沓来，而且还被载入了吉尼斯世界纪录。生产川酒"五朵金花"之一全兴大曲的厂家，即已经是上市公司的全兴集团也就顺着这股热浪，于新世纪来临之时，推出了水井坊，并干脆把股票也改名为"水井坊"。十多年弹指一挥间，水井坊转眼间就完成了"跨国婚姻"，成了帝亚吉欧旗下的一个公司。

按规定，中国名牌白酒必须是由中国企业控股的。也亏了帝亚吉欧通过资本市场的好一番闪转腾挪，居然成功避开了种种限制，如愿以偿地将水井坊划到了自家后院。

对很多人来说，并不大清楚帝亚吉欧到底是何方神圣，甚至可能还有没听说过这个多少有点古怪的名字。

帝亚吉欧是一家英国公司，来头其实很大。目前世界上在蒸馏酒、葡萄酒和啤酒 3 大领域中，都经营着一流品牌的公司只有帝亚吉欧。这 3 大领域中，当之无愧的领跑者帝亚吉欧，同时也是分别在纽约和伦敦交易所上市的世界 500 强公司，目前业务已遍及全球 180 多个国家和地区。

## 巨大的商誉

有朋友说，好像没看过帝亚吉欧牌的酒。其实，全世界也没有一个人看过帝亚吉欧牌的酒，因为事实上并不存在这个牌子的任何蒸馏酒、葡萄酒、啤酒或黄酒。

帝亚吉欧本身并不是具体产品的品牌，而是一家专门经营酒类品牌的专业公司。在全球酒类细分市场中，帝亚吉欧旗下品牌都拥有极高的号召力，其消费群体有着极高的忠诚度。全球酒类 100 个左右的高端品牌中，帝亚吉欧拥有其中顶级的 17 个，包括烈性酒中 20 个顶级品牌中的 8 个，包括世界第一及第二的苏格兰威士忌品牌尊尼获加与珍宝，世界第一的伏特加品牌斯米诺，世界第一的利口酒品牌百利甜，世界第一的龙舌兰酒品牌库尔夫，世界第一的黑啤品牌健力士，世界第一的杜松子酒品牌添加利，世界第二的朗姆酒品牌摩根船长等。这些全球酒类消费者耳熟能详的一流品牌，都是帝亚吉欧经营的产品。

这些产品，几乎都具有在同类产品中难以撼动的优势。举两个比较简单的例子。

第一威士忌。作为威士忌酒的世界第一品牌尊尼获加，与几乎所有的奢

侈品牌一样，都寄托了消费者们一个经典的梦想与一种生活态度与品位。尊尼获加家族自1820年问世以来，凭着其独有的优良技术和专注精神，一直保持着其特有的品质和特性，在国际上受到广泛的欢迎。早在1920年，它就已出口世界120个国家。1933年尊尼获加公司被授予皇家特许权向乔治五世国王特供威士忌，直至今日，仍是英国皇室的指定威士忌供应商。尊尼获加还有另外一个名字，叫"约翰走路"，其商标就是一位大步前行绅士的抽象形体，表征着一种永不停止的追求精神。这种尊贵地位与生活品位具有极高的认同度，人们也愿为这个尊贵的选择付出额外的代价。

第一伏特加。在007系列电影中，詹姆斯·邦德有一句"伏特加马天尼，要摇的，不要兑的"经典台词，说的是帝亚吉欧的另一个品牌——斯米诺伏特加。斯米诺于1864年开始在俄罗斯酿造，采用的是小批量手工酿制、经3次蒸馏加上一次传统俄式铜器蒸馏而成。其顺滑纯正口感，得到对美酒品质要求极高的沙俄皇室的青睐，荣幸地成为沙俄皇室御用供酒商。20世纪50年代，以斯米诺伏特加为基酒调制而成的"斯米诺劲骡""血腥玛丽""螺丝刀""伏特加马天尼"等，都成为鸡尾酒中的经典。斯米诺也因此成为世界上最受欢迎的伏特加，在全球130多个国家畅销。

帝亚吉欧旗下的品牌，大多都有各自辉煌的历程，都是被消费者们宠爱的高端酒，因此帝亚吉欧占有全球30%的洋酒市场份额，威士忌更是占有全球市场的40%。凭着众多一流品牌商誉所组合的壁垒，使帝亚吉欧成为对手难以超越的全球最大的酒类公司。

## 品牌的追逐者

帝亚吉欧非常年轻，1997年由大都会与健力士大酒业公司合并而成，合并后就叫"帝亚吉欧",感觉比较时尚,是标准的"90"后。一个还不到20年历史的公司,为何能在短时间内,迅速成为全球最大的酒业巨头?首要的答案就是资本运作。

在高档酒业领域,可以说帝亚吉欧是一个标准的"品牌追逐者"。帝亚吉欧旗下品牌达 3 位数之多,大部分品牌的收购都是百分之百股权的收购,暂时没有全权收购的,也基本都会做出剩余股权收购的安排。

帝亚吉欧对水井坊的收购案,能比较清楚地体现其经营的理念、思路与方向。

中国的酒市场,对全世界造酒与卖酒的,都具有极强极大的吸引力。帝亚吉欧自然也不例外。但是,要打入这个市场、站稳脚跟并不断拓展,却不是一件容易的事。中国的酒文化中,白酒是无法动摇的根基之一。如果仅凭"约翰走路"或"斯米诺劲骡"之类从正面强攻,那么约翰先生很快就会发现,到处是雪山草地和沼泽,而劲骡也很快就会口吐白沫累趴下。

所以,帝亚吉欧将水井坊作为进入中国的突破口,并于 2006 年开始实施收购行动。

坦率地说,帝亚吉欧看中水井坊,并不仅仅限于其具有较大的国际市场潜力。因为中国具有这种潜力的高档白酒还不止一个。关键是那些酒都已有数十年甚至数百年的酿造与销售的历史,未来已在不同程度上被预支了。

而水井坊尽管进入"文物"级,毕竟还只是年轻的老酒,穿开裆裤的寿星,名气虽然大,但真正作为一个品牌,放在柜台里卖,在当时才不到 6 年时间。帝亚吉欧着眼的,应该是其未来还会有较大的发展空间。精心打造一个预期有良好增长的本土品牌,不但可向国际市场延伸,而且再派约翰劲骡们来打打边鼓,就不会那么辛苦了。

水井坊应该也愿意被帝亚吉欧并购。国内高档白酒的竞争激烈异常,能够与全球最大的酒商合作,借助其在全球已建立起来的销售体系和销售网

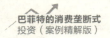

络，有助于品牌的国际化，并逐步成为国际品牌，在国内红海市场中走出一条差异化之路，形成长久的竞争优势。

常说市场上只要有好的标的，国际资本就会来追逐。从另一面来讲，能借助国际资本的力量走出去，做大品牌，而且还有数亿现金落袋，标的们又何乐而不为呢！所以双方才能你情我愿，经由合作成为一家。

通过对水井坊的并购，一方面可以看出，帝亚吉欧是如何准确、大胆而直接对目标酒类品牌进行兼并，同时凭借高超的资本运作技巧完成收购。另一方面也可以看出，收购品牌是为进一步将品牌做大，以收获双赢的举措。

## 品牌的统治者

帝亚吉欧有钱，也懂酒。所以能在酒类市场上把一个个好品牌买进来。不过，把这些品牌买进来之后，还只能算是为未来的发展奠定了基础。要在这个基础上建造高楼大厦，则取决于兼并收购后的品牌管理与资源整合。换句话说，买进这些品牌后，还必须在经营管理、生产销售方面，都要比没买之前做得好，否则就可能变成赔本的买卖。

由于帝亚吉欧收购的眼界很高，所以几乎每个买进来的品牌，都有着自己独有的优势，独特的企业文化，独占的市场。要把诸多不同的"独"进一步强化和提升，同时又能发挥出集团军的优势，对帝亚吉欧来说，是一个并不轻松的课题。

帝亚吉欧在这方面非常强势，他们对旗下所有品牌采用的是"铁腕统治"。帝亚吉欧自己建立了一套品牌建设标准，在尊重品牌原有文化的前提下，采用"一刀切"的方式。但凡在品牌整合与提升过程中遇到的各种问题，都以集团建立的标准、理念与方法进行分析研究，进行沟通协调，以实现对不同品牌的统一管理。

帝亚吉欧的另一个做法是，在坚持统一标准的同时，把旗下的品牌分为全球重点、地区重点和特定重点，以进行分类管理。全球重点是在多个重要市场上广受欢迎的畅销产品；地区重点是在某一地区畅销的产品；特定重点是以特定类型消费人群为目标。每一个分类，都有专门的团队进行管理。

这样，帝亚吉欧公司就成了根据不同地区和市场特有消费特点和消费文化，进行品牌提升产能、品质，争夺渠道和市场的总指挥，形成了一种"重点突出，全面推进"的格局。所有品牌的经营销售，都有着相同的、明确的严格规定，甚至连产品包装要做一点小小改变，都必须由公司总经理亲自批准才行。这样，它真正实现了对品牌的铁腕"统治"。

## 后生可畏

近年来，帝亚吉欧不断扩大在新兴市场包括亚太地区与非洲地区的拓展力度，尽管全球经济还没有完全从低谷中走出来，但帝亚吉欧的经营业绩仍保持向上势头。在公司总销售额中，排名前九位的品牌就占有 65%，同时不可忽视的是，公司另一些具有战略意义的品牌，业绩也在稳步上升，也正在逐步壮大。帝亚吉欧在世界酒市场版图中领导者的地位，将进一步得到巩固与提升，真可谓后生可畏啊！

2009 年公司净利润 16 亿英镑，2010 年的净利润 19 亿英镑，2011 年为 19.40 英镑。其后几年，因整体市场与汇率变动等原因，净利润有所下降，2013 年为 17.40 亿英镑，2014 年为 13.64 亿英镑，2015 年为 13.10 亿英镑，但公司的市值 2011 年为 356 亿英镑，是全球销售额第二大烈酒公司保乐力加市值的 2.60 倍，到 2016 年已达 666 亿英镑，成为不折不扣的垄断性寡头。

因为良好的业绩，帝亚吉欧在证券市场上一直表现坚挺。2002 年在纽约证券交易所的每股价格是 50 美元，到 2016 年 4 月 5 日已涨到 106.39 美元。

在这里要特别说明的是，帝亚吉欧进行全球一流品牌收购的战略布局，已到了收官阶段。在这个过程中，由于品牌收购的溢价，形成巨大的商誉，需要逐步进行摊销，因而摊薄了帝亚吉欧利润。

现在，帝亚吉欧已开始进入由"厚积"走向"薄发"的阶段，旗下的品牌绝大部分都将在百年老店的基础上，焕发新的长久的生命力。公司的利润将开始画写一条不断上升的曲线，给股东带来丰厚的报酬，同时在股市上也会有更为出色的表现。

## 英美烟草公司：烟草市场的掠食者

上了点年纪的烟民，可能有不少人还记得"大前门"香烟。当年曾是最受欢迎的香烟品牌：口感好，抽着有面子，还不算太贵。

20 世纪 90 年代前，很多人结婚用烟就是"大前门"。只是后来不知是人们真的钱多了，还是更要面子了，或二者兼而有之。不知不觉，就逐渐被更高档的"中华"香烟挤出了婚宴。到了现在，在香烟柜台里，已很难看到"大前门"的身影。曾经辉煌过多年的"大前门"，恐怕只能封存于老烟民的记忆之中。

自然，柜台里别的香烟依然琳琅满目，比如"555"牌香烟。之所以特别要在这里提一下"555"，是因为其与"大前门"香烟实为同门兄弟，都是英美烟草公司旗下的产品。

英美烟草公司来头不小，是目前全球第二大烟草制造商，也是世界 500 强的跨国公司。

英美烟草公司的成立源于竞争。当年英国的帝国烟草公司与美国的美国烟草公司在市场上打得难分难解。后来双方都意识到，这么下去必将两败俱伤，对抗不如联手。于是，在 1902 年 9 月 29 日，两家联合创办的合资企业——英美烟草公司正式问世。

1911 年，美国烟草公司放弃了在合资企业中的股份。英美烟草在伦敦股票交易所上市，英国投资商认购了其美国母公司持有的大部分股份，从此位于伦敦的英美烟草公司成为现在意义上的总部。

## 中国缘分

说起来，英美烟草公司与中国的渊源，比公司本身还要早。

世界香烟工业的大普及大发展的一个重要标志，是 1880 年美国人邦萨克发明的卷烟机。这种卷烟机每分钟能卷 250 支香烟，引发香烟生产大革命，近现代香烟工业由此兴起。

邦萨克卷烟机注册专利的时候，中国正是光绪皇帝坐龙椅的岁月，也是鸦片战争后，资本主义列强对中国进行经济侵略的时期。

纸质卷烟，即现在我们所说的香烟，作为一种商品进入中国，最初的突破口，是上海虎丘路二白渡桥边一家不起眼的商行。这家名为"老晋隆"的小商行的老板，是美国人。1890 年，老晋隆首次把美国烟草公司，也就是英美烟草集团的前半身的产品，一种名为"品海"的低档香烟，运到上海滩，开创进口香烟销售之先河。

本来老晋隆是一家经营五金等商品的杂货店，自成为美国烟草公司代理商之后，卖香烟的收入远超过其余所有商品的总和。于是老晋隆便把全部精力用于卖香烟。他们积极联络中国商人，发展销售网络，在城市乡村大力开展免费赠吸香烟活动，把越来越多的中国人，从旱烟与水烟的身边，拉到香烟队伍中来。后来，生意居然越来越好，老晋隆干脆自己投资在天津办烟厂，成为中国第一家机制卷烟厂，也是正儿八经的外资企业，声势也因此而越发浩大起来。

1902 年，刚成立的英美烟草公司看着老晋隆生意不错，就直接把老晋隆给收购了。因此可以说英美烟草公司在中国的业务，还在公司未成立之前就有了，其称雄中国数十年的序曲，在进入之前就已奏响。

自 1902 年成功收购老晋隆尝到甜头之后，英美烟草公司进一步实施在中国生产和销售香烟的战略，开始陆续在天津、武汉、郑州、青岛、沈阳、哈尔滨、香港等地，共设立了 11 家卷烟厂，6 家烤烟厂，并相应建立起了强大的销售网络。

从老晋隆到新中国成立前的数十年间，英美烟草公司一路高歌猛进，成为在中国办厂最多、影响最大的外国香烟公司。

"大前门"香烟是英美烟草公司在 1916 年推向市场的，由英美烟草公司在上海、青岛、天津 3 个烟厂一起生产。"大前门"甫一面世，就因醇和浓郁的口感而迅速成为热销货，与"老刀""哈德门""三炮台"等英美烟草产品，在中国风靡了很长一段时间。在当时最为繁华的上海，全市香烟的 60%，都被英美烟草公司把持。其中，最受欢迎的香烟，就是"大前门"。

当时"大前门"的广告语是这么写的："大人物抽'大前门'，落落大方"，确实颇有几分创意，几分文采，和烟民心理比较合拍，因而使得"大前门"品牌更为深入人心。

新中国成立之后的第三年，也就是 1952 年，"大前门"香烟经转让形式，被收归国有，但商标依旧保留，生产也还依然由上海、青岛、天津 3 个厂共同生产。"大前门"凭着过硬的质量，又借助著名景观为品牌名称，一直为烟民所喜爱。所以，新中国成立后它又继续热销数十年，可称得上是烟草业的一个经典。

## 烟界逐鹿

英美烟草公司在新中国成立前的轨迹，也可以看成是其整个发展过程的一个缩影。英美烟草公司拓展国际业务的主要思路，是通过收购、兼并当地烟草公司或品牌等方式进入新市场，进入新兴经济体，然后借助公司强大的经济实力，强大的经营团队，强大的品牌运作能力，不断做大做强。所以，英美烟草公司的发展之路，就是一条兼并与收购之路。

英美烟草公司成立之初，有这么一条协议，即只发展英美本土之外的烟草业务。这条本来是为避免自相残杀的条款，却成为英美烟草公司日后做强做大的一条根本性的战略策略。

于是，英美烟草公司开张之后，就立即向全球其他国家和地区迈出了扩张的步伐。老晋隆就是最初被收购的烟草企业之一。除了中国之外，几乎同时进入的还有加拿大、南非、德国、澳大利亚等国。

第一次世界大战爆发，在给军火商们带来滚滚财源的同时，也给烟草业带来巨大的商机。简单地说，前线士兵们在打仗时消耗枪炮子弹，战争间隙就消耗香烟，而且消耗得比平时要多得多。特别是不消耗枪炮子弹的后方，在消耗香烟方面的增量，一点也不落后于前线士兵。打仗时前方浓烟滚滚，军火商们偷着乐；休战时前方后方都香烟袅袅，烟草商们也笑了。

已经具备一定规模和品牌优势的英美烟草公司，在"一战"期间基本是开足马力外带加班生产香烟，生意好得不得了。仅 1915 年，就卖出去了

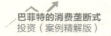

250亿支香烟。

经过几年的香烟热卖，英美烟草公司手中有了非常雄厚的资金，为他们的兼并收购提供了更多的本钱。特别是自1911年美国烟草公司退出之后，当初互不进入双方本土的协议条款，实际上已失去硬性束缚力，可以有很大的变通余地。这样，英美烟草公司在并购领域中就有了更大的施展空间，基本上是看中了什么目标，就可撒网，而不必再过分顾忌国籍问题。

从此，英美烟草公司就如同烟草业中的掠食者，不断地四处寻找合适的猎物。他们悄然潜行，身手敏捷，主导的并购大戏，从20世纪20年代以来，就不断地在亚洲、非洲、欧洲等地区反复上演。特别是苏联解体，东欧开始实行经济自由化改革，一些国家逐步取消烟草专卖制度，将市场放开之时，英美烟草公司抓住这一良机，迅速进入俄罗斯、乌克兰、匈牙利、波兰、罗马尼亚等国家，争得市场主动权与先机。紧接着，英美烟草公司兼并之手，又毫不犹豫地伸向墨西哥、土耳其、韩国、埃及、尼日利亚等国家。

当然，兼并的方式不拘一格。有一部分是将公司整个买下，有的只收购公司一部分业务，但却包括某个品牌的商标使用权。只要是能赚钱或有发展前途的烟企，英美烟草公司都想吞下，而且没有"窝边草"之类的顾虑。因此被他们纳入囊中的，还有美国与英国的目标。值得一提的是，1999年，他们成功地将英国同行、也就是世界第四大的烟草企业乐富门公司合并，从而使公司实力大增。

当英美烟草公司老总，应该是一件风光无限又实惠无限的工作。公司业务遍及全球180多个市场，在64个国家拥有80多家工厂，有24个烟叶种植项目以及21家烟叶复烤厂。如果老总要到各个下属企业和所处市场都视察一遍的话，那可就是真正的周游世界，而且费用全部报销，没人过问。

当然，也有吃力的地方。英美烟草集团拥有品牌超过300个，别说管理规划，就是要把这些品牌全部记下来，这位老总恐怕都得和高中生记单词一样，每天早上口中念念有词 3 分钟。

具有这样的规模与实力，很自然就会生发这么一个问题：英美烟草公司有没有可能在不远的将来，业务与规模超过菲力普·莫利斯公司，重返世界烟草行业老大的地位呢？

## 能否重为一哥？

现成的答案肯定没有。不过，还是有些线索能帮助人们去做些探究的。

英美烟草公司在未来的竞争中要继续扩大胜果，依靠的还是他们独有的、可持续发展的商业模式。他们的商业模式有 3 大特点。

第一个特点是确立上游优势，打造具有持续竞争优势的全产业链。现代烟草业的市场竞争，与别的快速消费品的竞争一样，要想获取持续优势，单靠某一个环节领先还远远不够，需要打造的是全产业链的优势。

一般来说，人们对烟草企业的关注，目光主要集中在生产制作、品牌培育、渠道销售这几个环节上。然而，这还不是真正的全产业链。要达到这个“全”字，就必须要把烟草的种植与采购包括进来，才可能从源头上保证产品的品质，维护品牌，扩大疆域。

英美烟草公司在这方面是具有长远眼光，并且也是下了本钱的。到目前为止，英美烟草公司是唯一一家大力支持烟叶种植的国际性烟草大公司。他们在全球 19 个新兴市场国家和地区推行烟叶项目，推广先进科学的种植技术，与全球成千上万名烟农保持着合作关系，为他们提供资金技术等方面的支持。事实上，英美烟草公司的烟叶原料，有将近八成来自这些新兴市场国家和地区。

英美烟草公司在津巴布韦的烟草采购，应该是其得意之作。过去，人们一直以为津巴布韦最为有名的，是大面值钞票。其实，津巴布韦还是世界上有名的优质烟草种植国。除了优越的地理气候环境之外，这里已全部实现烟叶良种化。特别是这里坚持的轮种制度，即 1 年烟叶，1 年玉米，2 年牧草，每 4 年一轮。这样的轮种，不仅能有效提高土壤肥力，而且对防治和减轻根结线虫等病害有明显效果。津巴布韦就是以这种精耕细作的低产优质，抵抗了各种急功近利的作为，确保了其烟叶品质居于世界之最的地位。

英美烟草公司在津巴布韦建立了良好的关系，与津巴布韦的合同种植烟叶采购量，在全球采购商中位列第一。每年都有源源不断的优质烟叶，进入英美烟草公司和仓库，为他们各个大品牌香烟，提供可靠的优质原料。

这样，在打造全产业链的最上游，英美烟草公司就以过人的眼光，占领了源头的制高点，使接下来的配方、工艺、品牌、销售等环节，都成为有源之水，有本之木。

第二个特点是资源配置与成本控制达到平衡。烟草企业要在市场不断发展，规模与价格、品质与产量都必须要有一个合理的平衡点，这就要求资源配置科学化与高效率化。

英美烟草公司多年来，都是在巩固提高现有市场份额的前提下，持续而果断地进入新的市场，进行了一系列并购活动，把诸多具有发展潜力的企业，收归到公司的旗下。在并购过程中，对原有的生产企业和销售公司又重新进行整合或重组，以使生产与销售的分布更为科学，更为合理，更为有效，从而提高了效率，降低了成本。

最典型的案例是，当公司兼并了乐富门公司后，立即对在马来西亚、新加坡、印度尼西亚、澳大利亚等国家和地区的下属企业，进行了重组，使得经营成本有效降低，经营规模得到扩大，从而使得公司通过减少供应链与间接费用，每年节约数亿英镑开支的计划得以顺利进行，市场竞争力进一步增强。

合理配置资源的另一个方面，是集中化战略。值得一提的是，英美烟草公司在 20 世纪 60 年代，也走上了一段多元化的道路，收购了一些造纸、化妆品、食品、金融服务业等行业的公司，展开了这些方面的业务，很有些无往而不胜的自信。后来公司领导终于发现，一个人的精力是有限的，一个企业的精力也同样是有限的。于是，英美烟草公司又开始将与烟草无关的业务逐步剥离，最后又成为一个单纯的烟草公司，全心全意集中资源做香烟卖香烟，有效提升了公司的竞争优势，扩大了市场份额。

第三个特点就是品牌战略。英美烟草公司的品牌，分为 3 个层次。第一个层次的是国际品牌，包括健牌、555、登喜路、乐富门、好彩、波迈等，都是具有国际领导地位的大品牌，在全球 100 多个国家与地区畅销，是公司的业务主干和利润主要来源。第二个层次是区域性品牌，包括希尔顿、总督等，是第一层次的补充与后备军。第三个层次是只在某一国家或地区生产与销售的品牌，大家比较熟悉的"大前门"就属于这一层次。虽然这些品牌不一定很快走向世界，但却在所在国家与地区具有明显的品牌号召力与市场竞争优势。

长远地看，英美烟草公司的品牌组合，是一个动态的组合。一方面，他们努力巩固和扩大国际品牌竞争优势。另一方面，则通过稳扎稳打的方式，不断优化区域品牌、地方品牌的品质，提升品牌号召力和影响力，逐渐向国际品牌转移的方向发展。

凭着独有的商业模式的 3 大特点，英美烟草公司产品，在市场上具备相当锐利的冲击力，在全球烟草的份额，不断加大。20 世纪 90 年代，公司占全球香烟总销售额的 10% 左右。现在，这个数字变成了 15%。目前，全球每燃烧的 8 支烟中，就有一支是英美烟草公司提供的。

公司赢利的数字也同样令人鼓舞。1981 年，英美烟草公司的利润为 4.60 亿英镑。2003 年，公司的利润为 15.70 亿英镑，22 年增加了两倍多。到

2011 年，利润高达 31 亿英镑，8 年间利润几乎翻了一倍。至 2015 年，利润再增加到 45.60 亿英镑，4 年差不多又增加了一半。总体来看，其增长是稳定而持续的。或许，这应该成为对英美烟草公司未来进一步发展，抱有信心的理由和支点。

## 百威英博：啤酒海洋中的巨舰

我到过而又喜欢的城市中，有哈尔滨，因为哈尔滨是个美丽的城市。说她美丽，至少有 3 个理由。

首先是它让眼睛舒服。哈尔滨的俄罗斯风情建筑、太阳岛、冰雕等，都是旅游品牌，不知有多少人不远千里万里，跑过来看这些。

其次是它让耳朵舒服。哈尔滨之夏音乐会是多年老品牌，简称"哈夏"，与"上海之春音乐会""羊城音乐花会"并称"中国三大音乐节"，是一场不打折扣的听觉盛宴。

第三是它让嘴巴舒服。哈尔滨啤酒味道真的不错，喝"哈啤"确实是一种享受，是一种口福。

不过现在说这第三个理由时，底气似乎不那么足了。尽管现在在全国主要城市卖场的酒类柜台中，都能轻易买到哈尔滨啤酒。但不知大家是否都了解，当我们在柜台里买"哈啤"的时候，交易对象其实是一家名叫"百威英博"的外国公司，因为在 2004 年，他们把哈尔滨啤酒厂收赎了。

百威英博是世界最大的啤酒酿酒制造商，是泛欧证券交易所的上市公司，也是全球第三大消费品公司，世界 500 强企业之一，于 2009 年被《财富》杂志评选为"全球饮料行业最受尊重企业"榜首。

百威英博的总部位于比利时的鲁汶，以此为根据地，不间断地通过资本市场攻城略地，占据着全球 20 多个国家的地区啤酒市场的龙头位置，业务区覆盖了北美、西欧、中东欧、亚太、拉丁美洲北部及南部。

百威公司于 2004 年收购哈尔滨啤酒之后，在中国的知名度大幅上升。他们看中哈尔滨啤酒的原因之一，或许还因为哈尔滨是一座中西文化融合的城市。所谓"西"，其实也不算太西化，主要指的是城市早期开发中，这里有很多俄罗斯人。后来，他们中有很多人在哈尔滨落了户。他们所喜欢的香肠面包啤酒等，在这个过程之中，也就理所当然地成为饭桌上的常客。

香肠面包制作方便，家庭厨房就能搞定，但啤酒则需要厂子来生产。于是，1900 年，有位俄罗斯人在哈尔滨开了中国第一家啤酒厂。酒厂以这位俄罗斯人的名字命名。其名字很长也很俄罗斯——乌卢布列夫斯基啤酒厂。改名为"哈尔滨啤酒厂"，则是后来的事。

由此可以说哈尔滨啤酒的前世今生，从乌卢布列夫斯基到百威英博，都与西方有着不解之缘。乌卢布列夫斯基先生早已成为历史，但百威英博却正如日中天，方兴未艾。

## "老大"是怎么炼成的

如果我们把百威英博作为一个整体来看，那它还只能算是在读小学的孩子，因为这个公司是 2008 年 7 月 14 日成立的。它"年纪"虽然小，但看其架势似乎有点在学美国，要成为啤酒界的"超级大国"。

不过要把百威和英博分开来看的话，那情况就完全不同，都是啤酒市场中的老同志。英博公司早在 1366 年便已在比利时开业，当然一开始还是私营小作坊，其后花了 642 年才变成巨无霸，旗下最有名的酒有时代、贝克、贝思等。

百威啤酒要年轻得多，虽 1876 年才面世，也是老寿星了。百威由于采用的据说是世界独一无二的山毛榉木发酵工艺，使啤酒口味格外清爽。100 多年来，它一直以纯正的口感和过硬的质量，受到全世界欢迎，成为世界上卖得最多的啤酒。

英博与百威的联姻合并，主动方是英博。长期以来，英博集团如同世界啤酒市场上的一位"花花公子"，无时无刻不在寻找和追逐所看中的"美女"。当然，这位"花花公子"不但手段高明，而且眼光长远。他们的这种以并购为驱动力的经营策略，无疑是与啤酒大趋势合拍的，即通过目标明确的收购行动，获得超常的经营效率，促使企业不断增长，以在啤酒市场上取得领先地位。

近半个多世纪以来，世界啤酒史可以看成是一部收购合并史。因为合并可以直接将对手编制入自己的队伍之中，可以高效地利用被合并方的资源，从而更好地降低成本，更牢固地占领市场，取得规模经济效益。

换句话说，一家厂商，如果只会做啤酒，最终的命运就可能是被挤出市场或被别人兼并。因此要生存与发展，就不但酒要酿得好，还要懂得利用资本市场进行扩张。而且从现实来看，资本运作运得好的，比酒做得好的，还似乎更有出息。

百威的酒做得好，在资本市场上也做得风生水起。早在 2002 年，百威就成为青岛啤酒的战略投资者。2004 年收购有"东北王"之称的哈尔滨啤酒，更是他们在兼并市场上的大手笔。

就在百威不断在中国进行兼并的同时，他们自己也成了被兼并的目标。在他们身后瞄准的"黄雀"，就是英博。

说起来，英博在中国市场进行兼并，要远远早于百威。1984 年，英博便与珠江啤酒厂与五星啤酒厂进行技术交换与合作生产，算是对中国市场的投石问路。到1997年，英博完成了对南京金陵啤酒厂的收购，正式杀入中国市场。

在接下来的近10年中，英博在中国的兼并包括持有珠江啤酒24%的股份，持有以浙江为基地的KK酿酒集团70%的股份，持有浙江雁荡山金狮啤酒55%的股份，收购湖北宜昌当阳雪豹啤酒厂。在2006年，英博投下58亿元人民币，把福建最大的啤酒企业雪津啤酒的100%股权全部买下，成为外资在中国啤酒市场上金额最高的一笔收购。

顺便提一句，2004年7月，也就是百威收购哈尔滨啤酒的这一年，英博也在国际市场上打出漂亮的一击：和美洲饮料公司合并为一体，跻身于世界啤酒十强之列。

然而英博并不满足于此，他们将下一个目标锁定了百威。第一次，他们开出的价钱是每股65美元，买卖没有做成。于是，英博咬紧牙关再次开出每股70美元的价目，终于在付出520亿美元之后，完成了对百威的合并。从此世界上便有了一个名为"百威英博"的巨型啤酒航母，成为世界啤酒市场上不折不扣的老大。


## 大而有序的优势

一直以来，英博的优势在于投融资领域和成本控制，更善于资本市场运作，并购百威就充分说明了这一点。而百威的优势在于品牌和渠道的推广，两家合并，优势互补，强强联合，几乎是打遍天下无敌手。

怪不得当年并购百威时，有十多家投行在后面跟着，争先恐后地为英博提供各种投融资服务。人们都知道投行绝对是无利不起早，如果说投行是

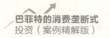
狼，那英博就是老虎，跟着老虎有肉吃。

百威英博的成立，意味着原先双方的优势资源进行了最高效的整合，并不断得到强化。

百威英博在中国啤酒市场的一系列作为与表现，充分印证了这一点。从1984年进入中国到现在，百威英博在中国收购了10多个品牌，拥有超过35家酿酒厂，近4万名员工。其在中国的啤酒业务，已经与青岛、雪花、燕京并列为四大巨头。

位列四大巨头，当然是百威英博的竞争优势所产生的效应。百威英博在中国啤酒市场的优势，可以用"准、稳、狠"3个字来诠释。

准。前面说过，世界啤酒史，可以看成是一部收购合并史。这一点在改革开放后的中国，就表现得更为明显。在不长的时间内，啤酒业很快就将身上的计划经济烙印褪尽，迅速成为市场化程度高，竞争最充分的行业之一。

改革开放之初，在20世纪80年代，全国大大小小的啤酒厂超过3 000家，几乎所有的县级市都有啤酒厂，可谓乱世英雄起四方。百威英博，更准确地说是英博，在这个时候就已看准了中国啤酒市场化的趋势，必将经历一番优胜劣汰、强者为王的品牌整合，因而悄悄地以技术为突破口进行合作生产，开始在这个当时多少有些神秘的大国探路投资。

果不其然，中国啤酒市场很快就发生巨大变化。经过几轮市场角逐，进入20世纪90年代后，中国的啤酒市场在不断扩大，但生产厂家的数量下降了3/4，只剩下不到800家。当别的同行看清趋势也纷纷摩拳擦掌登陆这个市场时，英博已经占领了好几块有利的高地，处于极为有利的市场领先地位。

稳。携带巨资而捷足先登，使得百威英博在中国市场挑选目标时，能够从容又谨慎，突出体现的是一个"稳"字。

大学生们毕业择业时，通常首先会考虑那些经济实力较强的中大型城市。百威英博也有点这个味道，首选的都是在有影响力、有辐射力的中心城市里具有市场号召力的啤酒品牌。朋友们如果在黑龙江、吉林、辽宁、浙江、江苏、福建、江西、河南、河北、湖北、广东、湖南、四川等地喝哈尔滨、雪津、双鹿、金龙泉、KK、红石梁、白沙、金陵、绿兰莎、三泰、松花江、佳凤、吾得万、国光、唐山、冰川、紫竹林、普陀山、大雪、大棒、小棒、最麒麟、维雪、阳光麦场、鸡公山等数十个品牌的啤酒，那么付出的酒钱，最终都由百威英博收了。

稍留意一下，就不难发现，上述啤酒都是在当地已经具有较大影响力与市场忠诚度，具有较稳定的市场与渠道的品牌。比如哈尔滨啤酒一直是"东北王"，珠江啤酒也是有名的"南霸天"。两家各据一方，你防着我南下，我防着你北上，一派虎视眈眈。可突然间，双方就共同拥有一个老板，立即成为一个战壕里的战友，成为好同事，恶狠狠的斗鸡眼，霎时变成笑眯眯的丹凤眼！

收购这些品牌，免去了许多花钱吃力风险大的基础性打底工作，余下的就是如何对这些资源进行整合，把品牌做得更强更大，使未来的发展更具可控性和稳定性。

狠。百威英博虽是以合作为名来到中国的，但实际上，他们要的是掌控。所谓"合作"，只是初期打入市场的幌子。一旦目标收购到手，那就得听他们的。这就是资本的力量，也是资本的本质。只不过百威英博做得更到位，更"狠"一些。比如收购哈尔滨啤酒，控股高达99%。其余的品牌也大抵如此。

当遇到不那么容易控股，不那么容易操纵的对象的时候，百威英博同样表现出"狠"的另一面——果断！

当年他们曾收购过青岛啤酒的股份。但凭这些股份，就想操控中国啤酒第一品牌青岛啤酒，是完全不可能的。百威英博在看明白这一点后，决定放

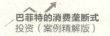

手，把手中的青岛啤酒股份都卖出去了。

凭着这种"准、稳、狠"，百威英博在中国啤酒市场上得心应手。之所以把"准"放在第一位，是因为尽管中国啤酒市场已经越来越为世界所瞩目，但国内啤酒市场的格局却已基本成型，行业巨头们将蛋糕瓜分得差不多了。像"哈啤""珠啤"这一类可收购的优质企业资源几近绝迹，当初乱世英雄起四方的好日子已经结束，曾经遍布全国的 3 000 多家啤酒厂，到现在也只有 300 家左右，行业的集中度提高了 10 倍。后来者要想再挤进来分一杯羹，或想改变现有格局，变得极为困难，所以百威英博能够在一边偷着乐。

## 稳中有升的业绩

可以说，百威英博的历史，是一部以英博为主导的并购史，由众多大大小小的啤酒公司包括极少数饮料公司的不断合并、重组而来。特别是在 2000 年之后，更是加大了并购的步伐。过去的 8 年里，英博经历了 3 次大规模并购，从啤酒行业过去全球排名十几位，跃升为全球首位，拥有 300 多个啤酒品牌。2016 年 4 月 5 日百威英博的收盘价为 124.02 美元，总市值已达 1996.72 亿美元，成为真正的啤酒界的巨无霸。

百威英博啤酒最大的竞争优势，就在于充分发挥旗下品牌最大的价值与潜力，同时实现酒厂规模化生产，以一种品牌与扩张联合的模式，构建了啤酒帝国难以被攻破的防线。

这种品牌与扩张的联合模式，本质上也是百威英博的战略重心，即在全球各主要啤酒市场建立领先地位，抢占更多的市场份额。因而，它在全球不断进行有步骤有目标的收购行动，同时凭借集团管理、技术和资本优势，为战略的实施提供有力的后台支持。

百威英博旗下的品牌可分为 3 个层次：第一个层次是以百威、时代、贝克等为代表的全球性旗舰品牌；第二个层次是以莱福，福佳（白啤）等为代表的迅速成长的跨国畅销品牌；第三个层次是以科罗娜、哈尔滨啤酒、珠江啤酒等为代表的本土明星品牌。百威英博在经营这些不同层次的品牌时，采用的是相应的中高低端产品市场分流的营销策略。有些品牌主攻的是会所、品牌酒楼等高级消费场所；有些品牌主攻的是酒吧、饭店等中档消费场所；有些品牌主攻的是大排档之类的低端场所。

不管在哪一个层次，百威英博旗下的每个品牌，都将在集团支持下，进行全面的升级改造。无论是街边小卖部还是五星级酒店，无论生啤熟啤还是白啤黑啤，无论瓶装罐装还是散装，都在不打折扣地力争上游。由于对不同品牌的市场定位更为清晰，不断强化品牌的市场号召力与竞争优势，在形成了市场战略全覆盖的同时，取得了 1+1>2 的效果。

百威英博自成立后，业绩整体上一直是平稳上升的。2008 年，其总收入为 235 亿美元，净利润为 19.30 亿美元；2009 年其总收入为 367 亿，净利润为 46.10 亿美元；2010 年其总收入为 362 亿美元，净利润为 40.30 亿美元；2011 年其总收入为 390 亿美元，净利润为 58.70 亿美元；2012 年其总收入为 398 亿美元，净利润为 64.60 亿美元；2013 年其总收入为 432 亿美元，净利润为 83.50 亿美元；2014 年其总收入为 470 亿美元，净利润为 88.70 亿美元；2015 年其总收入为 436 亿美元，净利润为 85.10 亿美元。

值得一提的是，在全球《财富》杂志公布了 2013 年"全球最受尊敬企业 50 强"排行榜上，百威英博因其良好的管理与财务表现，荣登"饮料行业最受尊敬企业"的榜首。这是继 2009 年之后，它又一次获此荣誉。

未来，百威英博将完全可能继续坚持其多品牌发展的战略，强化整体战略中的区域扩张，并且会不断加大在亚洲等新兴经济体中的目标收购。可以预期，百威英博的市场份额与业绩，还将会有持续的提升。

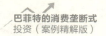
## 历峰集团：奢侈品的国际纵队

我对曾经遇到过的一件事印象颇深。有位朋友的同学的太太，从陕西不远千山万水，跑到香港，为的是修理一块手表。修理时间需两周，签证却又只有一周，所以最终还得麻烦这位朋友帮她到香港去取表。于是，我记住了这块手表的牌子：江诗丹顿。

常识告诉我们，大凡牌子由 4 个字组成的商品，无论玩的吃的住的用的，一般都比同类要贵很多。比如哈根达斯、水榭花都、路易威登等，还有这个江诗丹顿。

后来我去香港，无意中在一个高档商品集中区的柜台里，看到了江诗丹顿。便宜点的，要价也将近 20 万元人民币，确实值得从陕西折腾到香港去修理。

江诗丹顿虽然高档，但还只是一个瑞士集团下面众多奢侈品牌中的一个。这个集团的名字叫"历峰"，似乎不如江诗丹顿来得洋气，来得气魄。不过，让人意外的是，包括卡地亚、积家、伯爵、名士、梵克雅宝、朗格、登喜路、万国、兰姿、万宝龙、罗杰杜比等诸多品牌在内的高端大气上档次的品牌，居然都归属于名字平淡无奇的历峰集团。

一开始，也就是1945年，历峰集团只是南非一家卖酒的企业，后来又做烟草生意，并且越做越大，居然控制了南非烟草业的90%。1988年，这家企业正式转型，专做奢侈品业务。地点搬到了瑞士，股票也是在瑞士上市，名字则由"伦勃朗公司"改为"历峰集团"。

看来历峰集团不但历史不长，且取名的水平也不怎么样。做烟酒生意时，取名为伦勃朗，用的是17世纪欧洲伟大画家的名字。而真正经营起高档高雅的奢侈品时，却又叫了不知典出何处的历峰，有些缺乏想象力，还失去不少艺术气息。

不过，历史短，取名字不行，却不影响历峰集团通过资本运作，把那些历史悠长、名字响彻欧洲甚至世界的大品牌，收归到自己名下。

集团成立之后，业务蒸蒸日上，在手表、珠宝、笔具、时装等领域，拥有多个世界知名品牌，很快便成为世界上第二大奢侈品集团。

历峰集团瞄准的奢侈品牌，大多都经过百年以上的历史洗礼，不仅在设计、技术、工艺、材料等方面精益求精，而且还各自都有着独树一帜的风格、深厚的历史与文化的积淀，因而具有一种泛国际化的审美情趣，深为全世界不同市场高端消费者所认可、推崇和热爱。这一点，可以从奢侈品中最具代表性的江诗丹顿手表和卡地亚珠宝的近似传奇的历史中得到印证。

## 批量最小品质最优

江诗丹顿的历史很长，1755 年就已创立于瑞士日内瓦。既是世界最古老的钟表制造厂，也是世界最著名的表厂之一。

江诗丹顿的著名，在于其将超群的技术，严格的测试，精湛的工艺与完美的造型结合在一起，创造出一个又一个高贵典雅、令人赞叹不已、极富收藏价值的稀奇经典。其表盘上的如瑞士国徽般的十字标记，就是品位、地位和财富的象征。

"卡里斯泰"是江诗丹顿最著名的手表之一，也是世界上最昂贵的手表之一。此表最初是沙特阿拉伯的哈里德国王订购的，其工艺自然也一如既往地精雕细琢。然而到 1986 年手表制成之时，哈里德国王已不幸逝世。

"是黄金总会闪光"，何况卡里斯泰比黄金还宝贵，因而识货者大有人在。很快，这块手表被一位匿名买家花了 350 万美元买去，当时很是轰动了一阵子。接着第二年，这块手表再次以 500 万美元易手新买主，又继续轰动了一段时间。第一位买主轻收 150 万美元于袋中。有擅长数学的媒体很快计算出，卡里斯泰手表每天升值 4 000 美元，成为手表行业的一段经典佳话。

当年为庆祝英国王妃戴安娜与查尔斯王子的婚礼，阿拉伯联合酋长国的亚迈尼酋长特地向江诗丹顿定制了一只最为昂贵、小巧的腕表 Lady Kalla。这只表用 30 克拉共 108 颗柱形名贵钻石精制而成。戴安娜王妃佩戴这只手表更显风姿绰约，同时也再次向世界展现了江诗丹顿的富丽华贵。

"最小批量，最优质量，最高卖价"一直是江诗丹顿的经营战略。它从未嚷嚷要做到如何大，要进入世界多少强。事实上他们"要做最优"的理念，已使他们成为世界最强之一。当然这个"强"指的是品质与品牌，而非规模。因为直到今天，江诗丹顿在日内瓦的工厂每年手表的产量，仅为区区 6 000 只。

不过，这么小的产量，并不会让江诗丹顿在客户或消费者面前难堪或不自在。因为从 1840 年起，他们每只手表的生产图纸、记录、销售日期及机芯表壳编号等资料，都完整无缺地保留在公司的档案柜中。无论售前售后，每只表都是让客户放心、称心、自豪的精品。

## 珠宝商的皇帝

相对江诗丹顿而言，卡地亚珠宝要年轻将近一个世纪，诞生于 1847 年。然而诞生地却是在时尚之都的法国巴黎。

卡地亚开店不但开对了地方，也开对了时辰。那时正是拿破仑三世执政时期。上流社会的精英或纨绔子弟，特别热衷于各类社交活动，名目繁多的庆典与舞会层出不穷。所有这些活动形式尽管不同，但都有一个共同点：讲究！

当时向上流社会以至王公贵族提供各类珠宝饰品，也并不是只有卡地亚一家，竞争也有。不过，卡地亚以其非凡的创意和不断追求完美工艺，源源不断地向人们提供制作极为精美的珠宝饰品，满足着人们追求极致的欲望和胃口，以至几乎每过一段时期，就会出一款令上流人士睁大眼睛暗流口水的杰作。于是，卡地亚的菱形标志很快为上流社会所认可和推崇，甚至惊动了拿破仑的堂妹，她成为卡地亚的 VIP 客户。

皇帝堂妹的青睐，就是最好的广告。卡地亚的生意日益兴隆起来，风靡了当时的巴黎乃至欧洲大部分国家和地区的上流社会。

后来，也就是进入 20 世纪，法国没有皇帝了，但英国、西班牙、葡萄牙、希腊、比利时、罗马尼亚、阿尔巴尼亚包括埃及等国当时还有皇室，他们也都对卡地亚珠宝情有独钟。令卡地亚人非常自豪的是，1902 年，英国爱德华七世的加冕典礼，特地向卡地亚订购了 27 件珠宝饰品。这 27 件熠熠闪光的极品，为加冕礼增色不少，以至被皇室誉为"皇帝的珠宝商，珠宝商的皇帝"。

除此之外，更有众多明星情侣，都与卡地亚结下不解之缘，他们都曾在公开场合甚至婚礼上，佩戴着卡地亚的珠宝。这使卡地亚进一步成为全球时尚人士的奢华梦想。这些情侣的名单中，包括维多利亚与贝克汉姆、汤姆·克鲁斯与凯蒂·霍尔姆斯、梁朝伟与刘嘉玲、伊丽莎白·泰勒和理查德·伯顿、索菲亚·罗兰与卡罗·庞帝等。

从 1899 年至今，卡地亚的老店就一直位于巴黎商楼商业区和平街 13 号，从来不曾挪窝。当初盘下它时用的是现金。而当他们买下在美国的总部，即位于纽约著名的第五大道的一栋大楼时，卡地亚支付的不是现金，而是其珠

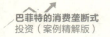

宝，是用一条双串黑珍珠，从地产大亨太太手中换来的！由此不难想象，卡地亚的珠宝是多么的为上流社会所钟爱。

尽管卡地亚被称为"皇帝的珠宝商"，但他们似乎并不满足于此，而是不断拓展产品品种的范围与销售的范围。产品品种的开发，仍然是不打折扣的高档精品路线，卡地亚的打火机、手表、皮具、香水、文具、眼镜、餐具等系列，无一不是从设计到工艺制作精益求精，都是奢侈品市场中为上流精英们所钟爱的抢手货，向人们诠释着品位、财富、高贵的物化内涵。

同时，卡地亚谨慎地凭借他们的百年名气和品牌，非常小心地以巴黎和平街13号为中心向外辐射，扩展着他们的业务范围。到现在，他们在世界上已经拥有接近200家精品店，瞄准着全球高消费人群的口袋。

## 利润结构显示的竞争优势

江诗丹顿也好，卡地亚也好，它们本身的历史，都是与王公贵族、社会名流共同谱写传奇的历史。历峰集团的并购目标，就是这些精美绝伦的享誉世界的奢侈品牌。

历峰集团并不介意"历峰"并不广为人知，但他们极为介意，他们旗下所有的世界级品牌，是否一如既往地受到欢迎。

对于任何奢侈品而言，知名度重要，美誉度更重要。历峰集团的管理哲学核心就是：不断强化美誉度。尽管历峰集团像是一支国际纵队，总部在瑞士，万宝龙是德国的，登喜路是英国的，卡地亚是法国的，最高决策者却又是南非人，还不怎么会说瑞士通行的法语。

确实，"国际纵队"里的成员们基本保持着各自原有的管理模式和经营理念，但这并不意味着历峰集团无为而治，买下品牌后就任其自由发展。

面对着一堆世界闻名的大品牌，历峰集团在尊重每个品牌独有传统的同时，制定出业务最高标准，要求所有产品一方面必须继续保持完美无缺、无与伦比，另一方面必须在与集团总体战略保持一个方向的前提下，不断创新，以提升品牌号召力和忠诚度。集团的所有资源，都为这个大目标所用，从而使旗下每个品牌的历史文化价值、市场美誉度经久不衰，恒久流传。

极高的商誉，使历峰集团成为世界上最赚钱的奢侈品公司。尽管从规模上看，历峰集团只位列第二，销售额仅为世界第一大奢侈品公司 LVHM 集团的 1/3 左右，但是其净利润却高达 27% 以上，独步全球，几乎是 LVHM 集团的两倍，多年来的净资产收益率都保持在 18% 左右，成为全世界盈利最高的奢侈品集团。

这种尊重个体、统一管理的模式，使历峰集团的众多品牌，不但有着各自骄人的过往，并且也让人很容易推测其同样辉煌的未来。

近年来，全世界经济一直萎靡不振。先是 2008 年的金融海啸，接踵而来的又是欧债危机等，一波未平，一波又起。对历峰集团来说，还要加上原材料涨价的不利影响。尽管如此，历峰集团依然有着不错的市场和财务表现。

2010 年，历峰集团就一扫低迷，销售比 2009 年强劲增长 33%，总额达 68.92 亿欧元，净利润达 13.55 亿欧元，经营活动现金流量达 16.96 亿欧元。

2012 年集团继续保持上升势头，以 88.70 亿欧元的销售额、15.4 亿欧元的净利润和 17.89 亿欧元的经营活动现金流量，创造了 3 项历史新纪录。

2013 年和 2014 年，公司业绩更好，销售额依次为 101.50 亿欧元和 100.20 亿欧元，净利润依次为 20.05 亿欧元和 24.27 亿欧元。

到了 2015 年，销售额升至 104.10 亿欧元，不料 2015 年初瑞士央行宣布取消欧元兑瑞士法郎的汇率下限，导致瑞士法郎大幅升值，从而形成对历峰

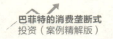
集团业绩的巨大冲击，原本 26.70 亿欧元的利润变成了 13.34 亿欧元。但宏观地看，历峰的业绩仍然值得肯定甚至赞许。

历峰集团之所以取得如此成就，主要原因就是拥有最赚钱的一流珠宝及钟表等奢侈品品牌。在对利润的贡献中，珠宝第一，占净利润的 50%；钟表第二，占净利润的 30%；笔具第三，占净利润的 10%。

这种结构本身显示出一种强大的竞争优势，因为就最受有钱人欢迎的珠宝来说，世界上没有任何一个品牌能与卡地亚比肩，它是不容置疑的行业领跑者和王者。以手表而言，历峰集团同样具有极为强大的竞争力，世界十大豪华名表排位中，历峰集团就占有 5 席：第二位是江诗丹顿、第五位是万国、第六位是伯爵、第七位是卡地亚、第八位是积家。

可以说，正是因为拥有多个既有历史传奇、又有文化积淀且散发着诱人的奢华气息的精品品牌，才使得历峰集团在市场上拥有过去能、现在能、将来仍旧能带来滚滚财源的经济特许权。

## 通用磨坊：磨盘乾坤大

偶尔，孩子们会带我们去看新上演的电影，顺便吃哈根达斯洋气一下。柜台里的冰激凌琳琅满目，非常不便宜。不过，环境、氛围特别是服务也真的是相当高端上档次，东西好像也挺好吃。里面坐着的多为年轻人，这是年轻人的世界，老汉我只属偶尔的客串。

经常，会陪着太太在山姆店买些食品。少不了在冷冻柜台里，挑一些水饺、馄饨、汤圆之类。均为本土食物，且基本都是湾仔码头的产品，太太认为这个牌子比较卫生与安全，味道也地道。在这冷冻柜边上经常转悠的，多为各个年龄段的妇人，想来师奶们所见略同。

哈根达斯与湾仔码头，原本风马牛不相及的一西一中，一洋一土，却居然都同属一个老板。

这个老板比较低调，远不及属下那么有名，简称通用磨坊。

"磨坊"我们不陌生，磨房是也。中国传统的磨坊或磨房，主角常常是一头蒙着眼的驴，在原地转着圈辛苦地拉着磨。

"通用"，是普遍或公共使用的意思。也就是说，那头可怜的驴子还得为很多人家拉磨。

虽说是辛苦一头驴，方便千万家，却实在想不出还能出息到哪儿去，再怎么着也就是一个土拉吧唧的磨坊。

事实上，通用磨坊1866年在美国的明尼苏达州成立时，也基本可看作就是一家土财主，把小麦磨成面粉再拉出去卖而已。只不过它采用的不再是毛驴，而是效率更高的机械装置。

岁月可以作证，通用磨坊的磨子不但通用，而且管用。这么多年来不声不响地，居然就成了实力雄厚的百年老店，世界食品行业的老六，世界财富500强之一。其股票代码GIS，也是纽约证券交易所的老面孔。

当然，其产品的主角，已不再仅是面粉了。如今，通用磨坊旗下拥有包括哈根达斯、湾仔码头、贝蒂妙厨、果然多、绿巨人、维邦等各类食品的100多个品牌的500多个品种，在世界100多个国家和地区畅销。

## 土作坊到现代企业

把一家磨坊做到世界500强，其根本战略是品牌运营，实现途径是收

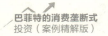

购合并。

收购合并之路可粗略地分为两个阶段。第一个阶段，也就是公司取名的起步阶段，战场基本上是在美国国内，通过收购别人的品牌或企业，一步步扩大自身的市场份额与号召力。

尽管当年通用磨坊的生意还不错，但磨坊主并不满足于每天磨同样多的面粉，再拉出去卖同样多的钱。心眼活络、有理想有抱负、志在四海的磨坊主，早在1877年，也就是磨坊开张才11年，就进行了第一次收购，将一家名为"克罗斯比"的公司合并到磨坊名下。其后，它便一发而不可收，在进行到第八次收购的时候，也就是1928年，才正式更名为"通用磨坊"。

随着生意与并购的同时进步，通用磨坊的实力不断壮大，开始进入第二阶段。第二个阶段是公司确名的快速发展阶段，打法基本不变，但着眼的已经是整个蓝色星球。

其收购合并的案例有不少，最为人称道的一次合并，应该是2001年，通用磨坊把较劲了130年的老对手品食乐收归旗下。

这两家沿着密西西比河建立的食品企业，是对岸邻居，也是竞争死对头。这种竞争一个多世纪以来，从不曾因为共饮一河水而有所缓和。战火从一开始的面粉，逐步漫延到方便食品、早餐食品、休闲食品等各个领域，在国内国际市场上杀得难解难分。

终于，在2001年，通过资本的纽带，通用磨坊与品食乐这对老冤家一笑泯恩仇，结为亲家，名字仍然确定为"通用磨坊"。虽然名字依旧，不过此磨坊已非彼磨坊。合并之后，其销售额很快过百亿美元，从此，便在全球化的潮流下，顺水推舟地成为世界食品巨头。

由于经营得法，通用磨坊的市场业绩，也基本上是令人满意的。2003年，通用磨坊的销售额为110亿美元。2005年，这个数字是125亿美元。到了 2008 年，上升为 149 亿美元。到了 2015 年，这个数字被改写成 176 亿美元。

## 消除"水土不服"

通用磨坊在整体不断扩张的同时，在市场上走得也颇为顺遂，应该说与其不同凡响的品牌运营理念与技巧密不可分。

市场上很多并购案的结果，并不总是很美妙。事实上，根据统计资料，有超过 60% 的并购"消化不良"。造成消化不良的原因，有相当一部分是"水土不服"，企业文化的融合出现障碍。

通用磨坊自然也同样会面临"水土不服"的挑战。他们的应对之策，首先就是挑选优质目标。这是并购之后顺利运营的基础与关键。一旦发现优质目标，他们就在资本市场使出浑身解数，将目标拿下。2011 年在收购法国著名酸奶企业优诺一役中，面对包括世界食品业老大雀巢、法国奶酪最大企业拉克塔里斯等一众强劲对手，经过几轮角逐，通用磨坊的竞购方案最终胜出，显示了他们并购的眼光与决心。

拿下优质目标之后，他们的策略就是"两条腿"走路。一方面收购本土品牌，以最快捷直接的方式，进入当地市场，并更加重视本土品牌的培育，不断壮大其市场实力和竞争优势。另一方面，自有品牌的引进，依然采取自有品牌特有的优势与方式，而不是急于将自有品牌，以某种方式强行与本土品牌"嫁接"，甚至取而代之，以避免因此形成过高的协调成本、妥协成本、甚至僵化成本。

通用磨坊的这种策略，在中国市场上，对自有品牌哈根达斯和本土品牌湾仔码头的经营管理，得到了充分的体现。

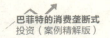
# "洋"要"洋"得高雅

懂外语的朋友说，哈根达斯听上去，是很典型的丹麦名字。不过实际上，哈根达斯冰激凌是一位波兰人于1921年在纽约创立的，是地道的美国产品。这说起来有点复杂，却颇具世界最大移民国的特色。

冰激凌很好吃，加上一个容易记住的丹麦名字，因此哈根达斯甫一问世，很快便风靡市场，生意越做越好。后来几经腾挪，归到了通用磨坊的麾下，并于1997年进入中国市场。

要说通用磨坊与中国的渊源，至少可追溯到新中国成立前。当时通用磨坊的金牌面粉，就在中国具有很高的知名度。后来朱自清先生不食的美国面粉中，想来也应该包括金牌面粉在其中吧。

历史自然不应忘记，然而中美早已建交，生意也还是需要做的。哈根达斯在中国也卖得很不错，在一些主要城市中，开设的门店已达数百家之多。尽管通用磨坊的多个品牌在中国市场大行其道，但哈根达斯一家的收入，就占其中国总收入的1/3。

哈根达斯的畅销，并没有借助任何本土品牌的力量，而是以产品向消费者提供一种时尚、优雅略带贵族气息的生活方式，使消费者在其精致洁净明亮的店堂中，通过味蕾体验到一种甜蜜与陶醉，感受到温暖浪漫的精神抚慰，从而将众多讲究生活质量，追求生活品位的中国人"套"牢。

事实上，哈根达斯在中国市场的运营，是非常不接地气的。他们的定位是打造冰激凌中的"劳斯莱斯"，是一个纯粹的舶来品。为了保证这份"纯粹"，他们的产品全部自己生产，不搞任何"贴牌"。他们的物流只用自己的冰冻运输车，以确保产品一年保质期不打折扣。甚至他们的门店也拒绝合资或加盟，坚持独资直营。这一切，使他们冰激凌的品质与风味得到保证，成为高端产品的领导品牌，无需在市场中放下身段。当然，价格也就比同类产品贵得多。

说不接地气，并不意味着自我封闭或不思改革与进取。哈根达斯的创新是谨慎、坚定而持续的。根据中国文化的特点，他们推出前无古人的冰激凌月饼。接着，它又意犹未尽地陆续推出冰激凌铁板烧、冰激凌火锅和寿司冰激凌，甚至将英伦风情带入中国，在店堂里推出"英伦下午茶"。

保持特色，不断创新，高眼界，高品质。这或许就是哈根达斯始终占据冰激凌高端市场大半壁江山的缘故。

## "土"要"土"出水平

即使不懂外语，听到哈根达斯这 4 个字，也基本能明白是洋玩意。湾仔码头则一看就是具有南粤风姿的土特产，事实上，它原本也是中国的企业。

湾仔码头卖的是家常食品，但包含的却是一个非常励志的传奇。创始人臧姑娘是香港一位被抛弃的、带着两个孩子的妈妈，只能在香港的湾仔码头边摆地摊卖水饺艰难度日。

生活虽然穷困，但臧姑娘的饺子却是以一个妈妈对女儿的爱心，认真而细致地包出来的，不曾在用料做工火候等方面打任何折扣。苦心人，天不负，她的水饺受到越来越多人的欢迎。再后来，她的事业就越做越大，地摊逐步成为公司，臧姑娘也开始成为臧阿姨和"臧总"，进而再被称为中国的"阿信"。她的形象也开始越来越为人们所熟悉。尽管没有无数广告中美女主角们的艳丽苗条，但她那朴实的外表，却更易为人所接受。加上她那常讲常新的传奇故事，使湾仔码头的品牌，具备一种"妈妈的爱"的先天魅力。

饺子好吃，故事动人，或许这就是通用磨坊格外青睐湾仔码头的原因。并入通用磨坊之后，湾仔码头的产品线不断延伸与扩展，但"妈妈的爱"这

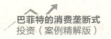
一特色却依然坚持，不曾放弃。

2003 年，当市场上刮起散装水饺之风，许多企业纷纷跟进。散装产品容易二度污染，食品安全难以得到保证。湾仔码头是唯一没有参与这场混战的知名食品公司。这再一次表明，公司老板虽然易帜，但臧姑娘那种平和外表之下拒绝短期诱惑的远见，为消费者提供放心食品的执着，依然还在。

正因为这种坚持，湾仔码头的产品才在海内外市场，受到广泛欢迎，

根据不同品牌的定位与文化内涵，保持其各自的独立性，显现了通用磨坊现实主义为导向的品牌运营技巧。这种技巧，也充分体现在对中国市场渠道的选择上。

比如通用磨坊的产品之一妙脆角，基本战场是在社区或街区的便利店，并尽可能占据货架最显眼的位置，从而能最广泛地进入人们的视野，以扩大市场影响力。

湾仔码头的系列产品则因为对冷冻有较高的要求，看中的柜台主要是大型超市之类的卖场，着眼的是城市中有较强购买力和有相对固定购买习惯的消费者。


## 内外兼修才能左右逢源

保持不同品牌的独立性，是因为不同品牌有不同的细分市场，有不同消费人群的不同偏好，有各自不同的长期以来形成的企业文化与运转模式。

然而，这种独立性的保持，并非通用磨坊内也通用自由主义，甚至各路诸侯可以无视天子天威而划地为王。实际上，通用磨坊绝不是心慈面善的好好先生，只不过它着眼的是公司的长久利益。所有的独立性，都必须在集团整体战略框架内运作，以服从通用磨坊经营理念与全局利益为前提。也就是

说，通用磨坊也是在用一只"看不见的手"，对旗下所有业务单元进行坚定而有效地控制。

从战略层面来看，通用磨坊的重心，越来越趋于向冷冻食品领域倾斜。随着城镇的不断扩大，人们生活观念的不断更新，生活与工作节奏的不断改变，冷冻食品的市场也必将越来越大。而且相对于传统的膨化食品，冷冻食品的营销费用要少得多。因此冷冻食品在公司业务中的比重不断加大，并确立了以低温环境为核心的，包括生产、运输甚至门店冷柜要求的供应链系统，从而突显成本优势，强化差异化优势。

在具体操作的战术层面，通用磨坊也有着一套非常严格的技术标准与程序。比如食物烘焙采用的是欧洲技术，谷物类加工采用的是巴西技术，面粉加工采用的是澳大利亚技术，水饺馄饨之类自然用的是中国技术。即使是在配送制度、装卸速度、检验制度等多个环节中，也都有非常明确具体的作业标准。

正是凭借一整套收购品牌、维护品牌、提升品牌的运营策略，在保持和尊重原有品牌应有的市场号召力的前提下，又悄然地对品牌做出具有明显提升作用的改变，通用磨坊"有条件的高质量增长"和"先做强再做大"的路子，才走得颇为顺畅。

哈根达斯那种坚持高品质管理，又采用适合不同市场的商业与营销模式，才成为一种优雅生活姿态的载体，而为无数时尚人士所钟爱。

湾仔码头也是在公司现代营销理念推动下，不断扩大和丰富产品品种。同时在通用磨坊一流的冷冻技术的支持下，完成了由小作坊模式向现代高质量工业化生产的华丽转身，逐步成为中国冷冻食品市场的领军品牌。

往深一点说，保持和提升不同品牌的市场号召力与影响力，无论就理念层面还是操作层面，都是创新而非简单守成，是扬长避短内外兼修，所以能

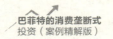
土洋并举左右逢源。而且这种态势，随着不断攀高的营收，预示着正朝着良性的方向延展。因此，我们有理由乐观地认为，未来岁月中，巨大的磨盘还将继续顺畅地研磨下去。

## LVMH 集团：大腕云集

旅游旺季，一干人在欧洲某处某旅游车上，某女士眉飞色舞地打着越洋电话："老公，刚刚我帮你省了 1 万块钱！……我买了个 LV 的包，正打折销售，比国内要便宜 1 万多呢！一人只能买一个，在柜台边排半天队呢！"同车几位女士附和着说开了："包是真不错，这趟值了！""还说是老牌市场经济呢，买个包怎么就限购，就计划经济了！"

LV 者，路易威登字母缩写也。估计没几个中国人不知道的。至少在国内，LV 是普及度与流行度最广的奢侈品牌。

稍熟悉一点儿奢侈品的朋友可能都知道，LV 是 LVMH 集团，也叫"路易酩轩集团"旗下的一个品牌。确切地说，LVMH 本身并不是一个具体产品，而是多个声震遐迩的子品牌集合而成的大品牌集团公司。

一个产品的品牌常常就能响遍天下，这一点在奢侈品的世界中更为明显。可能很多人都还记得当年路易威登专卖店在日本开张时，许多日本人竟然通宵排队以求一包，而且包的价格比其产地法国要高一大截。

能把多个世界知名品牌整合到一个公司来，说明 LVMH 集团的不简单。不过，不简单的 LVMH 集团却很年轻，属于 80 后。它在 1987 年由酩悦轩尼诗和路易威登两个大集团合并成立。

再细究一下，就能发现酩悦轩尼诗，居然又是两家不同公司的合称。

酩悦的历史很长，成立于 1743 年，是全球最受欢迎的香槟酒品牌之一。轩尼诗则成立于 1765 年，要年轻几岁，却也是世界上销量数一数二的干邑酒厂。

1981 年，酩悦与轩尼诗两大酒厂合并，组成了酩轩酒业集团。6 年之后，也就是 1987 年，世界著名酒厂与世界著名皮包公司走到了一起，酩轩与路易威登合并，LVMH 问世，并取得相当好的发展势头。

尝到甜头后，LVMH 集团开始走上不断扩张之路，通过资本市场的运作，兼并了许多其他奢侈品牌，逐渐在高档用品制造领域树立了霸主地位，成为世界上最大的奢侈品集团。

现在，LVMH 旗下产品包括时装、皮具、葡萄酒、烈酒、名表、珠宝、高级香水和化妆品。LVMH 集团的销售额、市值、影响力等方面，多年来一直在全球高档消费品行业中，居世界第一的主导位置，公司股票也是巴黎 CAC 40 指数成分股。

LVMH 的一个最大特点，就是由一个 20 来岁的集团，领导着 50 多个历史悠长的世界知名品牌。

# LV 的传说

1852 年之前，路易威登的创始人路易·威登先生第一份职业就与箱包有关，不过不是研制生产与销售，而是为名流贵族出游时收拾行李，相当于现在的服务员。

当时火车轮船的运输日益发展，对各行各业的影响巨大。然而暂时没有对箱包形成影响，社会上通行的仍是可收叠的圆顶皮箱。圆顶皮箱是马车时代的宠儿，但在蒸汽机时代，却开始显现出设计上的笨拙和使用上的

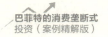

不方便。

作为一个有理想有抱负的服务员，路易·威登从这种笨拙与不方便中，发现了商机。1852年，他发明了平顶方形皮衣箱，并采用了大面积的帆布制作。很快，这种平顶方形的皮衣箱，因为方便实用而且时尚，很快为人们所喜爱。

接着而来的好消息是，登基不久的拿破仑三世的爱人，也就是皇后，不知是因为谁的推荐，出门居然也是用这种平顶方形箱子装衣服。这一来，民工产品一跃而为皇家御用。于是，路易·威登的箱包，迅速在上流社会中成为一种时尚。那个时候的贵族们，希望拥有一个路易·威登的皮箱，与现在打工妹们渴望挎上一个路易·威登的包包，基本上都是同一种心情。

随着生意的兴旺，两年之后，也就是1854年，路易·威登在巴黎开了以自己名字命名的第一家皮箱店，开始了他作为法国历史上最杰出的皮件设计大师的辉煌生涯。

"大师"的含意之一，就是永不满足，不断创新。路易威登的设计理念，是以实用为基础，时尚为导向。1889年，路易威登最为经典的产品——坚硬旅行箱诞生。顾名思义，这种旅行箱，除了好看之外，还极为结实耐用，能应付各种长途旅行的颠簸。它给使用者带来的不仅是时尚与舒适，还有安全与放心。

由于产品广受欢迎，所以市场上很快出现了仿制假冒品。于是，正宗的路易威登产品，就印制了"LV"商标，并从此流传百年，成为世界上最深入人心的品牌商标之一。

当然，路易威登的产品，不可能仅止步于"坚硬"。1901年，他们研制出了轻巧柔韧的旅行袋，也同样大受欢迎，特别受到养尊处优的贵妇们的青睐。

如今，路易威登不但是皮箱与皮件领域数一数二的品牌，更是上流社会的象征物。而且，其品牌的内涵，已经走出皮具和箱包，涉足时装、饰物、皮鞋、珠宝、手表等多个领域，成为世界奢侈品潮流名副其实的标杆之一。

## 香槟之巅

酩悦香槟酒，也有着和路易威登差不多的光荣历史。

香槟酒估计大伙儿都熟悉，没喝过也看过。比如 F1 之类的赛车颁奖之时，冠军们的招牌动作，就是猛摇手中的香槟酒瓶，泡沫四射。不如此，似乎不足以表示冠军的喜悦或成色。以后，大凡有成功之喜，最通行的仪式，就是开香槟庆祝。老外们的浪漫邂逅，也常常少不了香槟助阵。

所谓"香槟"，其实就是葡萄气泡酒。然而，只有法国香槟地区出产，并且是以香槟酿造法酿制而成的葡萄气泡酒，才能称之为"香槟"。除此之外，都只能叫"气泡酒"。这可是法国香槟酒业协会在国际海牙法庭上，打了几十年官司才争来的胜利。这也就是为何香槟酒卖得比气泡酒贵 N 倍的道理。

据法国人介绍，香槟酒的发明，是香槟地区一位爱喝酒的传教士，在1668 年打开一瓶他一年前随意勾兑的葡萄酒，"噗"的一声之后，气泡喷了教士一脸。凭着一位酒徒的专业素养，教士在闻到一股特有的芳香之后，就顺便品尝了一下脸上的泡沫，发现不但味道非常好，而且酒色还清澈透明。香槟酒由此而问世。

但是英国人对此有不同的说法。根据他们的资料，香槟，也就是葡萄气泡酒的发明权，属于一位英国医生，而且在 1662 年就已完成气泡酒的所有

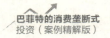

研制工作。

然而不幸的是，气泡酒与葡萄酒一样，其色香味主要由土地、气候特别是葡萄的品种，而不是由文字资料所决定。在这方面，英国比不过法国，尤其比不过葡萄特别出名的香槟地区。

所以，气泡酒的最高境界，就是香槟。而香槟的最高境界，则是酩悦。

酩悦的出众，在于"从葡萄娃娃抓起"。种在庄园里的葡萄，行距、株距有着严格的规定，精确到厘米以下。一年规定翻3次土，修剪6次，每株高1米。总而言之，从下种、剪枝、捆枝、去芽、培土，绑蔓、摘心、去尖等一系列工艺，都有着极为精确的操作流程和标准。

酩悦香槟的酿制，除了葡萄好之外，还有一整套十分特殊的工艺。这种工艺的起点是采摘葡萄。

采摘葡萄毫无浪漫可言，一切都是那么严格而刻板。摘葡萄只能用手，摘下来后还不能随意扔进筐里，而是必须把一串串葡萄整齐地分装。摘下来的葡萄不能过夜，需要当天榨汁。并且，榨出的葡萄汁，只能是葡萄总量的62.5%。酿造香槟有一道工序叫"摇瓶"。对于如何摇，也是有规定的，比如每次转动瓶子时，瓶子的角度要控制在15度，才能确保酒的纯净与清新的口感。

由于酿造精细，口味相当不错，便如同许多极致的好东西一样，为天子所青睐。酩悦香槟问世不久，就受到拿破仑的喜爱，而被誉为"皇室香槟"。200多年来，欧洲许多皇室也都好拿破仑这一口，将酩悦香槟定为皇室饮品。所以，酩悦是法国香槟地区最有名的香槟。世界上每卖出的4瓶香槟中，就有一瓶是酩悦。

据说，曾有一位来自美国可口可乐公司的参观者，询问酩悦香槟酒是否有何秘密配方时，法国人高傲地回答："自动化批量生产的技术永远酿不出美味的香槟！"

## 良好的业绩

LVMH 集团旗下，集合了数十个世界一流的奢侈消费品。除了 LV 的包、酩悦牌的香槟之外，还有多个在各自领域中最高级的，也最受人们欢迎的奢侈消费品。

这些超过 50 个的奢侈品，主要集中于皮具时装、葡萄酒烈酒、香水化妆品、手表珠宝等 4 大领域。具有代表性的品牌如下：

时装及皮革制品：路易威登、罗威、思琳、贝鲁堤、高田贤三、纪梵希、马克雅各、芬迪、史提芬诺比、艾米里欧普奇、汤玛斯品克、唐娜凯伦。

葡萄酒及烈酒：酩悦香槟、香槟王、凯歌香槟、库克香槟、梅西耶香槟、修纳尔香槟、伊更堡、轩尼诗、格兰摩兰吉、云湾、曼达岬、纽顿、安地斯之阶。

香水及化妆品：克丽丝汀·迪奥、娇兰、纪梵希、高田贤三、帕尔马之水、罗威。

钟表及珠宝：豪雅表、先力、迪奥、佛列德、尚美、欧玛斯。

上述品牌，大部分都有百年以上的历史，在全世界广受欢迎。就在我们身边，可能也常常会有参加工作不久的女孩子，省吃俭用几个月，为的是攒足钱买一个 LV 的坤包和一瓶迪奥的香水。至于酩悦香槟，那更是各类高级欢庆场合所不可或缺的重要道具，被人誉为"每 2 秒钟就开启一瓶"。简单说，围绕在这些著名品牌周边的，是千百万忠诚的消费者。

奢侈品的主要对象是世界各国的富裕人群，这些人的消费能力与意愿，一般不大受经济环境的影响。他们为追求品位、身份、美感等商品的附加价值而心甘情愿付出高价。这也就是当一般消费品在不惜血本大打价格战拼得遍体鳞伤时，奢侈品企业仍然获得高额利润的根本原因。

LVMH 集团 2004 年净利润为 10.10 亿欧元，2005 年净利润为 16.68 亿欧元，

2006 年净利润为 18.97 亿欧元，2007 年净利润为 20.25 亿欧元，也就是在短短 3 年时间内，净利润增加了 10 亿欧元。其后经历了金融海啸，2008 年原地踏步，净利润为 20.26 亿欧元，2009 年有所后退，净利润为 17.55 亿欧元，但很快就稳住了阵脚，在 2010 年获得净利润为 30.30 亿欧元的优异成绩，也就是继 2007 年之后，以经历世界经济大危机之时，依然只在短短 3 年之后，再增 10 亿欧元的净利润。值得一提的是，在欧债危机影响世界经济的 2011 年，净利润还依然为 30.60 亿欧元。在经过 2012 年和 2013 年利润依次为 34.20 亿和 34.40 亿欧元的小幅上升之后，集团于 2014 年销售总额为 306 亿欧元，第一次突破 300 亿欧元关口，利润一下猛增近 60%，达到 56.50 亿欧元。至 2015 年，销售额上升至 357 亿欧元，利润增至 66.10 亿欧元。12 年来，LVMH 集团一直保持着强劲的上升势头，为投资者带来充足的信心。

## 形散而神聚

从奢侈品本质来说，与其说是在销售一种商品，不如说是在传承一种文化更恰当。文化属性比消费属性更为市场所看重。奢侈品文化属性的内核是高贵性。一般而言，这种高贵性很多源于皇室用品用具。这些用品用具，制作工艺精良、选料考究、造型经典独特，品质高，产量低，代表着一个国家和一个时代工艺的最高水平，最容易成为奢侈品，并为全社会乃至全世界所认可与向往。放眼全球，大凡世界一流的奢侈品牌基本都与皇族、王室有着千丝万缕的联系。

前面提到的作为 LVMH 集团的支柱品牌之一的 LV，就集中代表了奢侈品这种特性，成为上流社会高贵的象征物。一个多世纪以来，印有"LV"字母与标志相交织的独特图案的各种产品，以其丰富的传奇色彩和典雅的设计而成为时尚之经典。无论世界如何变化，无论人们的审美观念与趣味如何更替，但 LV 却始终保持着其独一无二的魅力，声誉卓然，一直屹立于国际奢侈品品牌的顶端。

从这个意义来说，每一件顶级奢侈品都是一部浓缩的历史，这种历史积淀而成的文化壁垒，形成各类奢侈品的护城河。而且历史地看，这些品牌都为全世界大部分消费者所熟悉，在全球各地受到万千宠爱，其市场地位不但无人可以取代，而且极可能会在今后的岁月中，依旧受到消费者的钟爱。

这些品牌所具有的巨大影响力，正是 LVMH 集团在经营管理哲学上的"护城河"、保持长久的竞争优势的主要法宝之一"购而不并"的具体体现。

"购而不并"的核心内容是"自治"。LVMH 集团所拥有的品牌，几乎都是从家族产业开始，由不同的家族经营建立起来的。几乎每一个都具有各不相同的设计理念、辉煌历史，如果要依靠集团的高管人员把所有这些品牌统一经营好、管理好，几乎是个不可能完成的任务。因此尽管收购后，已成为 LVMH 集团品牌中的一员，但要从根本上延续和保持这些品牌的成功运作，最有效的办法，就是仍然允许它们继续家族经营的方式。所有的品牌经理不但有着充分的自主权，而且保持着所经营的品牌公司的一部分股份，并且各自拥有一支独立创新设计与形象维护的队伍。

因此，当这些品牌被 LVMH 收购后，都还依然保持着各自超过一个世纪的风格与品位，依然屹立在市场的第一线。LVMH 集团只是谦虚地站在它们的后面，向其提供必要的支持。使这些品牌"形散而神不散"，形成一股合力为集团的业绩做贡献。大部分时间里，这支别的竞争者基本无法替代的品牌队伍，能轻易取得"1+1>2"的效果。即使遇到经济不景气的时候，也能有效地分散风险，化解危机，使集团总是立于不败之地。

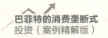

## 莫高股份：葡萄美酒夜光杯

有朋自甘肃来，带来一瓶当地葡萄酒，"莫高"牌的。包装看着一般，但开启品尝，其味甚佳。虽不能说它"败絮其外，金玉其中"，却确实是不错的酒。

然而在我们这南方城市中，很少看到这种酒。向店员打听，大多回答是没有，接下来便是热情地推销别的牌子的同类产品。

终于功夫不负有心人，某天在某店某柜台中，我居然发现了"莫高"牌葡萄酒！价格也比较合理。卖酒的女孩子见我直奔莫高酒，似乎还有点吃惊，大约专为此酒而来的人太少。询问之下，她承认这种酒卖得并不好，并解释说原因是宣传得太少，大家并不知道这酒好喝，价钱还不贵。

不过，在甘肃省内，莫高牌的名头就非同一般地响亮，是当地葡萄酒第一品牌，占当地市场 2/3 以上的份额，也是一路诸侯。

生产莫高葡萄酒的，是甘肃莫高实业股份有限公司。公司成立于 1995 年，时间并不长。莫高股份于 2004 年在上海证券交易所上市，距今只有 12 年，算是股市中"00 后"小老弟了。

不过，要说甘肃的葡萄酒，那绝对是有年头外加知名度的。唐人王翰所作的《凉州曲》：

葡萄美酒夜光杯，

欲饮琵琶马上催。

醉卧沙场君莫笑，

古来征战几人回。

简单四句，慷慨激昂，苍凉悲壮；堪称边塞诗中名篇，千百年来为无数人所吟诵传唱。

凉州，就属甘肃。现在甘肃的武威市，还有个凉州区。可见，至少从唐朝开始，甘肃就已在酿造葡萄酒，出征将士们喝的，应该就是本地产品，不大可能是别处产的酒，更不可能是从法国或澳大利亚等地进口的。因为那个时候物流还没那么发达，酒商们的渠道也似乎没有拓展到那荒凉的西北。

当然，由此很难说莫高股份生产的葡萄酒，就是当年那些出征将士们餐桌上的佳酿，但却可以证明，甘肃葡萄酒的历史，已超过千年。

初一看，莫高实业似乎并不是个合适的投资目标。要说葡萄酒，国内最有名的一线企业有张裕、长城、王朝等，莫高股份似乎还离一线有那么一小点距离。而且最初，莫高股份还不算纯粹的酒企，因为他们还有麦芽、种草、做甘草片的业务，比重还不小。不过，自前几年公司的头头们做出"大力发展酒业，适时剥离辅业"的长期发展战略之后，将其看成一家酿酒企业，就有了充分的理由。

甘肃本地有葡萄酒厂七八家，基本都在甘肃市场上相互厮杀，总体上给人的感觉是规模小、市场散、打乱仗。然而，从长远看来，这几个不足之处，却有可能成为莫高股份未来的亮点。

成为亮点需要两个基础：一是葡萄好，二是市场大。

## 葡萄好酒才好

决定葡萄酒价值的关键因素，还不是酿造技术高低，而是葡萄的好坏。故业界素有"七分葡萄，三分酿造"之说。

葡萄是一种多少有点奇怪的植物，看上去珠圆玉润，却只喜欢干旱的地区和比较极端的天气。有首很受欢迎的歌曲叫《吐鲁番的葡萄熟了》，唱的是吐鲁番的葡萄。这葡萄好啊，好到种葡萄的阿娜尔罕的心儿都醉了。

吐鲁番就是很干旱的地区。记得幼时语文书中有"火焰山下的葡萄沟"，似乎说的也是这个地方。当年唐僧师徒四人去西天取经时，把火焰山的火给彻底灭了。火虽然没了，但干旱是不难想见的。

甘肃也同样有着大片干旱的地区。比如莫高股份的葡萄园所处地区。位于腾格里沙漠边缘，葡萄喜欢的干旱少雨首先就具备了。同时，这里的天气经常是早晚冷得需要烤火，中午太阳则晒得能让人中暑，葡萄喜欢的极端天气也有了。

莫高股份的地盘，按地理学家的划分，属于北纬38度～40度之间。这是一条比较神秘的地带。这个地带上有北京、纽约、芝加哥、罗马等著名城市；有爱琴海、地中海等胜景；有适宜海洋生物海珍品生长的水域如獐子岛；有著名的人参产地；还有世界上最著名的葡萄酒产区——法国波尔多地区。也就是说，莫高股份和波尔多地区同处一个纬度。

有了好纬度，就有条件种出好葡萄，有了好葡萄，酿造好葡萄酒才成为可能。

下面还得说几句葡萄的分类。

原来葡萄是分鲜食与酿酒两大类。也就是说，好吃的葡萄并不适合用来酿酒，这可是经过长期选择的结果。酿酒葡萄个小，鲜食葡萄个大。酿酒葡萄的果汁糖分、酸度、单宁物质，都要高于鲜食葡萄。吐鲁番种的主要是鲜食葡萄，好吃，但糖分低。吃起来甜是因为糖酸比很低，用来酿酒就不行了。

两种葡萄的栽培管理采摘等也都不一样。以莫高股份的酿酒葡萄为例，在成熟期短短的几天内，需要气温剧烈变化，早上要有霜冻，反复上冻和解冻，最好要在气温零下8度以下，在枝上保持12个小时左右的自然冰冻，在成固体状态时才被采摘，然后低温压榨。

鲜食葡萄就不用这么折腾，葡萄熟了让阿娜尔罕摘了去卖就成。

点一下 F10 就可看到，莫高股份现在已拥有数万亩葡萄园。原料基本上不会有问题，自己有地自己管理，与从果农手中收购葡萄是不一样的。

前面已说过，多少有点自虐倾向的葡萄，喜欢在不肥沃的土壤里生长。地里那点养分一年转化为葡萄中的糖很有限。如果果农为追求产量猛施肥或用其他手段，或许会长出很多葡萄，但糖分就会不足，用来酿酒就很糟糕。现在的葡萄酒厂即使是要收购果农的葡萄，那也只是以含糖度定价。一般以18 度为基点，每高出一度，收购价格也跟着涨一些。

莫高股份有自己的庄园，就可以有效控制产量、保持糖量。比如很有名的黑比诺葡萄，每亩的产量就控制在 400 公斤。除此之外，莫高股份拥有的葡萄品种还包括雷司令、法国兰、霞多丽、贵人香、梅鹿辄等，都是世界级的好葡萄。

有独特的地理环境，有自家庄园种出的葡萄，莫高股份走高端精品路线也就有了底气。他们向市场承诺，不但拥有世界名贵葡萄品种，采用先进的拉斐酿造工艺，而且全部都是单品规划、单品种植、单品采摘、单品压榨、单品灌装，以确保葡萄品种高纯度化、葡萄酒口感高度纯正。莫高股份还不止一次在公开场合表示，他们葡萄酒的原料百分百来自自家庄园，百分百自家的果汁，百分百自家酒庄酿造，百分百自家庄园灌装，百分百无农药残留，百分百绿色饮品。

这一系列的"单"与"百"，透露的是一个比较明确的信息："不做最大，只做最好。"说起来，中国第一支冰葡萄酒，就是莫高股份做出来的，而且一度被定为钓鱼台国宾馆国宴特供酒。到目前为止，似乎还没有国内同行有过此等殊荣。

好消息还不止这些!

2009 年哥本哈根气候峰会期间，美国的《时代》周刊也没闲着，开出了一份"世界十大特产濒危排行榜"，说的是受地球气候变暖影响，很多在国际上著名的特产都将变质，甚至消失。其中法国葡萄酒高居第二，澳大利亚、西班牙、美国、意大利等主要葡萄酒生产国，也都被发出红色"气候警报"。

差不多同时，英国的 BBC 却报道，气候变化将使中国葡萄的种植条件变得更好。50 年之内，中国将成为世界第一的葡萄酒生产国，领导世界葡萄酒潮流。

澳大利亚葡萄栽培专家理查德·斯马特博士则在巴塞罗那举办的"气候变化与葡萄酒大会"上预言：上帝的目光已转向中国，不再眷顾法国波尔多和美国的纳帕山谷。在未来的 30 年中，最理想的葡萄培育地区将会是中国，最好的葡萄酒将由中国酿造出来。

那么，未来中国能与目前张裕、长城、王朝三大巨头并肩，甚至超越他们的葡萄酒一线品牌，有没有可能会在甘肃产生？

尽情想象一下，也许若干年后，爱喝葡萄酒的朋友会发现，最贵的葡萄酒不仅有法国的拉斐之类，而且还有中国的牌子！


## 城镇化进程放大葡萄酒市场


有统计资料表明，中国人年平均葡萄酒的消费量 0.58 升，日本人 2.60 升，美国人 12 升，法国人则为 59 升，世界人均消费量为 4.50 升。

老外葡萄酒喝得多，并不意味着中国人也必须要喝同样多。中国人葡萄酒喝得少，但白酒啤酒喝得多，酒的总量并不会少。

不过现在有理由认为，葡萄酒在中国的市场将会有一个极大的发展空间。

先看一下目前每年都有 18% 左右升幅的国内葡萄酒消费板块的构成：

公款吃喝超过 40%，娱乐消费占 20% 左右，至于在国外占大头的个人喜好与家居消费量，只占 13% 左右，与传统葡萄酒消费大国有很大的差距。所以，个人和家庭消费，将是未来葡萄酒消费增长的关键。

不断推进的城镇化，意味着不断有数量众多的农民兄弟，不断地华丽转身为城市平民。

据统计，中国目前城镇化率为 50% 左右，与发达国家的 70% 以上还有差距，还要继续努力。而且，专家说，这 50% 中，还有两亿多人未完成"市民化"。什么是"市民化"呢？除了户口住房、医保劳保之外，应该也包括了"小资"的意思。

要踏踏实实做"小资"，比较靠谱的是先当业主。所以，不管房价怎么离谱，不管新房空置率有多高，每年住进新居，包括住进经适房而改善居住条件的人家，都是个非常巨大的数字。现在政府宣布每年要建多少套经适房，已成固定套路。再加上非经适的，可大庇天下相当一部分无房户和想住好房户的人。

做城里人了，做业主了，在消费升级背景下，生活方式与格调，也将因住房条件改善而不断改变，不断提升，不断"小资"。原来上炕盘腿，现在是端坐餐桌。每当周六周日或其他有些纪念意义的日子，一家老少围坐在自家的餐桌旁，精致的餐具在柔和的灯光下，闪烁着光芒。浪漫一些的或会加摆一个花瓶，点上一支蜡烛。在这种场景和氛围中，"哗哗"倒进高脚酒杯的，不大可能会是一瓶高度白酒。此时最适宜上场表演并能演好的，应该就是葡萄酒。

不断开发出来的新房，加上那些现在空置将来未必空置的房子，能将有效增加业主幸福指数的葡萄酒，源源不断地引进。

提到房子，绝对不能忽略房子的女主人。提升生活质量也罢，讲究生活品位也罢，离开她们连谈也不用谈。尤其她们将是一个能使葡萄酒消费大幅

增长的强势群体。

强势包含4层含义：

第一层当然是有自己的房子。租住在农民房或城中村，常有心情在家喝葡萄酒的应该不多。

第二层是这些女主人在经济上有充分的自主权或有一定的主动权，至少在每月一两瓶葡萄酒的决策中，可以拍板。

第三层是在上两项基础上，女主人才有理由、才有条件去追求比目前更为高雅的生活格调。邀几个死党到家里，每人一杯葡萄酒，一边细斟慢品，一边家长里短、演艺八卦或感悟人生，很是温馨婉约。你不能想象几位女士聚在一起，人手一杯老白干或二锅头吧！

第四层是美丽与健康。很多营养专家说，葡萄酒能美容，并对人的心血管有很好的保健作用。对女人而言，只要能美容，是可以奋不顾身的，更何况还是葡萄美酒！健康当然也不会因此被冷落。中国女人大多数都坚守着贤惠和主内的传统，会为了丈夫与父母的健康，以身作则地劝说感化他们多喝葡萄酒或将白酒换成葡萄酒。

也就是说，众多家庭酒柜里葡萄酒的数量和更新的频率，不知不觉中会有所增加！葡萄酒厂商们或许应该振臂高呼：太太万岁！

14亿中国人，如果平均每人每年多喝一瓶葡萄酒，就是70万吨。以莫高股份目前的产能，要开足马力忙碌30年，才刚够这个增量。如果平均每人每个月多喝一瓶的话，那几乎所有大葡萄酒厂都要忙得满头大汗。

所以，全世界很多大葡萄酒厂商已经到中国来了。在一些大卖场，法国、美国、澳大利亚、智利等国家的美女导购，莺歌燕语地向来往顾客说着各自的酒好，与当地同行抢生意。

莫高股份有好葡萄，好工艺，好流程，酿出的酒也好，肯定是有竞争力和竞争优势的，问题就在于怎么去竞争。

# 一点小憧憬

目前，莫高股份还是处于集中精力把酒做好的阶段。

集中精力的一个重要举措，是莫高股份不再种草了。2011年，莫高股份把公司牧草种植、加工与销售业务，统统出让，以腾出更多精力财力种葡萄酿酒。

现在，莫高股份已有以黑比诺干红、金爵士干红、金冰等高品质葡萄酒为代表的干红、干白、冰酒等超过100个品种的产品系列。葡萄酒占公司业务总量80%以上。

接下来首先应该做的，是在企业强了之后，扩大产能，以甘肃为根据地，走向全国，进而走向世界。

据说，甘肃省已把葡萄酒产业列为"十二五"重点发展产业。有了这只看得见的手，对省内葡萄酒进行行业整合的概率就非常大。

这至少是一次中长跑。一开始还应该是共同发展。只有领先者，才有可能兼并别的同行。作为葡萄酒"西北王"的莫高股份，已是省内同业的"老大哥"，又是具有一定规模的上市公司，应该是最为合适的进行资源整合的平台。

与此同时，公司的品牌号召力和影响力，无疑还需要不断向更高层面打造和提升。虽然已获"中国驰名商标"称号，但真正要得到全国消费者的认知喜爱，使区域性品牌真正成为家喻户晓的全国性知名品牌，还有很长的路要走。

坦率地说，无论做品牌还是做渠道，似乎都还不是莫高股份的强项，幸好他们会种葡萄会酿酒。所以，另一种可能出现的概率就大大增加，即国际酒业巨头通过资本市场部分或大部分参与莫高股份决策与运营。扩张品牌，拓展渠道，是国际酒业巨头们的看家本领。这样，莫高股份就有可能在竞争

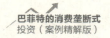
日益激烈的葡萄酒市场上，以更快的速度走出甘肃，走出西北。

莫高股份的官网上，有这么一则提醒："买股票不是买彩票，要看公司的基本面和发展潜力。"非常有自信！他们也确实有这个底气。

莫高股份未来的发展，不可能一帆风顺，道路肯定很曲折，但前景或许很光明。

第 7 章

# 巷口好酒

◎ 优秀的企业能在市场竞争中生存、发展、创造利润，就是因为按照消费者的需求与爱好来对产品进行设计与生产并建立和培育起稳定高效的渠道，才使企业初衷的实现成为可能。也就是说，营销，在产品生产之前就已经开始。企业不但想好了酿什么样的酒，而且想好了通过什么样的途径，把这些酒摆在巷子口尽可能最好的位置。

有句老话说"酒香不怕巷子深"。我禁不住要问一声，好酒为何不拿到巷子口卖呢？岂不生意更好！

实际上这里说的是企业的营销问题，而且说得比较深刻。不夸张地说，企业的营销，本质上也就是巷子与酒。

酒好不好，酿酒者的引导当然也有作用，但关键还得由喝的人评说才算数，喝的人多多益善。怎样才能让更多的人来喝这个酒，或者换一个说法，如何想办法让更多的人走进巷子，来到酒坛前，也是酿酒者必须要事先想明白的。因为在信息化高度发达的今天，躲在巷子深处卖酒是没有前途的，如果这个深巷还需拐个弯才找得到的话，那酿酒者可能连生存都困难，遑论酒好酒坏。

需要说明的是，营销与推销是不同的。卖者拿着酒在巷子里对路人说酒好，属于一对一的推销。这样做也不是没有效，但效果相当有限，而且很难持续与扩大影响。营销则是在巷子口好位置上，摆上柜台，陈列着源源不断的各类好酒，供所有路过者浏览品尝和购买。

从这个角度来看，在消费品市场上，把营销这台戏唱好的企业，至少是正确地解决了以下3个问题。

首先就是把酒酿好，这是根本。然而把酒酿好第一步，是要了解目标消费者为什么要买酒，他们喜欢什么样的酒，消费能力有多强。也就是以消费者的需求为出发点，对目标市场人群的消费欲望、消费心理、消费能力有个基本的把握。接下来的第二步，就是要了解这些消费者到底需要多少酒，现在巷子口上已有多少卖酒的同行？只有在比较确切地掌握和了解了这些相关信息之后，才有可能酿出具有相对优势的酒。

其次就是要在巷子口选一个好位置，采取一种适合的叫卖方式。这实际上就是对产品推广市场切入口的选择，即将适合市场的产品，通过定价、分销、促销等方式，让显性的与潜在的消费者能轻易获得产品的各种信息，了解产品能满足自己哪些需求，又比同类产品好在什么地方。必要的话，还需要精心设计与提供售后服务，以确保产品能长期受到消费者的好评与信任。

最后则是能够创造一种良好的业态。即不但能充分考虑到消费者的需求与期望并满足它，同时，还能够将渠道资源进行稳定与高效的整合。把稳定放在前面，是因为消费品从来就不是一锤子的买卖，需要细水长流。于是稳定的渠道就至关重要，并且在这个基础上，高效才可能持续。

所以，优秀的企业能在市场竞争中生存、发展、创造利润，就是因为按照消费者的需求与爱好来对产品进行设计与生产，并建立和培育起稳定高效的渠道，才使企业初衷的实现成为可能。也就是说，营销，在产品生产之前就已经开始。企业不但想好了酿什么样的酒，而且想好了通过什么样的途径，把这些酒摆在巷子口尽可能最好的位置。

即使已经把好酒摆在了巷子口的好位置，也不意味着从此天下太平，因为面临的挑战与机会永远都不会消失。特别是在互联网高度发达的今天，就更是如此。资料显示，现在中国网民已近 10 亿，网络覆盖全国 99% 的乡镇，开通宽带的行政村达九成以上。另外，以智能手机平板电脑为终端的移动互联网呈爆发式增长，电子商务成为最大亮点。

于是，在企业与消费者之间，不受时间与地点限制，进行有文字声音图像全方位信息的传播与交换。这将会是网络营销的一个重要特点，也可能是摆在大部分消费品企业面前的营销新课题。未来仅满足于巷子口那一亩三分地显然不够，必须要站在巷口，胸怀世界，才有可能在新的竞争中争得先机！

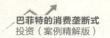

## 宝洁公司：了不起的 P&G

哪家外国企业在中国赚钱最多？根据相关资料，答案不是可口可乐，不是麦当劳，不是沃尔玛，而是宝洁公司，也就是简称为 P&G 的。这会不会令人多少有点意外？

如果稍作留意，你就能发现，几乎所有上规模的商店或超市日用品柜台里，摆满的那些玉兰油、海飞丝、Sk–II、潘婷、飘柔、沙宣、伊卡璐、威娜、吉列、舒肤佳、护舒宝、佳洁士、汰渍、碧浪、帮宝适、金霸王等，居然都是宝洁公司的产品。它一点儿不客气地对洗发、护发、护肤、婴儿护理、家居护理、妇女卫生用品、个人清洁用品等领域，进行全方位的覆盖。难怪它赚得最多！

世界上哪家日用品公司申请的专利最多？不出所料，答案还是宝洁。不过，如果知道一年申请专利高达几千项的宝洁，比世界上最具创新能力的几家高科技公司专利还多时，你是否会再意外一次？

还真的不能小看那些洗发水、尿不湿之类，原来个个都有很深的研发背景。事实上，宝洁公司就是靠研发起家，研发发家的。

如果我再告诉你，每周工作 5 天、每天工作 8 小时的制度，是宝洁公司半个多世纪之前的首创，你会不会第三次感到意外？

宝洁公司是 Procter 和 Gamble 的缩写，那是两个人的名字，可译为"普罗斯特"和"盖伯"。

普盖二位仁兄在成为生意搭档之前，已是连襟。他们共同拥有一位了不起的岳父。这位岳父不但有两个美丽的女儿，而且还极具商业眼光。正是在这位岳父的鼓励支持下，普、罗才想到联合起来，把各自本来经营的蜡烛生意暂且停止，开始合伙做肥皂。

顺便提一下，当时，也就是 1837 年的美国，肥皂实在做得很差劲，又黑又难闻。普、罗两位连襟，都具有对化学日用品进行研究发明与销售的强烈兴趣，或许这也正是他们选择同一位岳父的原因。

经过他们的一番努力，一种又白又香的肥皂被研制出来。于是，在岳父的倾力策划下，一个以研发为根基的商业帝国雏形，在美国的辛辛那提悄然问世。

经过 170 多年的发展，宝洁公司现在已经是全球最大的日用品公司，位于"财富 500 强" 10 个最受赞誉企业之列。那两位连襟名字的第一个字母，也就成为这家著名公司的标识。

## "肥皂剧" 与 "助推器"

"肥皂剧"指的是 20 世纪 30 年代在西方开始兴起的、主要以家庭问题为题材的广播或电视连续剧。虽然够不上主旋律或某某主义之类的标准，甚至有人认为"很无聊"，它的主要功能，恰恰是能帮人打发无聊，所以就特别受无聊时间比较多的家庭妇女的欢迎。为此编导们想方设法不停地制造悬念，不断延续故事，以至于有些连续了几十年，无聊出许多精彩。

有精明的商家们从中看到了商机。这个商家，一开始主要就是宝洁，那时他们研制的"象牙"肥皂，质量很是不错，接下来需要的就是要拓展更大的市场，要让更多的人，确切地说，是要让更多的家庭妇女知道这种肥皂，因为她们才是肥皂消费的主力。于是，在那些无聊却又能打发无聊的广播电

视连续剧的间隙中，插播肥皂广告，就成为一种非常有创意的推广和非常有成效的营销。

所以"肥皂剧"这个多少有点文艺范的词，却是来自宝洁公司的营销创意。

与肥皂剧们共同成长了一段时间之后，宝洁公司发现他们不能只满足于做肥皂和卖肥皂，凭着他们研究发明的实力，还应有一番更大的作为。

肥皂很滑溜，但宝洁公司的脚步却很稳。在肥皂畅销的同时，新的产品一个又一个地从研究室到生产线上，再通过商场柜台进入千家万户。

几乎可以说，宝洁公司自成立之初，那种对技术先进性的追求，就已深深地植入企业的 DNA 之中。早在 1890 年，宝洁公司便在辛辛那提建立了一个分析实验室，虽然初始目标还不算宏大，只是研究如何改进肥皂的生产工艺，但这个美国历史上由企业自建的最早的实验室之一，在后来的岁月中，对宝洁公司研究和产品的开发，起着极为重要的助推作用。

多年来，师奶们熟悉且依赖的汰渍洗衣液与洗衣粉，是宝洁公司 1946 年的产品。从 20 世纪 60 年代就被美国牙防协会确认的防龋牙膏佳洁士，是宝洁 1955 年推出的。1961 年，宝洁的又一重磅产品婴儿纸尿片帮宝适的问世，实际上是帮助婴儿的父母们从洗尿布的辛劳中脱身出来。再后来，也就是 1983 年，宝洁的妇女个人卫生用品护舒宝，迅速成为消费者首要的选择之一。

因为众多卓有成效的创新发明，在 1995 年，时任美国总统的克林顿，还郑重其事地授予宝洁公司国家技术奖章。全美一哥颁发的，当然是美国技术成果的最高奖励。奖章制作得很简单，但获奖证书的内容却是一篇面面俱到的流水文章，先表扬了宝洁公司的不断创新和与时俱进的精神，接着历数宝洁的包括二合一洗发水、超强保护型妇女卫生巾、去牙垢牙膏、人造纤维餐巾、带活性漂白剂的洗涤剂、超薄纸尿片等在内的创新产品如何了得，为改善世界各地亿万消费者生活质量做出了杰出贡献。

我们很熟悉的这一套程序，却原来中美通用。当然，前提是创新能力确实很强，产品确实很受市场欢迎。

## 玉兰油与刮胡刀

就企业发展规律来说，当一个企业发展到一定阶段时，进行并购以不断扩大市场占有率和影响力，就成为一条必经路。宝洁当然也不例外，他们的并购从 20 世纪 30 年代就已启动。

多年以来一系列的并购，使宝洁公司迅速地强大起来。将 OLAY 玉兰油收归公司旗下，是宝洁公司一次漂亮的"本垒打"。

OLAY 玉兰油的故乡并不是美国而是南非。20 世纪的 40 年代，南非某公司的一位技术人员伍尔夫，在他美丽妻子的支持下，悄悄在家里设立了一个小小的实验室，以实现他一个大大的志向：要调配出一种能使皮肤保持柔嫩而又不那么油的护肤品。

当时伍尔夫虽然只是一名技术人员，但他却比许多营销人员更懂得，广告虽然可以助销，但如果一个产品要想长盛不衰，就必须要有明显高出同类产品的优势。

伍尔夫注意到，当时的护肤用品油性很大，在护肤的同时却不能为皮肤增加美丽，效果不尽如人意。幸运的是，他美丽的妻子对女性护肤用品有很深的理解和很高的品位。因此，能不断向伍尔夫提出许多非常有价值的建议。更难得的是，她还是产品实验的最佳义务试用者。夫妻俩不断地研究改进，终于使产品有了不同凡响的护肤特性，同时还拥有女性们喜爱的颜色与香味。

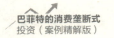

从 20 世纪 50 年代开始，伍尔夫的产品 OLAY 玉兰油开始出现在南非护肤品市场上，并且很快就成为最受欢迎的产品。到 20 世纪 60 年代，玉兰油开始通过英国进入欧洲市场，一路高歌猛进。其后不久，它登陆美国，也同样取得相当出色的业绩。

宝洁公司开始注意到玉兰油这个带着真挚爱情和美丽传奇的品牌。1985 年正式将其收购。凭借着宝洁公司的强大运营能力与网络，玉兰油的生意由此更上一层楼，在全球市场上走红。很快，它就成为世界上知名度最高、规模也最大的护肤品牌之一，也成为宝洁公司旗下第十三个年销量超过 10 亿美元的产品。

当然，宝洁的市场目标并非只是妇女儿童用品，男人用品也不会轻易放过。它对吉列的收购就充分说明这一点。

吉列一开始只是个人名。20 世纪初，做了 24 年推销员，到 40 岁时事业尚未见起色的美国人吉列先生，某天无意用手触碰到下巴上胡须时，突然灵光一现：是男人就会长胡子，绝大多数男人都需要刮胡子，刮胡子就少不了剃须刀。由于当时男人们刮胡子只能借助理发师的剃刀，不但不方便还常常刮不干净。所以吉列先生认为，如果能发明一种刮起胡子来很方便，但用一次就只能扔掉的剃须刀，将会是一桩前途不可限量的生意！

经过几年不懈的折腾，吉列终于发明出一种能把胡子刮得很干净，但用完后只能丢弃的剃须刀片，并且很自信地以自己的名字为刀片命名。吉列刀片进入市场后，销售却很一般，业绩一直提不上去。

第一次世界大战的爆发，给吉列先生的吉列刀片带来腾飞的机会。由于吉列刀片的品质与方便，使其大受战地士兵的欢迎，居然成为军需品。"一战"结束后，士兵们把吉列刀片带回家乡，带回社会，使吉列刀片的销量超过 1 亿片。

吉列公司也同样极为重视产品的不断创新。1946 年，吉列发明了剃须刀架。1971年，吉列发明了双刀剃须刀。1977年，吉列发明了旋转头剃须刀。1990年，吉列发明了弹簧剃须刀。2004年，吉列甚至发明了女用剃刀。

因为吉列剃须刀的问世，使得世界上的男人们改变了刮胡子的方式。因为吉列的研发实力与品牌优势，使得吉列刀片成为全球剃须刀无可争议的一哥。产品包装上吉列先生那张满是胡须的老脸，也因而被誉为"世界上最有名气的一张脸"。

巴菲特就认为吉列公司是一家非常了不起的公司。宝洁公司也这么认为。巴菲特买了吉列的股票，而宝洁则在2005年，以570亿美元的天文巨款，收购了吉列，并因此而成为全球最大、也最赚钱的日用品公司。

## 市场调研与"群狼营销"

宝洁公司最强的地方，还是研发。即使是将其首先视作一家研究与开发的公司，也并不过分。他们的头头就不止一次地表示，研究与开发是宝洁公司业务的生命线。

目前，宝洁公司有近 10 000 名来自 600 多所不同大学和研究机构的研究人员，在亚非拉欧美等地区的 18 个研究中心，为公司无止境地开发品质优良的新产品。需要说明的是，每年投入近 20 亿美元的研发项目，都是建立在充分的市场调查基础之上的。

宝洁公司的市场调查模式，颇为与时俱进。一开始，他们只是花钱请人进行挨家挨户地回访，向家庭主妇们了解，她们是否能正确使用公司产品，同时认为产品还有哪些地方需要改进。

后来，业务范围不断扩展，宝洁又成为最早一批使用电话与消费者沟通的公司。再后来，宝洁逐步实现了市场调查渠道的多样化，包括入户访问和观察、举办消费者座谈会、问卷调查、访问商店、接收信件、接听电话等，借助庞大的数据库，建立起以市场调研为基础的决策模型，为公司新产品的开发提供了有力的依据和支持。

研发的优势，又进一步提升营销的强大竞争力。宝洁采用的是一种"群狼营销术"。

首先是根据不同消费者对同一类产品诉求的细微不同，利用强大的研发能力，开发出不同的产品。然后通过一切媒介强调这种不同，制造出不同的消费概念。比如同是洗头发的，海飞丝的特点在于去头屑，潘婷的长处是对头发的营养保健，飘柔的好处是使头发光滑柔顺，沙宣则重在调节水分与营养。

对内而言，不同的产品，隶属于不同的独立核算的公司。同类产品相互之间的竞争非常激烈。如同狼群一般，即使有了猎物，也必须通过相互比拼，才能确定每只能吃到多少。缺乏竞争力的，只能饿肚子。所以宝洁内部的这些公司，始终保持着旺盛的斗志与生命力。

对外而言，宝洁公司的产品真的如一个狼群，就像刚才提到的洗发水，在卖场的同一个柜台里，摆满了海飞丝、飘柔、潘婷之类，有不同消费需求侧重点的人们，基本都能找到自己所需的产品，从而吸引不同需求的消费者共同掏钱购买，强力挤压了同行们的生存空间。

事实证明，这种营销策略是非常成功的，虽然某个品牌可能暂时会处于下风，却有利于提高公司对市场整体份额的占领，并能有效地降低单一品牌的风险。

核心竞争优势为宝洁带来的是相当不凡的业绩。2008 年宝洁的销售额793 亿美元，到 2012 年，这个数字上升为 836 亿美元。说个更直观一点的数据吧，宝洁公司这 5 年的股息，依次是 1.45 美元、1.64 美元、1.80 美元、1.97 美元和 2.21 美元。值得一提的是 2015 年，在受到全球经济疲软及外汇市场的负面冲击的影响下，宝洁依然保持了每股 2.44 美元的股息，这也是其连续第 59 年增加派息。所以，如果你买了宝洁的股票，可能会很乐意继续持有的。

 **姚记扑克：经销商的宠儿**

在这本书里，我本来不准备介绍姚记扑克这家企业的。和大多数人一样，我原来也认为扑克这东西太普通，没门槛，一般的印刷厂都能生产。况且我打桥牌几十年，我和我的牌友们从来就没有注意过手上的扑克是什么品牌。在消费品领域，这个行业似乎产生不了什么优秀企业。

但我的好友、著名的价值投资者李剑先生曾经的一番投资经历，激起了我的兴趣，也改变了我的想法。同样是做市场调查，同样是在商店的柜台里考察企业，人们的感受和收获却千差万别。留心、追问、深思，使李剑先生的柜台发现和市场调查胜人一筹。

## 为何超市只卖两种扑克？

据李剑先生介绍，早在 2011 年 8 月，他就从股市上知道了姚记扑克。刚开始，他并没有一点感觉，不觉得它和消费垄断型企业有什么联系。次年也就是 2012 年的夏天，在上海麦德龙超市的随意一逛，却给他带来了意想不到的收获。

在麦德龙，李剑先生偶然发现，扑克牌只有两种牌子摆在货架上，一种是美国的蜜蜂牌，一种是中国的姚记。而其他商品比如洗发水、餐巾纸、化妆品等往往是几十种品牌的货物百花争艳。于是，他便留心了起来：这么普通的扑克牌，什么印刷厂都能印，为什么只有两种在卖？

外国人开的超市摆外国货很正常，但中国国产扑克牌年产量和销量几十亿副，规模以上厂家100多家，为什么只有姚记和蜜蜂并列柜台？于是，他到上海的其他超市包括国内企业开办的超市，发现大多数也只有这两种。而后，他又驱车去山东避暑，一路在青岛、日照、南通的酒店房间中，看到与饮料、避孕套等旅行用品放在一起的扑克牌，居然只有姚记一种。

接下来，他又打电话询问一些常打扑克的朋友，他们都回答说买扑克不会挑品牌。再请他们看看家中的牌，居然也是姚记扑克。

李剑先生由留心转为了追问：有这样一个商品，制造门槛很低，生产厂家众多，竞争格外激烈，加上消费者基本不注意它的品牌，甚至消费者在购买消费这类商品时，压根就不在意是什么品牌，为什么这个商品却是柜台里的主力，并雄踞国内同类商品的畅销榜首？

追问之后是阅读。阅读的对象包括企业年报和各种相关资料。经过一番苦读与深思，李剑先生得出结论：一，扑克牌的门槛并不如想象的那么低；二，扑克牌生产厂家竞争，必须设备纸张、工艺质量和规模成本三者俱优。一旦三者都取得了优势，就有了较为宽阔的经济护城河；三，有些行业有些产品，经销商会替代消费者进行品牌选择。姚记就是经销商的宠儿；四，网上打牌不能完全替代手感、更不能取代近距离的亲情友情感。纸质扑克在中国这个人口多和低成本娱乐的大国，还有广阔的前景。

由此，李剑先生在2012年年底，也就是姚记扑克股价较为便宜的时候，果断出手买入。尽管股市不阴不阳近一年，他老兄在这家企业上却不声不响地赚了1.5倍左右的利润，堪称价值投资的又一漂亮战。

# 中国也是扑克的国度

常说中国是麻将的国度。不过，我身边就有很多不会打麻将的朋友，却极少遇到不会打扑克的成年人。扑克牌的玩法实在是太多，据说有数百种，流行极广，想不会打都难。若要统计打麻将与打扑克的人口，扑克领先应该没有疑问。

有文字记载，扑克也属于中国的发明。据说，在楚汉相争的年代，战争空隙，士兵们倍感无聊时，就会开始思念家乡，这自然有损士气。但那个时候还没思想工作，部队也没有指导员、政委之类，怎么办呢？大将韩信找到了解决的办法，发明了一种纸牌游戏。这说明当时已有纸了，可能与后来蔡伦造出来的纸有所不同。纸牌大小如树叶，所以称为"叶子牌"。

就当时而言，叶子牌游戏具有很强的娱乐性，又是领导研发出来的，因而很快受到士兵的欢迎，大家都积极踊跃地参加，军营里掀起了一股又一股叶子牌的热潮。于是，士兵们不再无聊了，也不用眼泪兮兮地思乡了，士气和战斗力也增强了。汉军取得最后的胜利，恐怕要算上叶子牌的一份功劳。

仗打完了，叶子牌却流传下来。后来，据说是马可·波罗把叶子牌带到了欧洲。经过岁月的冲刷，带去欧洲的叶子牌，就逐渐演变成现在的扑克。留在中国的，则成为麻将和牌九。

说来说去，麻将扑克，本都是一母所生的同门兄弟。所以说，中国是扑克的国度，大约也不会错的。就打扑克的人口而言，中国也的确是世界第一，至少有几个亿。

据中国文教体育用品协会的一份抽样调查统计结果，有九成被调查者会打扑克，有七成表示会买扑克，而且一年差不多要买 4 副左右的扑克牌。汇总了算，全国人均年消费扑克牌超过 3 副。近 40 亿副的市场！

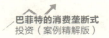

然而这还只是个静态的数字。因为有统计表明，中国农村居民的文教娱乐消费，每年的增长率超过现在的 GDP。而且，随着城镇化的普及或深入，农民兄弟的生活水平将会不断提高，休闲娱乐的时间也会有所增加，因而将越来越成为这个消费领域里举足轻重的角色。因此不难想象，在今后波澜壮阔的城镇化过程中，扑克牌作为一种简单而又娱乐性强的快速消费品，还将会保持旺盛的增长势头。有专家干脆把这个势头做了量化：2017 年的扑克年消费量将达到 75 亿副！

会不会真能消费这么多或不止这么多，要等过完了 2017 年才知道。不过，国家体育总局棋牌运动管理中心早在几年前，就以总局的名义，把"拖拉机"（又称"升级"）与"斗地主"（又称"二打一"）等扑克游戏，列为全国性的比赛项目。这不但表明官方认可了扑克游戏，而且还亲自举办，显示了国家对文教体育用品产业的支持，也落实到了扑克牌上。

现在有充分理由说，扑克是一种有着悠久历史传统，又有着极为广泛群众基础的、玩法多样且具有国际性的益智类文化娱乐用品。既有国家相关产业政策的支持鼓励，又有官方公开的倡导与弘扬，更有广大老百姓积极投身其中。所以，扑克牌市场是一个巨大的，并且还在继续变大的快速消费品市场。

## 三箭齐发

事实上，中国不但是世界第一的扑克牌消费大国，也是世界第一的扑克牌生产大国。

虽然消费生产都是第一，但扑克牌很长时间以来，都还没有真正在市场上叫得响的品牌，更谈不上有什么享誉全国或全球的百年老店。

扑克生产的工艺比较简单，进入门槛低，属于完全竞争的行业。在这个行业中，大企业少，小企业多，不大不小的中型企业，又多为以印刷厂为代表的兼营厂家。市场竞争主要的方式，就是价格竞争。卖得越便宜，投入得就越少，品质就越无法提高。于是，持续的价格战，使大量的低质产品在市场泛滥。

姚记扑克的历史很短，是标准的 90 后。姚记扑克公司的前身，是上海人民印刷十厂黄渡分厂。1994 年被精明的民营企业家姚文琛先生收购，成为专门生产扑克的企业，姚记扑克从此诞生。

本着"树百年姚记，创世界品牌"的雄心，经过十多年的奋斗，姚记扑克逐渐在"乱世英雄起四方"的市场上站稳了脚跟，从上海地头上脱颖而出，进而被国家工商行政管理总局认定为"中国驰名商标"，获得"上海市名牌产品"等荣誉，还被中国文教体育用品协会评为"国内 6 大行业知名品牌"之一。

然而令人遗憾的是，直到今天，在国内，扑克仍然没有形成品牌消费习惯。我曾随机问过身边的一些朋友，买扑克时会不会对某个品牌有所偏爱？或至少知道哪个牌子的扑克最好？结果被问者都是一脸茫然："扑克还有什么品牌不品牌？"

面对这种现实，姚记扑克三箭齐发，集设备纸张、工艺质量和规模成本三种优势为一体，成为经销商的宠儿，创造了一种特色和奇迹。

姚记发出的第一箭就不同凡响：花重金配置顶尖的设备，采购顶尖的油墨，特别是选用顶尖的纸张。一般印刷厂往往舍不得如此投入。而姚记深知，扑克牌在消费者手中反复捏着，纸张不好，手感不好，印刷不好，将会形成致命的缺陷。虽说现在扑克不讲究品牌，但不等于不讲究品质。因此，姚氏扑克的厂里，都是当前最好的印刷设备和油墨，最好的纸张，在生产的起始阶段就获得优势。

第二箭是狠抓工艺质量和花色品种。对内专注于提高扑克生产的工艺技术，建立了良好的技术创新机制。终于逐步在行业内形成研发创新、技术质量的领先优势。随便拿一副姚记扑克到手上摆弄几下，马上就能发现无论是图案设计、光滑度、弹性，还是手感、声响等方面，都确实相当不错。

设备纸张、工艺质量之后发出的第三箭，是规模成本。这个规模成本直接关系到营销。因为在还未到达品牌消费阶段的扑克领域里，如何使产品成为千百万消费者桌面上的常客，将是一项更为严峻的挑战。姚记在保证质量的同时，努力扩大产量，降低单位成本。以它 10 亿副以上的产能，在对价格并不敏感的扑克领域中，出厂价降一角钱，消费者或许感受不到，但却能打败很多同行取得经销商的欢心。脚跟站稳后提价一角钱，消费者也不会当回事，带给企业的，可就是一笔可观的厚利。

有了这三大优势，成为经销商的宠儿就有本钱了。


## 稳中有奇的营销

姚记扑克的营销理念，就是稳定压倒一切。没有稳定有效的销售网络，扩大市场份额就难以持续，甚至会变为一句空话。

建立和拓展销售渠道，是一件需要勤奋与踏实、智慧与耐心的工作。姚记公司采取的经销方式，也就是看似传统的大经销商区域化管理模式。即在销售区内，选择一到两家一级经销商，由一级经销商在指定区域独家代理公司产品，负责向指定区域内其他经销商或终端销售。

然而在这看似平常的模式中，却注入了姚记的特色。他们会做牌，也会打牌。打出的第一张牌，是有钱大家赚。针对不同区域的不同经销商，制定了不同的销售激励政策。谁卖得好，谁就赚得多。赚得多的意思是比卖别的同类产品赚得多，也就是姚记扑克主动向经销商让利。这么一来，自然大大提高了经销商的兴趣与热情。

它打出的第二张牌，分量就加重了。即经销商们要获得高额利润，就必须承诺，在指定的区域内，不再销售其他品牌的扑克。当然，姚记扑克自己也同时承诺，不再与指定区域内其他经销商合作。

面对难以抗拒的利润，经销商们愿意做出只销售姚记扑克的承诺，于是这种具有明显排他性的销售网络覆盖了 20 多个省市。李剑先生看到柜台里除进口货外，只有姚记产品的原因，就在于这种排他性的承诺协议。

当销售的渠道建立和打开之后，姚记扑克的产品开始悄悄登陆各类卖场的柜台。而姚记扑克与各地一级经销商们的合作，也在不断深化。

最好的合作是双赢。当合作达到一定成熟度后，姚记扑克与经销商的合作模式就更为紧密，采取的是买断式销售。在这种模式下，产业资本与商业资本，通过生产与销售和谐地结合在一起，获得了较高的市场效率。一方面经销商恪守排他性协议；另一方面，也在产品质量和销售价格上具有较高的主动权，从而形成一种良性循环。

然而，姚记扑克没有满足于与经销商的买断式销售模式。在不断提高产品质量的同时，他们也没有停止对销售模式的创新。毕竟这种与经销商合作的模式还是有难以让人放心的地方。一旦某地区双方合作关系发生变化或协议到期后出现新的进入者，都意味着姚记扑克可能需要重新寻找和培养合格的商业伙伴，从而对该地区的销售造成较大的被动，最终给公司的业绩带来负面的不利的影响。

于是，姚记扑克找到了一种比排他性的买断式销售更好的合作模式，准确地说，是合资。在 2012 年，姚记扑克牵头成立了上海姚记扑克销售有限公司。控股的是姚记，各区域的一级经销商都成了股东。合作变成了合伙，生产的与销售的都成了一条战壕里的战友，大家的利益都更紧密地捆在了一

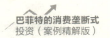
起。这样一来，销售公司就能对所有区域进行统一管理，实现各个区域销售渠道的资源共享，开发新市场的目标更明确，效率也更高。

## 前景的思量

中国的扑克市场，目前还是销售为王的阶段。即先有销量，再谈品牌。也可能未来仍然是销量决定一切。于是，接下来就会产生一个疑问：扑克的销售能一直令人乐观吗？在网络扑克不断盛行的今天，实体扑克会不会因此开始走向衰败没落？

从公开披露的信息上，能看到姚记扑克也适度参与了网络扑克游戏的投资。然而与其说它是想在网络扑克游戏中直接分一块蛋糕，还不如说是利用网络扑克来扩大自有品牌的影响。

从现实看，网络扑克与实体扑克其实并不是你死我活，而是相互促进的一种关系。本来年轻人重网络游戏而轻传统游戏，是值得传统游戏担心的事情。然而扑克不一样，很多年轻人包括"90"后、"00"后等，将会通过网络游戏熟悉和了解扑克。同时，各类扑克的玩法，也将通过网络，以飞快的速度得到普及与流行。

另外，打实体扑克产生的那种人们相聚时，面对面交流的闲适氛围以及情感的交流，是网络扑克无法提供的。

现在我们可以看到，姚记扑克是一家小市值的、在行业中隐身的领先与龙头公司，面对的却是一个巨大的市场。而且这个市场还处于竞争水平与集中度都比较低的阶段，存在着巨大的商机。同时，如果不把那点网络扑克的投资当很大一回事的话，姚记扑克又是一家主业极为清晰的企业，产品是高中低端一网打尽。特别值得一提的还不是其优良的产品品质，也不是其稳定而又富有扩张弹性的营销模式与销售网络，而是其决策层那种要做百年大品牌的胸怀，与不断积极开拓创新的意愿与能力。

今后的姚记扑克，能否不断扩大已有的竞争优势？在业绩方面，还会不会有新的突破口，给投资者带来更多的惊喜？要寻找这些问题的答案，可能需要像李剑先生那样，处处留心、不断追问与深入思考！

## 雀巢集团：讨好了亿万张嘴

中国本来是个茶的国家，但现在喝咖啡的人也相当多，有点要迎头赶上的意思。因此几乎所有大一点的综合性卖场的柜台或货架上，都能看到各种类型的咖啡，生意大概都还不错。这也应该算是与国际接轨的一种方式吧。至少来华观光的老外，想喝咖啡就能喝到。中国人海外旅游，在街边咖啡馆要上一杯，也能喝得惯。咖啡的牌子很多，最有名的，应该算是雀巢了。

雀巢集团是一家瑞士的上市公司，在美国也可进行 ADR 交易。雀巢集团的生意做得非常大，现在每年的销售额超过 1 000 亿美元，其中 95% 左右为食品业务，是全世界最大的食品公司，生产各类奶制品、营养保健品、糖果、调味品、饮用水、谷物食品、宠物食品等，其中速溶咖啡、奶制品和巧克力最受市场欢迎。值得一提的是，雀巢集团的产销基本都在瑞士之外。他们在 100 多个国家和地区设立工厂进行生产，销售额 98% 来自国外，因此也可以说是最具国际化意味的跨国公司。

雀巢集团虽然很出名，但其总部所在地——瑞士的沃韦，却是个不怎么出名的地方。幸好位于日内瓦湖畔，风景相当怡人。据说喜剧大师卓别林

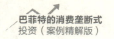

晚年就定居于此。

不知是否风景怡人的缘故，雀巢集团的标志也相当怡人：一只鸟妈妈正在喂食巢中的两只小鸟宝宝。画面虽然动人，却非常昂贵。据最新测定，雀巢的品牌价值已超过 130 亿美元。

## 优势的确立

作为一个食品公司来说，雀巢的历史很长，是不折不扣的百年老店。

雀巢集团的诞生，可以追溯到 19 世纪中叶。当时的欧洲，战乱频仍，动荡不安，和现在的中东差不多，很多国家的经济相当糟糕，人民陷入贫穷之中。

说起来很难想象，现在公认为福利最好最富裕的国家、很多人哭着喊着想移民也移不了的瑞士，那个时候却是百业萧条，老百姓生活非常艰难。艰难的一个重要证据，是婴幼儿因营养不良的夭折率高达 20%！

为了降低婴幼儿这种无需争议的"营养性死亡"，为了能尽可能多地挽救那些幼小的生命，一位名叫亨利·内斯特莱的瑞士人，花了很多脑筋，于1866 年在他的实验室里，研究出了一种婴幼儿可以消化吸收的牛奶与谷类混合的食品，能提供婴幼儿生长所需的主要营养。

正巧这时有一位韦纳太太刚生完小孩，不幸生了重病，无法哺育因早产而虚弱的才出生 15 天的小宝宝。有人向韦纳夫妇推荐了内斯特莱的研究新成果。在走投无路的情况下，韦纳夫妇决定试着用内斯特莱先生的婴儿食品喂孩子。结果，那位小幸运儿苗壮成长，健康状况良好。

消息不胫而走，在当地引起了不大不小的轰动。于是很多有婴幼儿的家庭开始向内斯特莱先生订购他发明的婴幼儿食品。

1867 年，经过慎重考虑后，内斯特莱先生决定成立公司，怀着菩萨心肠，开始做起了奶粉生意。雀巢集团的百年之路由此起步。

一年之后，一位著名的化学家和一位法医权威，都用文字明确肯定了内斯特莱先生的发明，能提供婴幼儿生长所必需的营养，对婴幼儿的生长具有毋庸置疑的帮助。两位专家的意见，使雀巢的产品开始为欧洲许多国家所欢迎，并陆续在美洲、澳洲、亚洲的多个国家登陆。更为重要的是，雀巢集团最大的优势——研发优势也由此确立。

## 后来居上的咖啡

也许因为内斯特莱先生是位发明家的缘故，因此雀巢集团从诞生之日起，就携带着研究发明的基因，并在日后的岁月中，日益显现出这方面的领先优势。包括现在雀巢引以为豪的、拥有数千名研究人员并在数十个国家设有分部的雀巢技术有限公司，包括雀巢在洛桑设立的世界上最大最先进的食物研究实验室等。若追根溯源，都可回归到内斯特莱先生早年在沃韦的简陋实验室。

由于雀巢在食品研究方面的领先地位，20 世纪 30 年代，迎来和抓住了最大的历史发展机遇，研究出了速溶咖啡。

瑞士本为资源小国，且天寒地冻的，没有咖啡所需要的炎热与潮湿，并不适宜种植咖啡，但是适宜种咖啡的却瞄上雀巢了。都知道世界上咖啡最大种植国是巴西。然而大有大的苦恼，特别是 20 世纪 30 年代以前。咖啡年成不好，自然大家都不开心。然而丰收了，却也同样烦心。因为咖啡豆不能长期保存，又不能当饭吃，所以一旦丰收，很多咖啡豆就只能眼看着腐烂了。

不幸的是，当时巴西连着几年咖啡大丰收，卖不出去的咖啡豆在种植园里堆积如山，只能作燃料煮饭烧菜。最后，巴西找到雀巢，请他们研究发明出一种能让咖啡长期保存、口味还不受影响的方法。

需要说明一下的是，在此之前，已经有过很多发明家，包括巴西的在内，都在这方面下了不少工夫。但令人遗憾的是，都没有取得真正意义上的成功。

雀巢刚听到巴西人的要求时，头也有点大。不过作为一个以研究发明起家的企业，在这关键时刻自然不能掉链子，就咬着牙答应下来了。这一咬牙可就咬了8年。也就是说，经过8年在实验室里昏天黑地的奋斗之后，最后通过"射线干燥法"的技术发明了巴西人要的东西。

1938年4月1日，世界上第一包速溶咖啡正式问世。这或许是史上最为了不起的愚人节。不但巴西咖农们不再担心丰收，而且爱喝咖啡的人们，也省去烘干、细磨、过滤等种种麻烦，开水一冲就完成任务。一个全世界最受欢迎的饮品开始摆上了柜台。

可能连雀巢人自己也不曾料及的是，速溶咖啡最为有力的一次推广，居然是战争。速溶咖啡推出的第二年，"二战"爆发。那个时候虽然还没有"提高警惕，保卫祖国"的口号，但为国而战的军人，肯定不会因为没有口号就降低警惕。然而战争是一项除了伤亡之外，还非常累人的工作或任务。军人们每天得忙乎十几二十个小时，疲惫之极。因此需要不断有提神之物，才能继续提高警惕，才能更好保卫祖国。

于是，速溶咖啡素面登场，以能长期保存，携带方便，食用简单等特点，深受军人们的欢迎。部队的采购单上，位于前列的基本都有速溶咖啡一项。看来发战争财的名单中，还要加上卖咖啡的。

终于等到仗打完了，但喝速溶咖啡的习惯却留下了，而且带入民间，并如涟漪般扩散开来。许多平时不常喝咖啡甚至不喝咖啡的人，也因为速溶咖啡的便捷、卫生、经济等优点，逐渐被吸引到这个庞大的队伍之中。

咖啡真是个好东西。打仗时要喝，和平时期也要喝。又忙又累的时候需要一杯提神，闲得无聊时泡上一杯可蹉跎一个下午。所以，全世界喝咖啡的人就越来越多，雀巢的咖啡生意也越来越好，越来越大，以至超过了奶制品，成为最大、最重要的业务。

## 味道好极了！

乘着速溶咖啡成功的东风，雀巢进一步凭借研发优势，在食品领域进行不断地拓展。

雀巢研究中心的目标，包含了整个产业链。从农作物的栽培到原料的成分分析与提取，从物料的运送到生产制造，从品质检测到仓库储存，从卖场存货到售后服务，都制定了明细的量化标准，形成了一个以品质管理为核心的规范流程和体系，以确保产品的高品质和品牌的好声誉。

顺便要说一下的就是，雀巢并不仅止于满足自身的研发实力，实际上在产业链打造，合资并购等方面，也都有不少可圈可点之笔。这些从雀巢在中国市场上的作为看也都有所体现。

巴西盛产咖啡自不消说，不过在我国云南思茅地区的小粒咖啡，也同样受到市场欢迎。而小粒咖啡的种植，就是雀巢 17 年前在中国市场布局中落下的一颗棋子。当年为了获得奶制品原产地原料，雀巢在黑龙江耐心耕耘了 13 年，终获成功。

在资本市场上，雀巢也不含糊。内地的知名企业银鹭，香港著名品牌徐福记，60% 的股权都是雀巢的。这也是可与雀巢收购惠氏、三花等大动作相媲美的合资并购。被并购企业的渠道资源被雀巢获得，雀巢的管理创新及研发能力，也为这些企业的发展注入新的活力。结果就是双赢，有钱大家赚。

作为一家食品公司，它所提供的产品是给人吃的。常言道"众口难调"。要在世界多个国家和地区，确立长久的销售优势，雀巢就必须要照顾到不同地区人们口味的偏好与饮食的习惯、食品法规甚至文化上的差异。

所以，雀巢需要完成的任务，就具有双重性质。一方面要保持公司品牌的影响力与号召力，另一方面又要把难调的众口调好。雀巢的战略是，研发与销售紧密结合。以此为基础，在雀巢大旗的统领下，兼顾不同细分市场的口味偏好。简单说，就是向不同国家和地区提供标明雀巢品牌却口味又有所不同的同一类产品。

这种不同，有的是因为口味，有的是因为习惯。以速溶咖啡为例，欧洲有些地区的人们喜欢略带苦味，而南美洲一些地区的消费者，口味却又偏甜。研发中心就得同时解决这个苦与甜的问题，把对立的口味都调好了。因此人们不难理解，为什么每秒钟全世界要喝掉 4 500 杯雀巢咖啡。

再比如雀巢生产的一种肉汁调料。欧洲人只是优雅地将其洒一点儿在食品上，而非洲人更喜欢直接将其拌入米饭中当菜吃。针对这种饮食习惯的差别，雀巢在包装上也差别化对待。卖给欧洲人的采用大包装，一包可以用很长时间。而运往非洲的产品则采用小包装，最小的只有指甲盖大小，经济实惠。最终是大包小包都受到同样的欢迎。

尽管有着营养、食品、种植等方面超过 130 年的研究历史，但雀巢对于食品加工方面的新知识、新技术的探索与追求的努力，从来不曾间断过。每年他们投在研发方面的费用，位于全行业第一，或许就是最有力的佐证。

20 世纪 80 年代雀巢大举进入中国市场的那句著名广告："味道好极了！"还真不是随口说出来的，其背后是有着极为雄厚的实力、本钱与底气的。

过去的历史，已经证明雀巢有本事讨好世界上 100 多个国家和地区的亿万张嘴。这也依然是投资者继续看好他们的理由。

## 瑞典火柴：挂火柴，卖鼻烟

瑞典是个美丽的北欧国家，拥有不少很有特点的东西。我们比较熟悉的瑞典沃尔沃汽车，虽不是最豪华，却是全世界最安全的产品之一。我们不太熟悉的是，瑞典全国的湖泊有 9 万多个，虽比不上芬兰的数量，却都美丽宁静，相当一部分可与梭罗笔下的瓦尔登湖一比。

当然汽车与湖泊，无法摆进柜台。不过，在斯德哥尔摩或哥德堡等城市大街小巷的便利店或超市的柜台里，都能看到独步全世界的瑞典特产——鼻烟。

鼻烟本属于印第安人的发明，15 世纪哥伦布发现美洲新大陆后，这一发明才逐渐为世人所享用。目前世界上最大的鼻烟生产企业是瑞典火柴集团，总部位于斯德哥尔摩并在 OMX Nordic 上市，算起来已有近 170 年的历史。从名字上看，我们不妨将其理解为一家多少有点怀旧或者传统的公司，主打产品已由火柴转为烟草，但是仍不介意使用火柴为公司名称。

公司确实是以火柴起家的。170 年前，那时电子打火都还不曾进入人们梦想的时候，瑞典第二大湖威恩湖畔，有一座风光如画的美丽小镇延彻平，世界上第一盒安全火柴的发明者——约翰·仑兹特耶姆和卡尔·仑兹特耶姆两兄弟，在此创办了生产火柴的作坊，也就是瑞典火柴集团的前身。

随着技术的不断进步，火柴作为一个产业在瑞典渐成气候。以仑兹特耶姆兄弟店和几家同行为主要基地的火柴生产企业，经过一番重组合并，终于于 1917 年挂牌瑞典火柴集团而正式营业。瑞典火柴也从此逐步畅销欧洲乃至全世界。

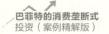

# 火柴与鼻烟的邂逅

如果说钟表是瑞士的骄傲，那么，火柴也可以说是瑞典人的骄傲。

钟表很幸运，直到现在，都是日用品兼奢侈品而在世间被广泛使用，销路甚好。火柴则有些不幸，作为日用品的功能已退化一大半，虽然后来打火机又被发明了出来，不过除了吸烟或影视中的强人们纵火之外，已基本想不出火柴或打火机还能派上什么别的用场。汽车发动或火箭飞升虽有"点火"环节，但已另有高明的装置代劳，无需司机或科研人员直接用火柴或打火机去点燃。

而且雪上加霜的是，火柴与打火机因快速消费的性质，不方便作为奢侈品。也许可以作为文物，但文物需要熬年头，因而无法成年累月大批量生产。所以，全世界的上市公司成千上万，却没听说过有哪一家是专门生产文物的。

还好，多年以前，瑞典火柴的决策者们，开始将生产的重心向烟草转移，而且逐渐定位于鼻烟。

就鼻烟与火柴而言，两者是非常不互补的。鼻烟是无烟烟草，也就是说鼻烟消费是不需要火柴的。鼻烟卖得再好，也与火柴或打火机不相干。不知是什么触发了瑞典火柴决策者们的灵感，把这两种不同类不相干的产品并行不悖地生产到现在。

到 2011 年，烟草产品占瑞典火柴集团总销售额的 61%，其中七成是鼻烟。火柴与打火机只占总销售额的 12%。更令人关注的是，占总销售额 41% 的鼻烟，对瑞典集团总利润的贡献，高达 63%，而火柴与打火机的利润才区区 7%。此后，公司业绩持续保持上升的势头。2014 年，瑞典火柴销售额达 133.05 亿瑞典克朗，利润为 37.80 亿瑞典克朗。2015 年的销售额上升到144.86 亿瑞典克朗，利润增加到 40.08 亿瑞典克朗。

时至今日，瑞典火柴已成为全球性的烟草集团，有 11 个生产基地，产品销往世界上 100 多个国家和地区，是全球排名第一的鼻烟生产企业，同时还保持住第二大一次性打火机生产商的排位。由此可见，当年瑞典火柴集团的头头们，决定将主打产品由火柴打火机转向无烟烟草，是一项非常有远见有魄力的战略安排。

## 喧宾夺主

中国人其实对鼻烟并不陌生。明万历（1573–1620）年间，意大利传教士利玛窦到中国传教时，带了一些礼物来讨好皇帝，其中就包括鼻烟。

鼻烟在中国大面积普及，是从清康熙（1662–1723）时开始，经雍正、乾隆二代，已成为时尚。并由此带出一个非常了不起的产业——鼻烟壶。原因很简单，因为鼻烟初为宫廷用物，外包装需配得上"宫廷"二字。所以，中国传统艺术中的绘画、书法、烧瓷、施釉、碾玉、冶犀、刻牙、雕竹等，都在生产制造鼻烟壶的过程中，得到淋漓尽致的发挥，各式鼻烟壶已达尽善尽美之境界。这造成的结果就是，喧宾夺主，赏玩鼻烟壶的雅趣，已远远超过吸鼻烟本身。

尽管后来有包括谭鑫培、杨月楼、俞振飞、杨小楼、余叔岩、高庆奎、马连良、谭小培、谭富英、王瑶卿、金少山、侯喜瑞、李洪春、丁永利、李万春等一批名角，都喜闻鼻烟，但鼻烟终于还是无可挽回地走向没落。虽然现在已差不多无人生产的鼻烟壶作为文物收藏风光无限，但眼下国内鼻烟生产厂家已屈指可数，且基本都是惨淡经营，有的干脆只卖存货，逐步清仓。因为鼻烟无法长期保留成为文物，只会发霉变质，早点儿脱手，还能多一些转行的本钱。

# 由鼻向嘴的回归

鼻烟在中国的式微，或可作为其在瑞典兴盛的反观。

顾名思义，鼻烟是用鼻子吸闻的。然而用鼻子吸闻也是有讲究的，这种讲究可分为3个阶段。

第一个阶段，是从印第安人吸闻鼻烟学来的。方法是用一根细管，一端放在烟末上，另一端放在鼻子里，直接将烟末吸入。这种方法虽然原始，技术含量却挺高。看着印第安人吸着容易，但欧洲人在这方面明显比印第安人笨拙得多，常常会因为一不小心把过多烟末吸入鼻孔，弄得喷嚏连天，涕泪横流。出现这种情况当然不能怪鼻烟，而是因为人的生理结构。鼻子长出来是专门对付气体的。至于固体的享用或吞食，就只能拜托嘴巴了。鼻子嘴巴，各司其职，一般情况下都不怎么会越位。鼻烟属于固体，本应是嘴巴干的活，却派给了鼻子，当然容易出问题。

吸闻鼻烟的第二阶段，是把那根印第安人原创的细管去掉，直接把鼻烟末放在鼻子上，放多放少悉听尊便。这个阶段应该是人们比较熟悉的，影视中也偶有镜头出现：打开小盒，用手撮一点，放在鼻下吸闻，飘飘然状马上出现。这也是中国人对鼻烟最为直观的印象。不过，第二阶段仍未彻底解决鼻子与嘴巴的分工问题。鼻烟粉比较干，吸闻者因而常常被呛，据说许多初试者就是在呛了几次之后，才转身投入卷烟阵容中的，因此鼻烟的队伍总是难以扩大。

第三个阶段的出现，瑞典火柴功不可没。他们不但研制出了品质优良的鼻烟，而且把鼻烟从鼻子放进了嘴巴，虽然还是沿用老例叫鼻烟，但吸闻时已可不用再麻烦鼻子了。

到目前为止，瑞典火柴生产3种不同类别的鼻烟。

第一种就叫鼻烟，瑞典人称"斯若唑"。这是瑞典火柴的主打产品，在瑞典到处有卖，一说"斯若唑"人家就明白。这种鼻烟属于半湿润烟草制品，吸闻时放在牙龈与上嘴唇之间，即可享用。

第二种叫湿鼻烟，属于潮湿性烟草制品，吸闻时放在牙龈与下嘴唇间。

第三种叫鼻鼻烟，这种鼻烟就是传统鼻烟，用鼻子吸闻的。主要是为了满足一部分细分市场的需求。有销量，但很小。

瑞典火柴生产的鼻烟，对烟叶等级的要求，高于雪茄和卷烟。烟叶在经过从 10 个月到几年时间的发酵后，磨制成粉末，再按照相关配方，加入龙涎香、海狸香、麝香及琥珀等动物或矿物类香精，然后通过其专有的工艺进行热处理。产品完全成型之前，还有巴氏法进行灭菌最后一道工序。因此瑞典火柴的鼻烟，符合瑞典食品法苛刻的卫生要求，消费者可以放心消费。这也是瑞典火柴的鼻烟享有很高的市场信誉的原因。在瑞典，在整个北欧，在美国，都拥有稳定并且开始逐步扩大的消费人群。

"将军"在瑞典火柴生产的鼻烟里，是最有名也是最受欢迎的品牌，而且也真的如将军一般，统领着包括"森林狼""长角""红人"等一批得到市场认同和肯定的品牌团队，在鼻烟市场上南征北战。

需要说明的是，瑞典鼻烟没有令人眼花缭乱的鼻烟壶，多为薄铁皮盒包装。粗粗一看，还以为是皮鞋油，因而不大会出现买椟还珠的现象。


## 独有的关注点


瑞典是个很聪明或者说是个很幸运的国家，奉行的是永远中立的外交政策。两次世界大战都不曾参加，任全世界在外面打得昏天黑地，他们一家子在寒冷的北欧有滋有味地活着，发展着。什么联盟、协约、主义等，一概不搭理，而且还发明了一个和平奖，鼓励世人动口不动手。

　　瑞典火柴生产的鼻烟，很符合瑞典的国情。与雪茄卷烟相比，鼻烟只是在相对很小的市场里销售，默默无闻地赚取应得的那份利润。不过，近些年来，世界鼻烟市场开始发生越来越值得玩味的变化。

　　主要的原因是，拥有最多消费者的卷烟，被越来越多的人认为有害健康。而且从和风细雨式的说教，逐步发展到现在用法律进行严格限制。中国吸烟人口多，可看成世界卷烟市场的一个缩影。20世纪90年代，我们的报纸发表文章，称"敬烟是落后的社交行为"，很客气很委婉。现在则多地已开始在公共场合"禁烟"。对在公共场所抽烟的定位从"落后"上升为"有害"。世界多数国家特别是那些发达国家和地区，卷烟市场也基本上是这种情形。

　　而鼻烟的情况正好相反。吸闻鼻烟，不需经过燃烧，尼古丁焦油之类物质不会吸进人体，故不会对人体内脏器官产生危害。因为不需要点燃，所以也就不会产生二手烟，影响别人。当然，鼻烟具有和卷烟一样的提神功能，也同样会上瘾。但目前还未发现有哪儿禁止人们吸闻鼻烟。

　　从这个意义上来看，鼻烟有可能成为卷烟的替代品甚至是终结者。尽管这可能需要漫长的岁月。如果这个趋势是真的话，那么，作为目前世界上唯一的独立无烟烟草制品生产企业，瑞典火柴最集中地体现了消费者的潜在需要与行业未来发展的方向，在市场上的竞争优势将会不断得到强化和提升，因而也就具有了独一无二的关注点。

## 有变数更有盼头

　　瑞典的鼻烟消费人群很多，保守的统计为，900多万瑞典人中，有超过100万的鼻烟消费者。瑞典男子大多喜欢鼻烟，而不是卷烟。

其实整个斯堪的纳维亚半岛，鼻烟都是受欢迎的烟草制品。而最受欢迎的鼻烟品牌，基本都集中于瑞典火柴提供的"将军"等一系列产品。瑞典火柴在北欧近一个世纪以来，都无可争议的始终稳坐在生产商的头把交椅上，所以瑞典火柴成为世界鼻烟生产的老大，是有传统的。形成这个传统有以下3个理由：

第一是他们的技术，前面已经说了。瑞典火柴拥有专有的生产鼻烟的技术与工艺，质量如瑞典汽车一般稳定，深得消费者的信任。

第二是创新能力。把鼻烟从鼻子转向嘴巴，就是瑞典火柴创新表现之一。他们的创新能力还体现在配方和保鲜等方面。

瑞典火柴的鼻烟，拥有符合卫生法的独家配方，能给消费者带来清脑醒目、解除疲劳和正气提神的良好体验。更为别具一格的是，他们生产的鼻烟，在消费之前，需进行冷冻。也就是说产品制造的时间虽然很长，但却又讲究新鲜。瑞典街头出售的鼻烟，全都无一例外地放在冷冻柜台里。据鼻烟爱好者介绍，瑞典火柴的鼻烟只要进行冷冻，任何时候吸闻，都如同刚拆封一样保持着最新鲜的香味。

如果说瑞典火柴的技术，使人们信任其产品，那么他们持续不断的创新，则使消费者喜欢其产品。品牌最为关键的因素之一，不就是消费者信任与喜欢而产生的忠诚吗？

第三就是在技术与创新的基础上，通过品类管理系统与营销渠道的紧密合作。瑞典火柴一方面为销售商提供有关产品各门面的精确数据，以使销售商能在货架上形成最优组合。同时又根据销售商反馈的信息，不断在产品和包装方面进行独具特色的创新，因而使产品总是处于品类的领导地位。这种典型的双赢合作模式，也是瑞典火柴的鼻烟拥有产品定价权又保持畅销的重要原因之一。

随着卷烟市场的各种不利因素的强化，越来越多的消费者开始转向卷烟的替代品，因而鼻烟市场近年来的生意是越来越好，而且规模有越来越大的趋势。在斯堪的纳维亚半岛的鼻烟市场，近几年来一直保持着 8% 左右的增长。在目前世界上最大的鼻烟市场，规模是北欧 5 倍的美国，这些年来也保持着 5% 左右的增长。未来，也许在亚洲、非洲、拉丁美洲等地区，也会出现可观的鼻烟消费需求。

瑞典火柴当然是鼻烟市场上最大的赢家，近年来他们的经营业绩非常亮丽，2015 年的利润甚至超过 2014 年 2.28 亿瑞典克朗。

不过，他们一家安静赚钱的日子，可能很难再持续下去。国际烟草业的巨头们，不但已注意到烟草市场发展的新趋势，而且也开始着手布局了。

尽管瑞典火柴有着自己独特的竞争优势，并且通过帮助业务发展与销售商建立更为稳固的伙伴关系，但是，世界上主要卷烟制造商们进军无烟烟草市场的脚步，是谁也无法阻挡的。即使地处北欧并不怕冷的瑞典火柴，也仍能感到残酷竞争将要开始的阵阵寒意。

2008 年，有市场人士推测菲利普·莫里斯国际公司将投标收购瑞典火柴。其后不久，又传出美国罗瑞拉德烟草公司打算收购瑞典火柴。幸运或不幸运的是，到目前为止，这两起收购，都还只是传闻。

瑞典火柴集团历史虽然长，规模却并不大，市值目前也就 50 亿美元左右。在未来的日子里，要么是他们收购别人，使自己变得强大起来；要么就可能被别人收购，成为国际巨头公司中的一员。

在旁观者看来，今后瑞典火柴集团应该会有变数，也有看头。从投资角度分析，有风险，更有盼头！

359,464　　　0.3%

8,632,724　　　7.7%

59,087　　　0.1%

13,963,095　　　12.4%

5,266,055　　　4.7%

10,323,178　　　9.2%

5,283,470　　　4.7%

第 8 章

# 布衣情怀

◎　那些能够在布衣市场长盛不衰，产品畅销的企业，基本上都是深深地根植于大地，都抱有以布衣为上帝的情怀。布衣们对此的回报很直接，也很简单，那就是长时间地反复使用，反复购买，经常说好。生产者们的利润因此也源源不断。

"布衣"是一个很有些年代的词。基本意思就是普通小老百姓们的廉价衣服。"布"在古代的意思指的是麻或葛的织物，比较屌丝。棉织品与丝织品都归之于"帛"，相当高大上。只是到了现代，麻与棉的位置似乎调换了一下。

除此之外，"布衣"作为平头百姓的代指这一功能，从古至今都好像没怎么改变过。消费品中的所谓"布衣情怀"，指的是特别受普通百姓们欢迎的东西。

有人发明了"二八定律"，其实是蛮有道理的。高端的遍身罗绮者，总归是少数。少到什么程度呢，统计局也没这数据，估计占两成吧。那么低端的布衣，就应该有八成。这个比例，非常符合"二八定律"。

从市场角度看，占人口八成的市场，必然是一个巨大的市场，是一个有着无限发展空间的市场。对布衣们而言，开门七件事，柴米油盐酱醋茶，没一件能省，又没有一件不想省钱。所以，如何讨布衣们的好，各路商家厂家奇招迭出，竞争格外激烈。

能够在布衣市场这片深色红海中脱颖而出的企业，自然是各有各的绝招。不过大致都应该具备几个共同点。

首先是产品要实在。是布要耐磨，是醋就得酸。因为大多数人居家过日子，使用的物品，花花架子可以少些，功能性应该是排在第一位的。什么其外还不是决定因素，金玉其中那是必须的。因为体验性如此重要，所以产品仅仅是"谁用谁知道"远远不够，还必须要"用了都说好"。

其次是产品质量要稳定。这话说着容易，做起来却有些难了。一个产品甫一面世，价廉物美，广受欢迎。接下来就是不断扩大增量。于是，质量如何保证就成为重中之重。可惜有不少企业迷失在一片叫好声中，此时关注的只是产量。殊不知，培育一个品牌需要很长的时间，毁掉一个品牌却快得很，因而稳定的质量是企业长青的基石。

接着是产品使用过程要简单。大家工作都很多，所以平时使用日用物品时，随意可用且得心应手，也就是人们选择的一个要素。若一个产品虽然功能与质量都挺好，但使用时却麻烦多多，那即使贴上很多"升级""创新"之类的标签，市场销路也都将大打折扣。看看我们家中日用品的常客，大部分使用起来都相当简单易行。

最后一点也是比较关键的一点，那就是便宜。前面三点说的是物美，还需要有价廉相搭配才行。别忘了这是布衣的用品，而非富贵人家的奢侈物。价格相对便宜，那才叫作真正的物美，才能真正受到布衣的喜爱。

千万不要因此小看布衣。论级别，有几个比得过"臣本布衣"的诸葛亮。论名气，有几个能与"陇西布衣，流落楚汉"的李白相提并论。更何况布衣还是那么多商家厂家的衣食父母，是其赖以生存的坚实大地。希腊神话中的安泰，力大无比，非常厉害，但只要一离开脚下的大地，立马就掉链子。

那些能够在布衣市场长盛不衰，产品畅销的企业，基本上都是深深地根植于大地，都抱有以布衣为上帝的情怀。布衣们对此的回报很直接，也很简单，那就是长时间地反复使用，反复购买，经常说好。生产者们的利润因此也源源不断。

对股票投资者来说，多花些时间与精力，关注或研究布衣们所喜闻乐见产品的生产企业，大抵是错不到哪去的！

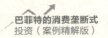

# 南方黑芝麻：芝麻开门

芝麻糊是一种寻常又家常的食品，几乎到处都有卖。谈不上高档，更谈不上稀缺。所以无论在柜台还是货架上，都不是那种集万千关注于一身的宠儿，只能算次要角色，略高于群众演员。

不过就芝麻糊本身来说，也分三六九等，有大品牌，中品牌、小品牌或者无牌。

在众多大大小小的卖场中，包括沃尔玛、岁宝、华润等，糊类食品柜台与货架的显眼处，摆着的基本都是南方黑芝麻糊。我曾多次询问销售员，什么牌子的芝麻糊质量好并且卖得好时，答案也是南方黑芝麻糊。

就目前食品市场的糊类食品而言，"南方"绝对是中国驰名商标，第一品牌。南方黑芝麻糊的生产厂商，是南方黑芝麻集团股份有限公司，在A股市场的简称是"南方食品"，从1984年开始正式生产。据说有近千年历史的芝麻糊，将南方传统美味小吃引入到工业化生产的轨道上。2014年11月12日，也就是光棍节的后一天，公司的股票名称回归本色，换成"黑芝麻"，全称为"南方黑芝麻集团股份有限公司"，开门见山，直奔主题。

经过30多年的苦心经营，公司形成了以黑芝麻糊为主力，包括黑豆奶、黑八珍等几大系列产品，成为中国目前技术水平最高、产能最大的糊类食品生产企业。

根据宣传资料的说法，芝麻具有补肝肾，益精血等功效，而且历来就有"逢黑必补"之说，所以黑芝麻糊是强身健体的好东西，价格还便宜，全国人民或全世界人民都应该多吃。事实上很多人吃芝麻糊，主要还是因为好吃，至于补肾或补肝之类，倒在其次。美国前驻华大使骆家辉就曾说，最爱吃的食品之一是芝麻糊。

我最初关注南方食品，并不是因为骆大使，甚至也不是因为其香浓美味，而是源于一次对芝麻糊股票投资的思考。

## 关注芝麻糊

当时是 2008 年。

这一年金融海啸爆发，冲得全世界晕头转向，一堆堆资产泡沫破裂，一个个金融巨人瘫倒，一顶顶经济皇冠褪色，大大小小股市狂跌。

历来善于一惊一乍的中国股市，一如既往地对各种变故做出过度反应：随着金融海啸的一浪高过一浪，相当配合地从 6124 点的高位一波低于一波往下掉，跌幅居于有影响的世界大股市之首。在大悲大喜的一年多时间里，甚至连贵州茅台也未能免俗，从 230 元左右掉到了 80 多元。

在股市已经是惨不忍睹的时候，摆在我面前的，除了贵州茅台这一类优秀股票，还有一个非常不起眼的上市公司——生产南方牌黑芝麻糊也顺便卖点米粉的南方食品。

吸引我居然把芝麻糊与茅台酒等优秀股票一起摆上台面的，是黑芝麻一连串的官司。

当时的黑芝麻也就是南方食品还被 ST（特别处理）着，简称是"ST 南方"。ST 南方的官司说起来有些枯燥，所幸起因还不算复杂。大致过程是这样：ST 南方的前身是真有亏损的广西斯壮。广西斯壮早年就拥有南宁管道燃气公司 80% 股权，当时据说是为避税，这部分股权放在深圳一家公司名下。可能因经验不足，也可能因为责任感和危机意识不到位，当时并没有签署有效的法律文件证明产权所属。

广西斯壮变身为 ST 南方后，深圳公司并没有归还南宁管道燃气公司 80% 股权的意思，且交涉也无效。ST 南方便有些生气：做人需要厚道，这做企业难道不要厚道了。拿着我们一大堆股票不认账，这还了得！于是 ST 南方一纸诉状把深圳公司给告了，请南宁市中级人民法院主持公道。

2007 年 11 月，南宁中院判 ST 南方胜诉，但那些燃气管道还无法收归手中，且受到买一送一的"优待"：败诉方反手一枪，于 2008 年 4 月向广西高级人民法院上诉，进行二审，也就是终审。同时南宁管道燃气公司也联袂出击，向 ST 南方提出"商品房买卖合同"和"欠款"两件诉讼，一并递给了法院。

至当年年底，二审已超过审结期限未判。在这种情况下，ST 南方宣布：由于与深圳公司的官司未能判下，受南宁管道燃气公司诉讼"商品房买卖合同纠纷"和"欠款纠纷"案涉及的违约损失和相关费用的影响，公司 2008 年需要计提 4 200 万元的预计负债。

在一审胜诉二审超期未判的情况下，ST 南方为可能的败诉计提 4 200 万，可谓未雨绸缪，稳当之极，似乎也与会计准则中的"或有事项"条款不相矛盾。但是众多小股东们却不这么认为：公司这么一计提，就把赢利变成了亏损，是否为了打压股价，以获取低价筹码？并且，不排除还有其他阴谋！经过向专业人士一咨询，认为计提预计负债没有法律依据，损害了广大股东的利益，于是 300 多名小股东联合起来要告公司。

官司一桩接着一桩来，场面颇为热闹。

那时刚拜读了慕容雪村的大作《原谅我，红尘颠倒》，对各种官司无端地多了一些兴趣。当然看小说不会影响我对法律工作者的信任与尊重。只是我觉得 ST 南方在与深圳公司的官司中，是占理的一方。由此产生一种非常强烈的感觉，这场官司，最终的胜者将是 ST 南方。

如果是这种结果的话，南宁管道燃气公司就成了 ST 南方的资产和子公司，对 ST 南方的诉讼也就是内部的财务问题，那计提的几千万就成了当年的收益。当然，凡事皆有例外。万一 ST 南方在自家门口把官司打输了呢，那也没什么了不起，坏不到哪里去，不是已经做了计提吗？

事情到此开始变得明朗起来：官司已经不重要了。重要的是，ST 南方的产品是有市场的，是能赚钱的，是赢利的。因为这些诉讼的折腾，再加上金融海啸的背景，ST 南方的股价已经很低。唯一的疑问是，ST 南方的赢利能持续吗？能从此不再 ST 了吗？

## 细品芝麻糊

芝麻糊自然不是什么了不起的产品，却也并非一无是处。至少，南方芝麻糊的广告就做得比绝大多数商品高明多了。还记得电视中那一声悠长的"黑芝麻糊咧"吗？画面中南方的小镇老街，吃得满嘴黑糊糊的可爱小男孩正舔着碗，母亲一旁含笑注视的情境，一下把人们带进了童年的回忆，仿佛再一次体验到黑芝麻糊的香郁甜滑。这个广告以怀旧与温情作主题进行定位，深深打动观者，堪称经典。

仅以广告作为对上市公司产品销售进行判断的依据，自然可笑之极。不过且慢，价值投资理论对优秀公司的主要定义包括：产品不过时（最好是供不应求）；有自主定价权和极高的进入门槛（最好是垄断）。

芝麻有益健康，这是常识，但把生芝麻烹制至可食用，则比较麻烦。芝麻糊解决了这个问题，即冲即食，而且可口。其实小麦也差不多，要把生小麦烹制至食用也很麻烦，变成面粉面条就简单了。面粉面条当然不会过时，由此可以推论，只要人们重视健康，芝麻和芝麻糊也不会过时。已有非常悠长历史的芝麻，将会千秋万代地被人类继续种植和食用。

所谓"自主定价权"，就是可以经常性地大幅度涨价，而且涨了之后消费者还没有脾气发，还是照样抢着买。茅台酒可以说是这方面最典型的代表。芝麻糊没这本事，这可能也是普通消费品的命。说到底，芝麻糊也就是人们早餐或午茶的一个点缀，既不必需，又不高档，如果胆敢也如茅台酒一样大张旗鼓地涨价，就是赶跑消费者，自毁长城。

当然，不敢大张旗鼓涨价并不是不涨价。像芝麻糊这一类的商品，通常会随着各类大宗小宗商品提价的浪潮，自然而然地搭一下顺风车，悄悄地涨那么一点点。这个一点点的含意就是，既能保住利润不流失，甚至还能多收三五斗，却又不至于激怒消费者，在消费者容忍度之内。

这种悄悄跟着涨一点儿价的特点，注定了芝麻糊属于薄利产品，并且也难指望有哪一天芝麻糊的市场会突然扩大，来个爆炸性的规模效益。芝麻糊市场已存续多年和开拓多年，再要想有个几何级数的变化不大现实。

薄利和基本定型的市场规模，对许多企业或产品来说，都是困局，但对于南方黑芝麻糊来说，却是一件难得的好事，成就了其很高的进入门槛。

生产芝麻糊是件很简单的事，小作坊就行。然而小作坊真要挤成一堆去生产，想来个长江后浪推前浪的话，则可能被"前浪"拍晕在沙滩上。因为在食品安全问题比较复杂的形势下，对消费者而言，最重要的是厂商有相对规范和严格的生产和质量管理系统，要能找到认账的源头。如果是隔壁王二在家鼓捣出的芝麻糊，可能就没有多少人敢买敢吃。吃出了问题找谁去？就是找到了王二又能咋的？要钱没有，要命一条！一身滚刀肉，谁奈我何！

因此无论谁做芝麻糊，都需要在品牌、规模、渠道等方面做到一定程度，甚至要有能力和南方黑芝麻糊分庭抗礼，市场才有可能接受。不幸的是，这需要比较巨大的投入。利薄投入大，市场很有限，于是，小作坊干不了，大公司大集团不愿干。不信看看现在许多有名的企业，要么高调进入本来不相干的酒的领域，要么悄然潜伏于类金融行业，但还没听到有谁打算生产芝麻糊。

即使有胸怀壮志的创业者愿意和黑芝麻一决高低，那也基本得不到资本的支持。试想有人拿着一份商业计划书，兴致勃勃地找到风险投资家或私募股权基金，不是生产或提供那些与时俱进的高科技含量的、一般人听不大懂但会肃然起敬的产品或服务，而是讲述一个关于生产销售平淡无奇的芝麻糊的乏味故事，估计人家立马端茶送客。

一个赚钱比较缓慢、回收投资期相当漫长、投资回报低于市场平均线的项目，是很难被人们看好的。更何况那些动辄要求数倍、数十倍回报的 VC 和 PE 们，芝麻糊在他们眼中，估计和街边米粉店是同一级别。

类米粉店的角色，反倒使黑芝麻能更专心做好本业，相对能活得更从容，何况他们业务中本来就有米粉这一块。

小结一下：黑芝麻能够赢利。只要它安分守业且敬业，不去搞那些与芝麻糊无关的软件开发或新能源汽车之类，摘掉 ST 帽子存续下去应该没有问题。并且由于历史的沿袭，当然也有一直以来的努力，成为芝麻糊行业的龙头，拥有了品牌、渠道等优势。同时也因为投入较大、利润微薄和市场的基本定型，引不起产业资本或金融资本大鳄的兴趣，所以能在较长的一段时期内，不大可能有强劲的竞争对手出现，让它不期然地拥有了芝麻糊特色的护城河。

再一次要强调的是，因为金融海啸的背景，加上为可能会输的官司计提的几千万，使得 ST 南方的股价在风雨飘摇中掉得很低。换言之，一连串的官司使得本来各方面都一般的 ST 南方，价格大大低于一般之下。以价值投资的观点来看，是有了相当大的安全边际，基本上已到了能用五毛钱买到一块钱东西的时点。

## 展望芝麻糊

如果我们在那等候报春鸟的冬夜里，用两份相等的资金，分别买入贵州茅台和ST南方，结果会怎么样呢？还是来看一下实际情况吧。

贵州茅台从高位下跌至2008年11月14日，到达价位的最低点80.20元。黑芝麻的最低点要早一星期，即2008年11月7日，1.98元。

公平一点的话，两只股票都从最低价算起。绅士一点的话，则黑芝麻可以在贵州茅台最低价的这一天计算，即2.24元。

在此后的近8年时间内，令人称奇的是，两只股票都于2015年5月29日达到最高价，贵州茅台是290元，收盘为263.83元。黑芝麻的最高价是25.55元，收盘为24.73元。

为计算方便，都不做除权处理，茅台就以最高价为准，黑芝麻则以收盘价为准。请看表8–1。

表8–1　贵州茅台和南方食品收益对比表

| 股票名称 | 2008年买入价（元） | 8年来最高价（元） | 收益率 |
|---|---|---|---|
| 贵州茅台 | 80.20 | 290 | 362% |
| 南方食品 | 1.98 | 24.73 | 1249% |

说起来多少有些难堪，茅台酒的确没有跑过芝麻糊。顺带提一下，当时的ST南方的官司果然真的赢了，而且也早就不再ST了。

这里只是纯粹谈投资收益，并无扬芝麻糊抑茅台酒的意思。茅台酒是好东西，留着几瓶，说不定还会升值。谁想要用同价的芝麻糊换茅台，估计绝大部分人不干！

特别要强调的是，贵州茅台是否任何时间都是一个好的投资对象，可能见仁见智，但在过去和今后能预见到的一段很长的时间内，贵州茅台肯定是一个伟大的公司。

黑芝麻是糊类食品的老大，但能不能一路走下去，直至伟大？这就不是2008年那个跌得一塌糊涂的买入价所能回答的了。

随着现在生活节奏的加快，杯装类食品大行其道，像黑芝麻糊这种冲调食品，依然不温不火。那么，是否就因此认为，从2008年1.98元重新起步的南方食品，已经走到头了？是否应该将黑芝麻糊也改为即食性的杯装？

市场的挑战无疑是严峻的，必要的改革与创新也是少不了的。然而是不是就一定要随着潮流，将冲调改为杯装，还需充分考量。芝麻糊应该是热的才好吃，才更具浓香美味。改为杯装，就把这一特色改掉了。换言之，市场老大怎么能跟在别人后面，说不定跑着跑着就掉队了。

若能在一片杯装红海中，保持自己一向的特色，同时不断提升产品的品质，将产品线进行有效的延伸，倒是能更好地把差异化的优势体现出来。

有点遗憾的是，南方黑芝麻糊的新广告，换上了歌手王力宏。时尚肯定是时尚了，不过也就是在满眼明星广告代言的时尚中，多一份同质化的热闹而已。原先广告那种打动人心的力量，似乎还没有体会到。同理，把袋装冲调式改为杯装即食式，也未必就真的能进一步提升市场号召力和占有率。毕竟，对一个有着固定消费人群、有着独有文化记忆的传统食品，保持特色与品质，还是根本。

黑芝麻在品牌优势、先发优势、规模优势、加上一定的渠道掌控力的基础上，做了不少具有长远意义的工作。比如，作为传统食品，产业链不长，对上游优质原料的占有，就显得非常重要。据研究，就黑芝麻的品质而言，

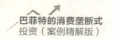
江西鄱阳湖一带的最好，而南方黑芝麻糊的新厂就在那里。

再比如，借助南方黑芝麻糊的市场影响力，对品牌进行深挖精耕，产品线不断延伸，相继开发出南方无糖黑芝麻糊、南方低糖黑芝麻糊、南方女人黑芝麻糊、南方中老年黑芝麻糊、南方核桃黑芝麻糊、南方AD钙黑芝麻糊、南方花生黑芝麻糊、南方红枣黑芝麻糊、南方早餐黑芝麻糊。当然还有南方黑芝麻糊爱心杯系列，以开拓并满足不同细分市场消费者的不同需求。

因此，我们有理由认为，黑芝麻的这些工作，对企业未来发展，对未来稳步扩大每年以10%速度增长的食品市场的份额，是有益处的。

## 玛氏公司：甜甜的隐形冠军

人们对糖的态度，有些矛盾，有些复杂。好的事物，通常都喜欢用与糖紧密相关的词语来形容：甜美的笑容，甜蜜的爱情，甜蜜的事业，我们的生活比蜜甜等。然而又不让小孩多吃糖，怕坏了牙齿。也不让中老年多吃糖，怕胖怕糖尿病。糖的确能给人带来极愉悦的感官体验，同时，吃多了糖又的确对身体会有一些负面的影响。所以面对各种甜食，诱惑抗拒并存，很是纠结。

说到底，糖不可不吃，因为实在是人间美味之一。但又不可多吃，吃多了也真的对身体不好。就在这不可不吃与不可多吃之间，产生了不少专门做糖卖糖的了不起的大企业。糖果柜台里，德芙、士力架、彩虹糖、箭牌和益达牌口香糖等，都是全球知名度极高的品牌，有着巨大的市场份额。相信在看这些文字的你，也应该至少吃过上述品类中的一种。

当然，在吃方面，也绝不可能亏待家里的宠物狗们和猫们。于是，狗粮猫粮就应运而生，许多超市或商店，都有宠物食品专柜，其中有不少还真的是高端大气上档次。最有名的狗粮牌子是"宝路"，最有名的猫粮牌子是"伟嘉"。如果你家中养了狗或猫的话，或应该对这些产品不陌生。

上面所提到的所有品牌，不论是给人吃的还是给狗或猫吃的，都属于一家美国企业——玛氏公司。与旗下这些产品相比，玛氏的知名度低得可怜，容易让人联想到"功高盖主"的词语。当然，只要能赚钱，玛氏这个主是非常乐意被"盖"的。

世界著名管理大师、哈佛商学院访问教授赫尔曼·西蒙，在对全球几百家优秀公司进行研究时发现，有不少看似不大有名的企业，无论经营水平、管理水平、技术水平以及创新能力，都堪称世界一流，其中不乏具有一项或多项令同行无法超越的独有优势，因而在特定区域甚至在全球范围内，占据了超过 1/3 的市场份额。对这些了不起的低调企业，西蒙称之为"隐形冠军"。玛氏公司是西蒙谈隐形冠军时，提到最多的企业之一。

## 百年创新之路

一开始，也就是 1911 年，刚刚问世的玛氏公司，只是明尼波利斯一家并不起眼的糖果厂。1927 年搬到了芝加哥，生意也开始步入正轨。

大凡百年老店，对品质的讲究都是极为严苛的，这一点几乎是共性。玛氏公司自然也不例外，一直到今天，其公司引以为豪的并作为立身之本的 5 项原则，第一项就是品质。

然而品质并不是全部。玛氏公司虽然将品质作为头等大事进行强调，但实际上，其不断发展的推动器，还是创新的能力。这里说的"创新"，并非

只限于产品和技术，更主要是指创造新的需求与新的市场。

公司成立之初，发现巧克力麦芽饮料虽然受欢迎，但却无法携带。于是他们不声不响地发明了一种新的巧克力产品，即用巧克力把麦芽糖包起来，制成棒状。既方便携带，又可保持糖果新鲜度，吃起来味道可口，而且成本比单纯的巧克力产品要低一截。这个产品后来被命名为"银河棒"，很受市场的欢迎，并为公司的发展赚取了真正意义上的第一桶金。

公司没有满足银河棒带来的成功，1930年再接再厉，发明了花生夹心巧克力士力架等几个产品，大获成功，很快使得玛氏成为美国第二号糖果生产商。

M&Ms的推出，是1941年的事。当这种"只溶在口，不溶于手"的巧克力糖果一投入市场，不但因为好吃和多种款式备受小朋友欢迎，而且还得到了家长们的青睐。因为这种不容易溶化的糖，能有效防止孩子们把衣服甚至墙壁弄得脏兮兮的。这么多年以来，M&Ms一直都是在美国最受欢迎的糖果。

玛氏的视野从来不曾囿于一隅。在糖果领域获得成功没多久，玛氏的注意力已开始向宠物转移。欧美宠物的历史很有些年头，但是却并没有专为宠物生产食品的企业。尽管那些狗啊猫啊的被称之为"宠"，但大部分时候，吃的只是人们的残羹剩饭。当时没有人觉得这有何不妥，但是玛氏却从中看到了巨大的商机，看到了一个新的市场。1934年，他们开始生产干净并且富有营养的狗粮与猫粮。宝路和伟嘉这两个宠物食品的牌子，就是在这个时候打出来的。

对玛氏的宠物食品来说，那真是一个美好的年代，因为没有任何竞争对手，是由他们自己开拓出了一个新的市场。而且，宠物食品问世之后，市场的反响好得出人意料，生意非常红火，典型的"新供给创造了新需求"。玛氏公司由此狠狠地赚了一大笔不算，而且还理所当然地成为宠物食品市场的开拓者和领导者。这种先发优势，一直延续到今天。

## 家族公司吞并上市公司

2008 年 10 月，玛氏公司正式收购了箭牌口香糖公司。

作为一家老牌的家族公司，玛氏凭着优良的品质与不断创新的意识，形成自己强大的竞争优势与生命力，一直保持着良好的业绩和盈利能力。进入 21 世纪后，他们的目光盯上了口香糖市场。这一次他们不打算推什么新产品，而是瞄准口香糖巨头箭牌公司，直接兼并，以完成一次家族公司对上市公司的收购。

尽管这次交易的费用高达 230 亿美元，但却被众多资本巨头所看好。在这次交易中，人们看到了巴菲特和高盛的身影。巴菲特旗下的伯克希尔公司与高盛公司，分别投入 44 亿和 57 亿美元，大力支持玛氏的这次收购，顺带着自己也成了股东。

支持合并的，还有欧盟委员会。玛氏与箭牌虽然都是地道的美国公司，但却都是跨国公司，在欧洲境内都有不少分公司。根据欧洲法律，这种类型的合并，需要得到欧盟委员会的批准。欧盟委员会的委员们认为，玛氏生产的是巧克力，箭牌生产的是口香糖，这是两个不同的市场，合并后并不会对欧盟的巧克力与口香糖市场的竞争现状产生重大影响。

不管巧克力与口香糖是不是真的属于两个不同的市场，现实是玛氏将箭牌收购之后，就超过英国的吉百利公司，变成了全球最大的糖果制造商。不过好在玛氏同时宣布，箭牌仍然是一个独立的子公司，没有扫欧盟委员会老爷们的面子。

这次合并完成后，玛氏专注于巧克力产品，其余所有的糖果业务，全部由有着全球化网络渠道的箭牌经营。箭牌是一家著名的口香糖公司，1923 年就已经上市了。他们生产的口香糖，受到数以亿计的消费者的欢迎。

口香糖的历史可以一直追溯到古希腊。当时希腊人会用树脂清理牙齿。

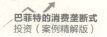
另外中美洲的玛雅人也喜欢把糖胶树的树胶放在嘴里嚼。

当然，箭牌公司的历史没有那么长。1891 年之前，箭牌公司的前身只是卖肥皂的。精明的老板在某个节日搞肥皂促销，将当时市场上已有的胶基糖作为赠品。胶基糖可以看成是现代口香糖的雏形，很受消费者特别是孩子们的欢迎。于是在第二年，老板干脆转行，不卖肥皂，一门心思生产胶基糖去了。经过对产品的不断完善，就演变成了口香糖。所以，现在人们吃的口香糖，发明权可能还要归于美国人。

很快这种并不能吃下去的糖，就受到越来越多的人的喜爱。箭牌公司的生意迅速扩大，并漂洋过海向国外进行销售。据资料记载，箭牌口香糖早在1914 年就进入了中国市场的柜台，当时第一次世界大战才刚开火。等到第二次世界大战结束后，口香糖已成一个巨大的产业，成为世界性产品。而市场老大就是箭牌公司。

后来，人们越来越重视健康，不少人开始不太吃糖了。箭牌公司的应对之策是于 1984 年，隆重推出益达牌无糖口香糖。无糖之糖，实在有创意，有糖之甜而无糖之实。于是，益达无糖口香糖很快受到想吃糖又怕糖的人们的欢迎，到 1989 年时，成为全球无糖口香糖的第一品牌。当然，也有效地捍卫了箭牌为口香糖市场龙头企业的地位。

玛氏收购箭牌，是两块优质资产的合并，产生的效应是 1+1>2。所以巴菲特们才高度看好这次收购。所以当收购的消息公布时，箭牌公司的股票当天最高上涨了 28%，相当于 A 股 $2\frac{4}{5}$ 个涨停板。

## 甜蜜的事业仍有后劲

即使是在家族企业中，玛氏公司也属于非常低调者，以至低调得有点神秘。当然，他们不是上市公司，而是一家私营企业。他们也一直认为私营是一种优势，可以不必理会股东们各种莫名其妙的问题，也无需关心财务报告是否振奋人心。公司有什么决策，悄悄地进行就可以，有权什么也不告诉你，有权神秘。

外人对玛氏公司的经营之道，了解得最多的，可能就是其对公司资源进行配置与管理的核心理念，是将所有的业务，分为不同动态的项目群来进行统一的协调与指挥。简单说，所有项目都必须在公司总体战略的框架内，按技术难度的不同与市场竞争激烈程度的不同，打造出不同的人员结构、资金配备、供应链主要环节等，以利于在项目实施过程中，公司进行最为高效的控制与管理。

成为世界第一之后，玛氏公司在未来的日子里，可能需要在不同的业务领域，采取不同的策略。

通过统计资料发现，欧洲人比北美人每年吃的糖更多。欧洲人一年要把27磅糖果吞进肚子里，北美人主要是美国人一年的数字是22磅。差距主要体现在巧克力产品方面。亚洲在这方面差很远，人均消费5磅左右，这应该是玛氏与别的同行将要大举发力的地区。当然，在巧克力类糖果消费才起步不久的非洲，也需要提前布局。

过去认为巧克力会令人发胖有害健康的看法，已被营养学家们否定。因为吃巧克力最多的瑞士人，肥胖率却是全世界最低的。营养学家们同时还发现，巧克力中含有核黄素、钙、铁、类黄酮等抗氧化物质，而热量却并不高，常吃对人体有益。所以人们完全可以放心享受巧克力带来的愉悦、浪漫和甜美。

对口香糖的认识就要正面得多。比较主流的看法是，口香糖有一定的清洁口腔的作用，而且在咀嚼口香糖过程中，同时促进了面部血液循环和面部肌肉的锻炼，对牙齿颌骨的发育有促进作用。日本甚至有科学家研究后认为，嚼口香糖有助于提高记忆力。看来狗血专家到处都有。

不过可以确定的是，口香糖几乎受到所有年轻或时尚的人们的欢迎。记得普京第一次当总统时，看到他们的运动员在升国旗唱国歌的环节中，居然还在吊儿郎当地嚼着口香糖，非常生气地对体育官员下令："必须在奏国歌时把口香糖吐出来！"

事实上，运动员们嚼口香糖，已成为一种不可阻挡的时尚。最有名的当然是迈克尔·乔丹。他在 NBA 球场上嚼口香糖的形象，与他进球的精彩一同深深印入人们的脑海中。他的球技可能学不到，但学他嚼口香糖就太容易了。所有的口香糖厂商们，都应该感谢那些大牌体育明星，因为他们把嚼口香糖演变成了一种生活方式和生活态度，一种不过时的时尚潮流。

宠物食品稍有不同。其最大的问题可能还不仅是质量，更在于品种的变化。因为狗狗猫猫们是越来越难伺候了，它们的食品不能一成不变，需要"八大菜系"。玛氏的创新本事，必须在此好好地做些展现。

好消息是，糖果类行业是一个既强调规模和资金，又强调品牌与创新的行业。

看起来似乎很简单的巧克力或口香糖，如果没有巨大的规模市场、没有充足的资金进行创新与开发，没有长时间积累的品牌忠诚度，要在这一行混下去，实在非常困难。甜味后面，是一道很高的行业壁垒。任何新的进入者，在进入之前都必须想明白这些。

当然，这并不是说玛氏公司不会有竞争对手。糖果业的竞争格局基本定型，玛氏的竞争对手们也都有各自的强大之处，只不过集中度高一些，乱仗少一些，竞争可以从容一些。

"甜蜜"是人类的向往、追求与梦想。甜蜜行业中的巨无霸如玛氏者，在从容中，依然有能力也有足够的后劲，不断地稳步向前。

## 涪陵榨菜：民工的也是民族的

很多在家主厨的太太，进超市购买主要的油盐米等之后，通常都会顺手从柜台或货架上带上一包榨菜。还有同样多甚至更多在外务工的男人，也时不时地会顺便从各种商店柜台里买点榨菜。在这"顺手""顺便"之间，却是一个很大的产业——中国特有的榨菜业。

榨菜属于佐餐开胃的酱菜系列。其生存发展也就全赖于这个"佐"字。佐者，辅助也。人不吃饭会饿死，不吃榨菜肯定不会死。但是，如果吃饭时用点榨菜一"佐"，口感立刻就爽脆了，胃口顿时也开了，吃饭也更香了。再往深了说，就是它使吃变得更为享受，更有益健康。

原来以为榨菜这一类酱制蔬菜，为中国独有，不曾想差不多世界各国都有类似的产品。也难怪，中国老百姓要佐餐开胃，全世界人民也同样需要佐餐开胃。当然，外国人不会做榨菜，榨菜是纯正的中国制造。

中国榨菜的主要产地在重庆与浙江，占了全国产量的 80% 以上。而重庆的涪陵地区，是中国最有名的榨菜产地。1970 年，在法国举行的世界酱香菜评比会上，中国涪陵榨菜与德国甜酸甘蓝、欧洲酸黄瓜并称"世界三大名腌菜"。很多朋友能比较准确地发出"涪"字的读音，就是得益于吃榨菜。

涪陵的代表性榨菜，是乌江牌榨菜。早在 1981 年，乌江牌榨菜就被评为全国酱腌菜第一名。因为乌江榨菜的有名，以至于不少朋友以为涪陵榨菜就是乌江榨菜，而不知道涪陵还有别的榨菜厂。就如同有些人不知道茅台镇除了茅台酒厂还有别的酒厂一样。

生产乌江牌榨菜的厂家重庆市涪陵榨菜集团，于 2010 年上市之后，股票简称就叫"涪陵榨菜"。

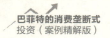

## 青菜头的升华

有文字说榨菜早在南北朝时期就有了。比较靠得住的说法，是 20 世纪 60 年代，四川省文史资料编委派员，深入涪陵地区进行长达两个月之久的调研之后，终于确定榨菜是在清光绪二十四年，也就是 1898 年正式问世的。

发明榨菜的人，叫邓炳成，但把榨菜作为一个产品进行生产销售，并最终传承至今的，叫邱寿安。当时，邱寿安是涪陵城的西关老爷。邓炳成则是邱老爷家中的非临时聘用人员。

要说榨菜，得从青菜头说起。涪陵地区气候温和湿润，地形多为低山浅丘，秋末冬初常有大雾。因了当地的气候土壤等条件，有一种当地人称之为"青菜头"的蔬菜，就长得非常好。到现在都还是全国第一，占全国青菜头种植总面积的 43.20%。

这一年，青菜头大丰收，堆积如山。邱寿安的家乡有腌制大头菜的习俗，所以便想用大头菜的加工技术，对青菜头如法炮制试试。于是，试制重任就落在懂得腌制大头菜的邓炳成身上。邓师傅不负众望，腌出来的青菜头，比大头菜不知要好吃多少倍。邱老爷一家上下不但自己喜欢吃，而且"有客至，主妇置于席间，宾主皆赞美"。

赞美之余，曾经商多年的邱寿安突然一拍脑袋，何不把榨菜生意做起来呢！于是，邓炳成立即被提拔为总工程师，邱寿安亲任 CEO，再将腌制的工艺进行一番改革提升，榨菜厂便正式开张。

由于青菜头在风晾脱水初腌之后，还需要用压豆腐的木箱榨除盐水，所以，邓寿安就把这种新奇好吃的酱菜称之为"榨菜"。从此世界上便多了一种好吃的东西。

榨菜很快在当地市场受到欢迎。邓寿安那个时候已有差异化竞争的头脑，全部加工腌制过程，都在自家大院完成。便是配制所需香料，也分多家商店进行采购，以防别人把本事学了去。

证明邓寿安确实是个人物的，是他在榨菜生意做到一定规模后，决定去上海打天下。而且经过他的不懈努力，居然把上海市场也打开了。上海是何等码头！从此，涪陵榨菜就闻名天下，挡都挡不住了。

## "铸剑为锄" 谱新曲

说榨菜还具有军需性质，不知朋友们信不信，反正我是信了。这里说的军需，还不是指现在随航天员上了天的乌江榨菜，而是指解放战争时期和抗美援朝时期，榨菜都是一种军用物资。

道理很简单，军人也是人，也会食欲不振。老百姓食欲不振也就不振罢了，但军人食欲不振，就直接影响战斗力了。这时候榨菜的佐餐开胃作用，就变得重要起来。所以，1950 年，人民解放军派出一名后勤科长带着一个警卫排，来到涪陵的黄旗榨菜厂支持和维护榨菜的正常生产，以保障军队后勤供给，让战士们进餐时有榨菜佐餐，吃饭倍香，身体倍棒，以利打胜仗。

科长很能干，任务完成得很好，榨菜发挥了应有的作用。于是上级更为重视，次年加大了对榨菜生产扶持的力度，派了一名团长，带着营、连、排、班等一众干部，前往涪陵一带，扩建和新建了 15 个榨菜厂，外加一个专为榨菜生产配套的香料加工厂。需要说明的是，这 15 个榨菜厂和 1 个香料厂，并非各自为政，而是统一命名为"川东军区榨菜厂"。

川东军区榨菜厂挂牌没几天，抗美援朝战争打响。在团长的率领下，榨菜厂的同志们生产热情很高，源源不断的榨菜在运往朝鲜战场的同时，也运往全国的很多地区。涪陵榨菜由此更是广为人知。

后来，不怎么打仗了，川东军区榨菜厂就交由地方管理。再后来，厂门

口的牌子就是"重庆市涪陵榨菜集团"。所以，即使认为重庆市涪陵榨菜集团具有军企背景，也不算全错。

当然不管什么背景，是公司就得参与竞争，就得向消费者提供优质的产品与服务。

腌制品想要突出一个"鲜"字，极不容易。若同时还要把原本软搭搭的腌菜弄得香脆可口，就更为难得。但是榨菜最为消费者所看重的，却还就是"鲜脆"二字。所以，涪陵榨菜在"三清三洗""三腌三榨"的传统工艺基础上，又自行研发出了专有的脱盐、气压脱水、32斗电子秤自动计量、充氮保鲜自动包装、天然香料有效萃取液体乳化、真空拌料、蒸气喷淋式恒温巴氏杀菌等多项技术，使乌江牌的榨菜能以更为优良的品质，更为鲜脆的口感，呈现在消费者面前。

一般来说，传统的腌制品都有一个先天不足，就是"能吃不能看"。意思就是加工的过程，可能会让人觉得不舒服。在食品卫生与安全得到日益重视的现在，这个先天不足就更容易让企业头痛。

涪陵榨菜对此的策略就是，打造榨菜生产的现代化流水线。也就是将榨菜生产的淘洗、切分、腌制、脱盐、脱水、灭菌、包装等工艺流程，全部采用现代工业化技术。为此，它还花重金从德国定制了一整条榨菜生产的智能化、工业化的流水线。

这种先走一步的策略，使涪陵榨菜始终保持着竞争优势。其主打产品乌江牌榨菜，先后获得"中国名牌产品""中国驰名商标""中国榨菜行业标志性品牌""消费者最喜爱产品""消费者信得过商品"等荣誉。到集团荣誉室做个简单计算，可以发现，涪陵榨菜自问世以来，共有14个品牌，获得4次国际金奖。至于国内质量奖章，更是高达近百个。除此之外，还先后通过了原产地标记注册、ISO9001-2000国际质量管理体系认证、HACCP和QS认证、美国的FDA认证等。

诸多荣誉与认证的结果，是使涪陵榨菜集团的名气越来越大，生意也越做越大，品牌价值高达 120 多亿元人民币。其销售网络不但覆盖全国 34 个省市自治区，264 个地市级市场，而且还逐步出海，产品开始远销欧盟、美国、日本等多个国家。

从涪陵榨菜 2010 年上市到 2015 年，6 年来营业总收入依次为 5.50 亿元、7.05 亿元、7.13 亿元、8.46 亿元、9.06 亿元、9.30 亿元。6 年来的净利润依次为 0.56 亿元、0.88 亿元、1.26 亿元、1.41 亿元、1.32 亿元、1.57 亿元。除了 2014 年有个小小回落之外，公司业绩总体上是稳步上升的。


## 只懂榨菜

据说，涪陵榨菜集团的老总有一句名言，"只懂榨菜，就只做榨菜"。

涪陵榨菜集团所做的最了不起的一件事，是 1984 年，研制的小包装榨菜问世。这是榨菜销售史上的一件革命性事件。在此之前，榨菜都是坛装的块状食品。这就意味着还依然保存着"青菜头"的蔬菜本色，既不方便随身携带，保存的时间也非常有限。

经过多年的研究与试验，涪陵榨菜集团终于解决了密封、杀菌等诸多技术难题，开发出采用小包装的榨菜丝。这种小包榨菜方便携带，保存期长，开袋即食，真正体现了物美价廉的特色。

因了这小包装，榨菜在佐餐的基本功能之外，又增加了零食功能。出门在外，也可带几包上路。许许多多家庭的食品柜中，都有榨菜常年进驻。许许多多外出旅游的人们，箱包的角落中，也有榨菜安静地潜伏着。简言之，榨菜确实已成居家旅游的必备佳品。于是，小包榨菜很快就成了榨菜产品的主力，深受消费者欢迎并在市场热销。

涪陵榨菜集团所做的最具争议的一件事，是推出"沉香榨菜"。据说是封坛之后沉水 8 年精制而成，价格是 2 200 元一包。本来大伙儿都认为是"民工食品"的榨菜，而且还是佐餐的，突然一下变成"贵族佳肴"，一包顶几千包，还真有点让人一下子回不过神来。

也许来个外国女王亲王之类的贵宾，到涪陵参观，在餐桌上摆一包沉香榨菜，并说明是 2 000 多元一包，或能添几段外交佳话。但是，就算世界上有那么多的女王亲王，而且也愿意一年 365 天都来中国吃榨菜，那又能吃几包！这无法形成规模。而国内众多小民，吃 10 元一份的盒饭，用 2 000 多元一包榨菜佐餐的可能性，更是微乎其微。

然而不管怎样，想开发高端产品的尝试，也不失为一种思路，也再次证明了涪陵榨菜一心在此领域精耕细作的专业精神。更何况，沉香榨菜的最大成本，恐怕也就是在水里泡 8 年。而在市场上引发的轩然大波，却使涪陵榨菜集团的受关注度和点击率，不知上升了多少，比做广告效果好得多，也便宜得多。所以无论沉香榨菜卖得如何，赚不来市场也赚眼球，到最后还是赢家。

说榨菜是民工食品。并不就一定是对榨菜的贬低。放眼我们周围，除去公仆和老板，基本都可算作民工，数以亿计。民工食品不但意味着市场的巨大，而且还没有外国来的竞争对手。法国人酿葡萄酒厉害，德国人造汽车厉害，但要做榨菜，他们都肯定做不过涪陵。从这个意义来看，民工的食品，就是民族的食品，非常有民工和民族特色，不用担心外国人跑到中国来开榨菜厂。

国内佐餐开胃菜是个高达数百亿的大市场，但企业小且散。即使远远把第二名甩在身后的第一品牌涪陵榨菜集团，一年销售量也不到 10 亿。这就为涪陵榨菜集团日后的不断拓展，成为中国佐餐开胃菜行业的巨型航母，留下不尽的想象空间和意味深长的一笔！

# 百雀羚公司：氤氲在皮肤上的创新与"噱头"

报载，2013 年 3 月 25 日，彭丽媛陪同习近平出访坦桑尼亚，在参观"妇女与发展基金会"时，向东道主赠送的礼品中，有"百雀羚"牌护肤品。这当然是一条很让人振奋的消息，因为百雀羚是中国的护肤品牌，在如此重要而高档的场合出现，充分说明这个老牌子国货的品质是非常优良的。

作为最高层级的礼品，百雀羚产品的价格，却非常"亲民"。在卖场的柜台里，这种以绿色包装的护肤品，每件价格最低的不到 20 元，最高的也不到 200 元，而且都是人民币。

什么叫价廉物美？百雀羚是也！

所以不必迷信那些价格极为高昂的洋货。要论出身，百雀羚相当不同凡响。还在百雀羚问世之初的 80 多年前，就已受到宋氏三姐妹、阮玲玉、胡蝶、周璇以及欧洲诸国驻华使节夫人的喜爱，是众多名媛佳丽梳妆台上的常客。由此充分说明，以百雀羚护肤，不失为一种聪明的选择，还有几人能比宋氏姐妹及胡蝶们更"高大上""白富美"呢？遗憾的是，许多人不知道它这一段历史。

上了些年纪的朋友，大约都对百雀羚不陌生。曾经，百雀羚的基调是蓝色而非现在的绿。在当时应该算是非常鲜艳的。使用百雀羚的"规定动作"，也曾为人们所熟悉：打开盒盖，轻轻用手指挑一些白色的乳脂，轻轻涂抹在脸上和手上，氤氲的香气经久不散。那好闻的香味，那与香味有关的岁月与人事，那画着 4 只彩色鸟儿的蓝色小圆铁盒，都已沉淀于记忆的深处，为物质匮乏年代描上几许蓝色的温馨，也为逝去的岁月增添了一丝味道。

## 石库门里的创业者

百雀羚的历史，得从 20 世纪 30 年代创业史上海版说起。

1929 年，当时非常著名的大企业上海先施百货公司，招聘了一位 26 岁的小伙子顾植民担任公司的化妆品销售员。就当时而言，这是一份相当体面的职业，对 14 岁就从乡下到上海打工的顾植民来说，就更是如此。

就表现而言，不管从哪个角度来看，顾植民都是个相当出色的员工。几年之后，当他在公司一步步晋升到中层的时候，也对化妆品的生产工艺、流程、上下游渠道特别是利润构成，都已了然于胸。

接下来就是这位员工决定创业，转行做老板。很快，上海富贝康化妆品有限公司在崇德路 93 弄一幢不起眼的石库门楼房里开张。富贝康是一家纯本土公司，与现在很有名的富士康并无亲戚关系，却是国产护肤品的先驱，也是现在上海百雀羚日用化学有限公司的童年。

当时这家有限公司是真的非常"有限"，上面住人，下面生产。除了老板顾植民外，还有一名技术员，外加两三个工人，捋起袖子就开干了。

富贝康公司的产品取名"百雀羚"，很有一番讲究，也很有些传奇的色彩，并且有数个版本。根据流传最广的说法，"百雀羚"的原创并不是顾植民，而是一位佚名的算命瞎子。

顾植民与算命瞎子相遇，只不过是一次寻常的算卦生意。在顾植民讨教自己的产品应该取个什么名字之后，算命瞎子相当认真地拿指头掐算一番后，说出"百雀羚"3 个字。瞎子的本意是"百雀"有百鸟朝凤的意思，吉祥。而"羚"带有上海话"灵光"的谐音，也是好的意思。

当顾植民听到"百雀羚"3 个字之后，脑袋里真的是灵光一闪："百"就是多，"雀"就是鸟儿，各种鸟儿聚在一起，就是"百雀"。而"羚"可以理解为是鸟儿羽毛中分泌出的油脂，防冻防裂、滋润皮肤的效果那绝对非一般护肤品所能相比。

"好！就百雀羚！"顾植民一拍大腿。于是，与算命瞎子这次普通的街头邂逅，居然碰撞出闪耀了近一个世纪不曾暗淡的商业火花。

当然，要说明一下的是，把百雀羚直接用到单位名称上，已是几十年之后的事。从当年的上海富贝康化妆品有限公司，到现在的上海百雀羚日用化学有限公司，中间还曾经叫过一阵子上海日用化学品二厂。

百雀羚最初的出名，源自产品创新与营销策划。尽管现在看来，当年的创新与策划都相当初级，但在当时，却是相当不同凡响。

顾植民的公司开张之时，护肤品市场的竞争已初具规模。尽管顾植民与他的小团队经过细细研磨，外引内联，已拥有了自己独具一格的配方，生产出了质量相当过硬的产品，但是好酒也怕巷子深，得想办法让大家都知道世间多了个护肤的好东西。

一番挠头之后，"百雀羚冷霜"应运而生，温婉清丽之风轻轻拂面而来。即使在今天，也能让人体味到一些浮动着的暗香，何况在商业语言文化还相对淳朴的当时，自然就更易打动人心，令人向而往之。

上海话中有个词叫"噱头"，含有吸引眼球的意思。有创新，还得有"噱头"，二者不可或缺，相辅相成。

凭着创新与噱头，"百雀羚冷霜"迅速风靡上海的十里洋场，甚至打动了宋氏姐妹及一干贵夫人。在冷霜一炮打响之后，顾植民等乘胜追击，以"百雀羚"命名的香水、花露水、香粉、胭脂、口红等女士用品，紧随而来，披坚执锐，纷纷杀向市场。

经过数年悉心经营，百雀羚的芳踪遍及全国，北边的黑龙江，南端的香港，西头的青海，都在其辐射范围之内，年产量已以千万盒计。由此，"百雀羚"3 个字在国货史上就有了自己的地位。也由此，创新与"噱头"的基因，与百雀羚相伴近百年而不离不弃。

# 凤凰与唐老鸭的联手

1978 年，百雀羚推出了"凤凰"系列产品。光有百鸟，还全是群众，引进凤凰，就等于有了明星或有了领导，阵容显得更完整了。

自然，"凤凰"品牌的诞生，首先是对产品进行创新的结果。百雀羚依据当时国际化妆品行业的先进科学技术，再结合中国传统医学，推出全面护理与滋养的护肤理念，研制出国内第一个营养系列的化妆品。

同时，百雀羚只是群众，凤凰是明星，是领导，是高端产品，工艺精细，用料讲究，与百鸟之王很是合拍，销售价格也对得住"凤凰"二字。

凤凰展翅，扶摇直上。凤凰产品很快为消费者接受认可和喜爱。比如以"凤凰"命名的高级胎盘膏，一年的销售额高达一亿，受欢迎程度可想而知。值得一提的是，凤凰美容护肤品系列也因此荣获国家多个奖项和称号。

凤凰系列的问世，依然是百雀羚一向的套路：推出来的产品要相当好，名头也要相当响亮。无论创新还是噱头，一个都不能少！

凤凰之后的噱头，当然不宜以龙以虎名之，那是钢材或清凉油的地界，护肤品挤过去不合适。

凤凰系列专为妇女打造，而妇女之后，一般尾随的就是儿童。接下来的创新，瞄着儿童也就顺理成章了。

唐老鸭、米老鼠、维尼熊以及阿童木等，都是孩子们喜欢又熟悉的卡通朋友。

找到了新的主攻方向后，百雀羚根据东方儿童肤质的特点，采用和借鉴国际最新科研成果，不断推出儿童专用的护理系列产品。随着产品的不断创新，一个又一个的噱头在儿童护肤品市场显现。

2001 年，百雀羚与唐老鸭的娘家美国迪士尼公司联手，推出儿童护肤系列用品小百羚，其后又推出迪士尼系列。2009 年，阿童木系列问世。

这些给孩子们用来抹皮肤的产品，最大的特点就是湿润平和，对皮肤没有刺激。因了这些特点，加上孩子们绝对买账的噱头，产品很快获得市场的认可与喜爱，取得相当不俗的业绩。

常说"妇女与儿童的钱好赚"，百雀羚以其过硬的产品，很好地印证了这一点。

## 草本的商业力量

改革开放之后，百雀羚的产品从最初单纯的"保护"诉求，上升为"护理、滋养"的护肤新理念。

从理念到产品，再到销售，都离不开创新与噱头。噱头的基础是创新，随着产品和技术不断升级超越，百雀羚止痒润肤露、号称"中国小黄油"的凡士林霜、甘油一号、护发素等产品，由上海至全国，一个接一个地出现在各种护肤品柜台里，生意越做越大，也越做越好。

令百雀羚特自豪的是，2007 年，百雀羚获得了"中国驰名商标"称号。在荣誉的激励下，百雀羚又出了新的创新与噱头。2008 年，也就是成为中国驰名商标的第二年，百雀羚根据中国传统医学的理论，结合国际先进科技，开创出百雀羚草本护肤系列。

从产品角度来看，草本的概念，与中国特有的历史与文化相当合拍。中国历史上著名的医学家、药物学家、养生家，绝大部分都是草本专家。因此强调中国是草本文化之源，也是有史实为基础的。

既然是草本文化的源头，自然也应当有草本护肤品。百雀羚所推出的草本护肤品，核心就在于"天然不刺激"几个字上。随着消费者潜意识中对化学护肤品或多或少的排斥，草本文化在护肤品行业，越来越显示出旺盛的生

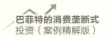

命力和强大的市场号召力。

据说，东方的草本文化，已成为全球美容护肤品行业重点关注的焦点。如此说来，"草本"二字，必将成为此行业各路人马必争之要地。江苏电视台很火的相亲节目《缘来非诚勿扰》（原名《非诚勿扰》），之前曾在最显眼处打的就是"百雀羚草本"几个字。那是个广告，也是个噱头，更是百雀羚占领了草本高地的宣示。

其实，对百雀羚自身来讲，草本还有着极具时代感的维护作用。传说中，百雀羚为百鸟羽毛而为，虽然很传奇也很美丽，但在环保慈善有如滔滔江水之今日，谁还在拔小鸟的羽毛做香脂，就是逆历史逆潮流而动，保不齐哪天就被环保人士整得体无完肤，到时连自己的肤都护不了，何谈他人。如今"草本"二字一出，轻轻便将这可能的隐忧化解得一干二净。

百雀羚现在还不是上市公司，其是否一定要上市也不清楚。不过，作为一家老公司，必须保持和完善固有的特色，才有可能在竞争日益激烈的市场上长命百岁乃至千岁。

全面推行国际先进的企业管理模式，通过 ISO9000 国际质量体系的认证，对流通渠道的深耕，电子商务拓展等，其实都是现代企业经营的题中应有之义，是企业必做的功课，但似乎还不能说是特色。

那么，百雀羚最大的特色是什么呢？依然还应该是创新与噱头。

从当年的"冷霜"到现在的"草本"，一路过来，走的就是一条创新与噱头之路。

百雀羚投巨资与德国 ACEPLIC 集团共同组建 ACEPLIC（亚洲）研究中心，是为保持创新优势，不断致力高科技研究及新产品开发而下的大本。凭着不懈的开拓创新，他们现在所拥有 4 大系列近百个单品，已是护肤品市场上一支不容忽视的生力军。

百雀羚的噱头，并不仅仅止于通过好名字、明星或明星栏目代言等来实现。细究一下，百雀羚有一个最大的不是噱头的噱头，就是一向的物美价廉。

东西好，价格低，是百雀羚进行商战的主要利器。即使是现在使出的"草本"噱头，也是以"草根"价格为支撑的。

实惠，加上势不可挡的怀旧思绪与朦胧的国货情结，便是投资者看好百雀羚生意的理由，前提是它别太着急成为中国的爱马仕！